民事纠纷解决模式变迁的
图景与法理

以龙泉司法档案
为中心的考察

张健 著

人民出版社

序

　　在考察中国式法治现代化时，历史研究具有基础意义。法治现代化是从传统走向现代的历史过程，中国式法治现代化呈现了传统与现代之间复杂而紧密的关联。晚清至今的司法变迁，显现出中国传统向现代过渡和转型的漫长性、艰难性和复杂性。晚清的法治变革延续至今，中国法治建设的现代化道路经历了"效法欧美"的冲刷、"以俄为师"的洗礼与"中国特色"超越的多次转换。中国的司法改革进程波澜壮阔，也逐步走出了一条具有鲜明中国特色的自主型司法改革道路。

　　对这一道路发展演变过程展开分析，离不开鲜活而具体的材料支撑。龙泉司法档案正是这样的宝贵资源。2007 年发现的龙泉司法档案时间自清咸丰元年（1851）始，至 1949 年止，是目前所知保存最完整、数量最丰富的晚清民国时期地方司法档案，是全面客观展现基层司法制度从传统到近现代转型变迁的珍贵的档案文献遗产。2015 年，龙泉司法档案入选《中国档案文献遗产名录》。2019 年，国家出版基金重大项目《龙泉司法档案选编》五辑 96 册全部完成出版，并在全国多次获奖。2022 年 9 月，浙江省龙泉市人民法院的龙泉司法档案博物馆入选"全国法院文化建设特色项目"。龙泉档案的发现也引起了海内外研究机构与出版机构的持续关注。龙泉司法档案的历史跨度，正是辛亥革命后百余年来我国基层司法制度从传统向现代转型的时期。这批珍贵的文献，无疑为我们分析近代以来我国基层司法理念、机制和实践提供了极佳的样本。

张健是我的博士后，近十年来他一直潜心龙泉司法档案的整理与研究，成果迭出。本书将龙泉司法档案的时间从晚清延伸至今，细微考察了基层民事司法在不同历史时期的运行情况，在此基础上，凝练出"礼治型""政治型""法治型"纠纷解决模式，明确了"历史与现实""中央与地方"等决定基层民事纠纷解决模式运作的重要范畴，讨论了基层民事纠纷解决模式的结构变迁与历史传统、国家结构形式和现代化的关系。本书的分析充分说明，在不同的国家治理方式之下，司法的形式、实质均不相同。龙泉司法档案不仅呈现了我国基层司法制度变迁的独特特征，而且凸显了中国式法治现代化所具有的坚实的历史和传统根基。

陈寅恪先生曾强调新材料与新方法对于学术研究的重要意义，认为学术研究的新问题无法凭空提出，而多得之于新材料所引导的深入观察。针对龙泉司法档案的研究工作，我们不仅需要做到"放眼全国，聚焦龙泉"，而且需要从更广阔的视野、更为动态的关系来理解研究对象。这对研究者的认识水平和分析能力提出了更高要求。近代中国的司法变革是一个极为曲折的过程，远非简单、性线的理解所能够应对。近代中国基层主要是由外力推进的剧烈社会变革，常常造成制度外壳已经变化而社会实质仍多守旧的夹生状态，相当复杂。对于这些难点，本书也努力加以分析，虽然有些地方还有待于深耕细作，但瑕不掩瑜，本书的陈述、论述和论证仍能给人以诸多启发。

中国独特而悠久的法治文明影响深远，只有对传统与现代之间的历史转折点有更深入的认识，对基层司法有更充分的理解，才可能在对现代化的一般性理解及比较历史分析基础上，对中国式法治现代化有更真切的体会。中国式法治现代化道路是中国式现代化的实践样态，是新中国成立以来党领导人民团结奋斗的重大战略成果。回顾历史，这一道路不仅具有脉络清晰的形成历程，而且充分彰显了法治现代化的中国源流、中国特色。展望未来，这一道路不仅是建设良法善治的法治中国的正确道路，也必将为人类社会二十一世纪的法治现代化提供重要的理论启迪和实践借鉴。

2023 年 6 月

目　录

中 篇 政治型纠纷解决模式的探索与实践

下　篇　法治型纠纷解决模式的变革与挑战

绪　论

一、问题意识

党的二十大报告指出，中国式现代化是人口规模巨大的现代化。超大规模国家的治理历来是一个世界难题，基层治理现代化在超大规模现代社会转型中展开。经过 40 多年的改革开放，中国已经进入超大规模陌生人群治理的新阶段和新常态，这是理解和分析当代中国法治问题的基本前提。① 中国幅员辽阔，事实上构成了一个在统一国家表层下多元现实共存的复杂论域，其异质性在省际甚至在一个省区内部的县市都是非常显著的，所以，应该将中国研究看作一个尚待完成的由区域研究所构成的学术拼图，这可能更有利于准确理解中国现实。

一般来说，基层指县及县以下的社会，本书中所讨论的"基层"，是以中国行政和司法建制作为标准，包括县（县级市、区）以及它们所管辖的区域。书中提到的"基层司法"主要是指区县级人民法院及其派出法庭的司法审判工作和司法调解活动。当然，对于这些纠纷，基层法院除了要完成基本的"案结事了"职责，有的还会发挥溢出性的社会治理效应，甚至还会溢出到其他上级司法部门甚至是党政部门的日常治理工作当中。

基层治理现代化的实质是一个对社会变迁的回应过程，是与时俱进的动态过程，从此意义上讲，基层治理不仅有空间表征上的层级、场域，也有时间序列的传统、变迁、发展。基层治理现代化涉及诸多层面与命题，

---

① 参见张文显：《论中国式法治现代化新道路》，《中国法学》2022 年第 1 期。

推进基层治理现代化既要有具体层面的切实做功，更要有宏观层面的理论提炼与把握。在考察基层治理现代化时，历史视角具有基础意义。本书以龙泉司法档案为样本，解剖麻雀，以小见大，以期在国家治理转型的大背景下，挖掘基层社会民事诉讼制度运作的特有逻辑，传承、变迁或者消亡的复杂状况，以图形成一个中国基层民事诉讼从传统向近现代转轨的"龙泉样本"。同时，本书力图从中发掘国家治理转型与基层民事诉讼变迁、中央与地方、传统与现代、中国与西方二元模式的契合点，回应当下司法改革，更加强调中国中心观或者法学研究本土化，立足于中国现实，尽可能地提炼本土概念，贡献出中国的法学智识。

二、研究综述

中国民事纠纷解决机制研究源远流长，学界早期对人民调解、司法活动、仲裁进行过制度阐释与经验研究，海内外法学、历史学、社会学、人类学、政治学等学科对民事纠纷解决机制持续关注，并取得一系列成果。[①] 而司法档案的发掘和整理为纠纷解决的实证研究提供了坚实的基础，也拓宽了法学研究的视野。

在国外，把地方司法档案文书作为纠纷研究材料，是在"叙事的复兴"浪潮中，年鉴学派第三代、"新文化史"与微观史学者通常采用的手法。20世纪60年代，英国学者斯普林克尔（Sybille Vander Sprenkel）的《清代法制导论》与日本学者滋贺秀三的《中国家族法原理》两部专著利用民间习惯法、民事习惯调查报告、民间小说等材料对中国法律史的开创性研究对学界产生深远影响。1971年，华盛顿大学包恒运用中国台湾淡新档案，讨论中国台湾地区纠纷解决机制。1993年朴兰诗（Nancy Park）和安

---

① 参见范愉：《多元化纠纷解决机制与和谐社会的构建》，经济科学出版社2011年版，第1页。

乐博（Robert Antony）出版的《清代法律史中的档案研究》、1994年出版的论文集《美国学者论中国法律传统》都强调了司法档案、民间契约、考古出土材料对拓宽中国法律史研究的重要性。20世纪90年代以来，以美国学者黄宗智为代表人物的"UCLA学派"开风气之先，从刑部档案、顺天府档案、巴县档案、淡新档案入手，围绕清代基层纠纷解决发表了一系列研究成果。1996年，黄宗智与滋贺秀三等利用清代司法档案就明清时期基层纠纷解决问题产生激烈的争论，引发海内外学界关于中国法律传统论断的持久性争议与批评，也打破了法律史学与法理学的研究格局。海外利用档案展开的精细化研究无论是对问题导向的强调，还是对社会科学方法的重视，均对国内法学界产生了冲击。回顾晚近数十年的研究，传统与现代、中央立法与地方落实、国家与社会、表达与实践构成了司法档案研究的基本理论框架，也是当前法律史研究的一个重要方向。

在国内，早在1939年，杨鸿烈先生就发表了《"档案"与研究中国近代历史的关系》，讨论了档案在法史学研究中的意义。中国台湾学者戴炎辉整理利用淡新档案分析了清代台湾的州县审判实践。20世纪80年代，大陆学界开始利用清代宝坻司法档案对清代民事诉讼作出讨论。1996年，梁治平运用大量官方档案、契约文书等材料，对清代习惯法作系统研究。此后，司法档案受到国内外学者的热切关注。学界对刑科题本、宝坻档案、南部档案、巴县档案、黄岩档案、冕宁档案、清水江文书等极具创见的阐释，形成了一系列研究成果，影响深远。关于民国时期，目前所见有民初大理院司法档案、陕甘宁边区档案、新繁档案、上海公共租界会审公廨档案、河北民国高等法院档案、中国第二历史档案馆档案、江北档案、南京江宁档案、民国时期江苏省高等法院档案等研究，并有一批著作问世。另外，利用司法档案对新中国成立之后前三十年（1949—1978年）的基层社会纠纷解决机制的研究亦有著作面世，比如《政治司法：1949—1961年的华县人民法院》等。

司法档案的发掘与利用拓宽了法学理论研究的范畴，并对传统的法学研究范式予以反思。传统法学研究注重自上而下的视角，多对国家通史与典章制度作分析，而司法档案的研究倡导自下而上地看待历史，关注法律与社会的互动关系，以及普通民众在纠纷解决中的实践状态。司法档案的开发与利用使学术研究在一定程度上摆脱了传统研究进路宏大叙事的不足，开始从关注中央层级的立法转向关注地方的纠纷实践，并逐步向精细化与微观化的方向发展。

关于改革开放以后的基层民事纠纷解决机制研究，学者大多采用社科法学的进路，以民事诉讼法学、法理学的研究成果最多，很多研究成果耳熟能详，以范愉、王亚新、李浩、顾培东、汤维建、章武生、廖永安、肖建国、齐树洁、吴英姿、张嘉军、左卫民、何兵、汪世荣、郑永流、谢晖、赵旭东、朱晓阳、高其才、苏力、强世功、徐昕、郭星华、陈柏峰、董磊明等人为代表。学界从纠纷解决机制基础理论、纠纷解决的程序与实务、特定领域的纠纷解决机制、纠纷解决的社会科学分析、法律意识及权威认同、纠纷解决途径的选择、纠纷解决中的民间法与习惯法等多个方面展开研究，这些研究不仅在方法论上有很大的进步，而且也大大推动了理论创新。从比较的角度看，当代中国的纠纷解决模式，不同于欧美发达国家经历的先建设成熟的司法制度，再倡导替代性纠纷解决的发展路径，而是走上了一条司法改革和替代性纠纷解决建设并重的多元化纠纷解决机制构建之路。在这一道路的探索中，既有对调解这一"东方经验"的倚重，也有对"信访不信法"等干扰因素的排除。因此，研究当代中国的纠纷解决实践，离不开对上述国情的理解和把握。

这些论著对传统的法学研究范式予以反思，放弃了之前那种批判和改造的立场，转而分析其实践逻辑并评估司法改革的效果，从经验事实出发，运用社会科学的研究方法提出一般性的概念，实现"从经验到理论的惊心动魄的跳跃"。尽管这些研究的视角和路径各有不同，但都反映出国内学界研究的兴趣从"表达"转向"实践"，强调把"观念的法治"变成"实践的法治"，把"法治理想"变成"法治现实"。既有的案例、裁判文书、法律条文等素材为实证研究提供了大量丰富的一手资料，成为法学实证研究最适切的原材料。这些研究根据本土法治实践概括出中国法律自身的理论模式，突出中国法律中的一些特殊问题，有助于为世界法学研究作出中国学界的贡献，从而提升中国法学研究的理论品格。① 不过，当前学界对地方司法档案的利用与研究依旧不多。有关长时段的变迁研究，更少有人涉及。对于本书而言，其意义在于利用新材料在历史演变的长时段视野中讨论，强调了微观与宏观研究的协调与融合，既要凸显微观研究在司法档案上的优势，也要彰显宏观分析的长时段图景与关怀，将基层民事诉讼纠纷解决置于长时段的历史变迁中再考察与再讨论，从而理解民事纠纷解决机制变迁的情景与法理。②

三、研究对象

本书的选题来源于龙泉司法档案的发现。2007 年，浙江大学历史系的几位学者在浙江丽水考察调研时，无意中发现了一批晚清民国时期的诉讼档案。龙泉司法档案是继巴县档案、南部档案、台湾淡新档案之后，近代司法档案的又一次重大发现。从清代咸丰八年（1858 年）起，龙泉司法档案收录了晚清民国时期的卷宗共 17333 卷，88 万余页。更为珍贵的是，

---

① 正如张文显教授所言，确立以"法理"为中心主题，"法理学将更加关注立法、执法、司法实践，关注法律体系完善和法治体系的建构，关注……诉讼法等法律部门及部门法学的发展完善"。以"法理"为中心主题的法理学将以实践哲学为导向，更加关注法治实践和法律生活，更加关注部门法学，从而更加贴近现实、更接地气。参见张文显：《法理：法理学的中心主题和法学的共同关注》，《清华法学》2017 年第 4 期。

② 扎根本土，关注现实，去解释、研究我国司法建设遇到的问题，再把它上升到程序法理高度，从而对整个诉讼法体系进行理论化的解释、分析是法学学术研究方法日趋成熟并走向科学化的重要标志。参见胡铭：《超越法律现实主义：转型中国刑事司法的程序逻辑》，法律出版社 2016 年版，第 295 页。

由于龙泉僻居深山，民国时期包括抗日战争在内的多次战乱甚少波及，学界推测，龙泉档案极可能是我国目前所知民国时期保存最为完整、数量最大的基层法律档案文书。

龙泉市，是浙江省丽水市代管县级市，位于浙江省西南部的浙闽赣边境，面积 3059 平方公里，辖 4 个街道、8 个镇、7 个乡，是浙江省入江西、福建的主要通道，素有"瓯婺八闽通衢""驿马要道，商旅咽喉"之称，历来为浙、闽、赣毗邻地区商贸重镇。1949 年 5 月 13 日，龙泉解放。1958 年 11 月，庆元县并入。1973 年 7 月，复建庆元县。至 1975 年 8 月，龙、庆二县始分署办公。1990 年 12 月 26 日，经国务院批准，撤销龙泉县设立龙泉市（县级），仍属丽水地区行政公署。根据第七次人口普查数据，截至 2020 年 11 月 1 日零时，龙泉常住人口为 248866 人。龙泉市是国家历史文化名城，龙泉自古人文昌盛，被誉为"处州十县好龙泉"，不仅是著名的青瓷之都、宝剑之邦，而且还是世界香菇栽培发源地、中华灵芝第一乡；全市森林覆盖率达 84.2%，是国家级生态示范区、国家森林城市。2017 年 7 月，龙泉市被列为国家历史文化名城。2018 年 11 月，入选中国县级市全面小康指数前 100 名。2020 年，龙泉生产总值达 147.2 亿元。

2007 年发现的龙泉司法档案，其主体部分是诉讼档案（民刑卷）。这些档案传递出的历史信息，包含了经济形态、社会结构、地方政治等方方面面。此后，龙泉司法档案研究团队又多次深入龙泉市村落收集地方文献，开展田野调查，获得了大量的族谱、科仪、碑刻、账本、日记、图片、口述等资料。[①] 这些对档案史实研究无疑会起到重要的辅助作用。

龙泉档案的发现，立即引起海内外研究机构的高度重视。这批档案完整地反映了从咸丰八年至今，龙泉这个浙西南山区如何适应中央政府主

---

① 参见包伟民：《晚清民国：从"大老爷"到"大法官"——"龙泉档案"见证中国基层司法百年》，《中华读书报》2011 年 12 月 7 日。

导的法律、政治与文化激烈变革的独特历史图景。正如日本学者夫马进所言，龙泉司法档案之所以是极宝贵的史料，"是由于依据这一史料，研究者可以通过对龙泉县这一地区的探讨，窥视到中国整体的变动"，同时，研究者也可以经由自己的眼睛通观整个中国近代历史的变迁，并非透过北京和上海这样的大城市，而通过一个普通的县域，便可以对其进行定点观测。① 龙泉司法档案卷帙浩繁，且排列无序，难以简单影印出版。浙江大学地方历史文书编纂与研究中心将这批档案重新整理，从全部案件中选取典型案例，以历史时间为序，分辑整理影印，名为《龙泉司法档案选编》。2015 年，龙泉市档案馆申报的"龙泉民国司法档案"成功入选第四批《中国档案文献遗产名录》。2019 年 9 月，历时 12 年艰苦整理，《龙泉司法档案选编》（全五辑）总计 96 册，终于由中华书局全部出版。2019 年 12 月15 日，《龙泉司法档案选编》（全五辑）获得 2019 年中华书局双十佳图书。《龙泉司法档案选编》出版项目先后获得国家出版基金和国家社科基金重大项目资助。龙泉司法档案对研究近现代中国法治转型具有极高的价值。2021 年 10 月，龙泉市人民法院开始建设龙泉司法档案博物馆。2022 年 7月，龙泉司法档案博物馆入选"全国法院文化建设特色项目"。

本书所使用的龙泉司法档案分为两部分。第一部分即龙泉晚清民国司法档案，时间起自清咸丰八年（1858 年）至 1949 年新中国成立，现藏于浙江省龙泉市档案局。目前学术界关注的龙泉司法档案即是龙泉晚清民国司法档案。第二部分使用了新中国成立以后的龙泉司法档案（按照学术规范，本书对档案里当事人的名字进行了一定的处理），这部分现藏于浙江省龙泉市人民法院。龙泉司法档案一直绵延不断，从晚清开始至今百余年，案卷总量达数十万，足见其完整性和连贯性。晚清以后的百余年，恰恰是我国司法制度从传统向近现代转轨的时期，因此龙泉司法档案弥足珍

---

① 参见［日］夫马进：《龙泉司法档案及其价值》，澎湃新闻，2020 年 5 月 26 日。

贵，为我们分析近代以来的基层司法实践提供了极佳的样本。

龙泉司法档案的重要特征是基层性强与区域性强。国家制度在基层落实过程中常见有地方"调适"现象，并且中国传统史籍几乎出于士大夫之手笔，在传播过程中大多经人为选择，而承载了海量近现代基层司法实践资料的龙泉司法档案，以其无可比拟的基层性与原初性，为我们开展研究提供了极为珍贵的第一手资料。① 读书时候，有位老师曾经说过，你们不要以为全中国的历史都是一样的，山西就没有经历过南宋。自古以来中国就是幅员辽阔的大国，区域之间因为特殊的地理环境、气候等因素形成不同的生计模式、社会结构，乃至多元的社会文化。在经济社会高速发展的当下，各区域对现代社会的适应情况存在鲜明差别。

以一个县域为个案对象，从议题的多样化、地域的涵盖性、田野调查的可能性等各方面考虑，都比较适合于研究的深入。龙泉作为一个地处浙西南的县城，对其司法档案的整理与研究，恰在资料层面提供了这样的可能性。基层法院作为解决矛盾、定分止争的第一站，与民众的距离最近，与最基层普通人的生活息息相关。以县为单位对纠纷解决模式进行分析，可以将眼光从"侧重于城市工商业、现代都市生活为背景"转移到洞察基层社会的普通人。② 在论述中，我们着重从司法场域内部与司法场域外部两方面的司法实践来探究历史转轨时期基层民事纠纷解决机制的变化。

四、思路与方法

就本书的研究思路而言，有共时性与历时性两个方面。

纠纷解决机制一般是指关于纠纷解决的制度性构造及其运行原理的总

---

① 参见尤陈俊：《批评与正名：司法档案之于中国法律史研究的学术价值》，《四川大学学报（哲学社会科学版）》2020年第1期。

② 参见苏力：《送法下乡——中国基层司法制度研究》，北京大学出版社2011年版，第6页。

称。① 一般来说，纠纷解决机制包括诉讼机制、调解机制、仲裁机制与和解机制。如果把纠纷解决机制看作第一位阶的话，下面还可以有第二位阶、第三位阶。诉讼机制作为第二位阶的机制，下面还有管辖机制、立案机制、审理机制、裁判机制、执行机制等。由于诉讼是最正式和最权威的纠纷解决方式，在整个纠纷解决机制中，诉讼机制处于龙头地位，调解机制在基层治理中又是特别活跃且具有中国特色的机制，所以本书着重对民事审判、民事调解这两种纠纷解决机制作出讨论，同时对和解机制也有涉及。

同时，民事纠纷解决机制是一个历史范畴。不同历史时期，民事纠纷解决机制的历史使命有所不同，其主体、对象、方式也不尽相同，它们之间的关系、结构、运行机制也不一样。作为历时性的变迁研究，本书以民国时期、新中国成立至改革开放、改革开放后三个时间段的纠纷实践展开论述，探讨龙泉民事纠纷解决机制从传统到现代转型的"变"与"不变"，进化抑或转承，对龙泉民事纠纷解决机制变迁的图景作出分析。

就本书研究方法来说，主要涉及以下三个方法。

第一，微观与宏观相结合的研究方法。本书试图将基层民事纠纷解决机制变革纳入民族国家和国家近现代化治理转型的宏大背景下展开。一百多年固然强调宏观与长时段的研究，但它并不排斥具体而又细微的分析。恰恰相反，它常常以微观、具体的历史研究作为其载体。因此，

---

① 在纠纷解决的相关研究中，"纠纷解决机制"这一概念被广泛使用，但其指向并没有一个统一的严格的定义。例如，有学者将纠纷解决机制表述为："社会各种纠纷解决方式、制度的总和或体系。"参见范愉主编：《ADR 原理与实务》，厦门大学出版社 2002 年版，第 47 页。有学者则认为："纠纷解决机制，是指争议当事人用以化解和处理纠纷的手段和方法。"参见徐昕主编：《纠纷解决与社会和谐》，法律出版社 2006 年版，第 68 页。显然，前者比较强调纠纷解决机制的制度性特征，而后者比较偏重纠纷解决机制的具体运作过程的特点。

本书既强调长时段、总体观的视野，又强调了经典个案细致入微的分析，在历史变迁中研究个案，使历史变得有血有肉，展示变革的真实性与丰富性。

第二，社科法学的研究进路。社科法学倡导运用社会科学的方法分析法律问题。本书以法学学科为基础，跨学科综合运用历史学、政治学等社会科学的知识，强调基层司法研究中的历史社会学角度。关注法律制度建设、运行及其演变背后历史与社会的因素，理解法律制度、规则的历史正当性。在法学学科内部，运用民事诉讼法学、民法学、法律社会学、法律史学等法学内部的诸多学科的知识。这样，从多学科交叉的眼光来看基层民事纠纷解决模式的变迁，视野更宽广，思考更清晰。

第三，类型化的研究方法。在一百余年中，民事纠纷解决机制的历史变迁呈现出阶段性特征，表现为不同的模式与样态。本书以晚清民国时期、新中国成立至改革开放、改革开放后三个时间段的纠纷实践展开论述，凝练出"礼治型纠纷解决模式的革新与延续""政治型纠纷解决模式的探索与实践""法治型纠纷解决模式的变革与挑战"。① 当然，阶段划分与类型化并非泾渭分明，而是存在一定程度的交叉与重叠。但采取类型化的研究方法能更便于考察各个时期的纠纷解决模式及其运行特征。对此，对各历史阶段不同制度类型的回溯，既是历史发展经验与法理的总结，也是未来进行制度整合、保持制度连续性的宝贵资源。

---

① "模式（Pattern）"是指主体行为的一般方式，具有一般性、简单性、重复性、结构性、稳定性、可操作性的特征，是解决某一类问题的方法论。"机制"是指有机体的构造、功能及其相互关系。由此看出，模式是整体，机制是模式的组成部分。文中将晚清民国时期、新中国成立至改革开放、改革开放后三个时间段的纠纷解决机制提炼为三种不同的模式。不过，除特殊情况外，本书一般使用纠纷解决机制。

上 篇

礼治型纠纷解决模式的革新与延续

　　有清一代，龙泉基层社会呈现出"礼治秩序"的特点。这一时期的解纷主体以乡绅、宗族等民间权威为核心；解纷依据是以礼为核心的乡村治理规则；解纷方式是以民间调解为核心的纠纷解决机制。这一时期的龙泉民事纠纷解决模式可概括为礼治型纠纷解决模式。

　　晚清以后，国家政权向基层渗透和强化，国家权威力量开始进入乡村，民事纠纷解决模式乃至社会治理发生了前所未有的大变革。龙泉新式法院成立后，一系列近现代民事审判规则开始得到落实，如对程序主义的追求。不过这一时期，龙泉礼治型社会秩序并未彻底改变。民国时期的龙泉民事纠纷解决模式始终是传统与现代多元并存的局面，礼治型纠纷解决模式依旧发挥重要作用。

第一章　礼治型社会秩序的嬗变

第一节　现代国家观念的兴起

"从基层上看去，中国社会是乡土性的。"费孝通在《乡土中国》中一语道出了中国传统社会的独特属性，迄今它仍是学界看待乡村乃至整个中国传统社会的主流视角。传统基层社会秩序被概括为以"乡绅自治"为主体的"礼治秩序"。[①] 这一直是流行于政治学、社会学、人类学、民族学、法学中的一个主流认识范式。在明清时期，存在官治和民治两个分殊的管理和支持体系，由此形成官治秩序和民治秩序。在中央层面，君主专制制度不断强化、官僚体系日益完善和成熟；"县"长期处于国家行政体系的末端，县以上属于中央集权专制体制轨道，以皇权为中心建立官僚体系，长官任免权由皇帝掌握；在乡村层面，"皇权不下县"成为传统，国家权力一直未同乡村治理建立直接联系。基层由乡绅等精英治理，绅士阶层是乡村社会的实际治理主体，而宗族是士绅进行乡村治理的组织基础。[②]

[①]　参见费孝通：《乡土中国·生育制度》，北京大学出版社 1998 年版，第 53 页。

[②]　"皇权不下县"虽然由温铁军最早提出，但 20 世纪 40 年代，就有学者阐述过类似的观点。费孝通在《基层行政的僵化》和《再论双轨政治》中提出传统中国历史上的"双轨政治"。更早之前的德国社会学家马克斯·韦伯也注意到了这一问题。此后，秦晖将古代乡村自治模式总结为"国权不下县，县下惟宗族，宗族皆自治，自治靠伦理，伦理造乡绅"，从宗族、伦理角度进一步完善了"皇权不下县"的范式结构。近年来，

礼治是明清时期国家治理、社会治理的主导方式。①"无讼"的诉求，集中体现了古代先贤的社会治理思想，可以视为农业文明时代达成良好社会关系的愿景。本着"中庸之道"和"无讼"理念的柔性调解方式，在中国古代成为化解日常矛盾纠纷和社会冲突，从而达成有效治理的一种重要手段。在清代的龙泉，主要调解形式包括宗族调解、乡邻调解、行会调解、乡保调解、州县调解等，能够通过调解解决的案件范围为由户婚、田土、钱债、斗殴等产生的民事纠纷和轻微的刑事案件。比如发生在光绪二十九年的殷韩氏诉廖永年等蓄谋罩占案。②70岁的孀妇殷韩氏诉称，儿子殷美进因被廖永年等人引诱赌博，赌输洋银四十元，被勒令写下当契，故偷窃家中的山契抵当。廖永年等人得寸进尺，据此山契捏造不能赎回的卖山契约，并将该处山产出卖给山客。此后二十年间，廖永年等人砍伐该山场杉木一千余株，出售总计洋银一千一百元，殷韩氏因此控告廖永年，要求其归还部分木价。知县陈海梅前两次接到诉状后因事实存疑要求原告殷韩氏补充证据后再行起诉。随后，殷韩氏再次提起诉讼，获知县准理。但由于该案缠讼不休，最终经官府批复原告殷韩氏族亲介入纠纷进行调解，调处成功后，原告殷韩氏向官府禀复：案件双方已和解，请求撤回诉讼。同时一并提交息结状（图1.1）。官府收到双方的息结状后准许撤诉。知县为防止矛盾升级，批复原告殷韩氏族亲介入纠纷进行调解，劝原告殷

对于"皇权不下县"的范式，学术界也多有批判。比如2015年5月，胡恒《皇权不下县？——清代县辖政区与基层社会治理》一书出版，通过自身开展的清代县以下社会治理的研究，对"皇权不下县"说法提出质疑。应当说，尽管从表面的权力架构来看，传统中国"皇权不下县"，这仅仅表明国家行政机构的设置和官员委任到县一级为止，县以下并不存在权力真空，而是存在一个以士绅为代表的"自治共同体"，但这个共同体并非国家权力的对抗者和制约者，而是国家权力完全的服从者和执行者，是国家权力在乡村社会一种必要和有效的替代力量。

① 参见梁治平：《从"礼治"到"法治"？》，《开放时代》1999年第1期。
② 参见《殷韩氏诉廖永年等蓄谋罩占案》，卷宗号：M003-01-00598，浙江省龙泉市档案局藏。

韩氏与被告廖永年等人达成和解，双方契清价足，交收清讫。

清帝国作为一个以传统农业为主的松散的经济体，在遭遇近代化战争之前，尽管国内的战争不断，但是清帝国财政体制与汲取能力基本上能够满足传统战争作战的需要。然而，在鸦片战争爆发以后，这种状态发生了改变。晚清是中国社会处于从传统王朝国家向现代民族国家转型时期。国家形态从传统国家到民族国家的转型与战争交织在一起。①

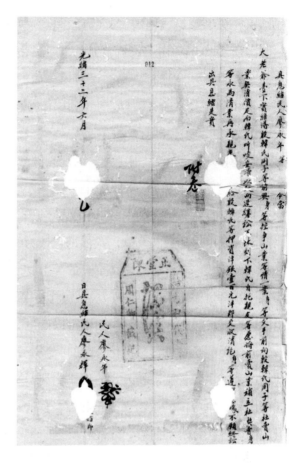

图 1.1 殷韩氏诉廖永年等蓄谋罩占案中的息结状

1842 年，在鸦片战争中战败，清政府签订一系列丧权辱国的不平等条约，开始沦为半殖民地半封建社会。残酷的战败事实迫使国人开启了从传统"夷夏之辨"到现代国家观念的意识转变。士大夫阶层中的先觉者率先从闭关锁国的天朝幻梦中觉醒，开始睁眼看世界。林则徐、魏源、徐继畬等人相继跳出中国相对封闭的地理环境，将目光投向世界其

---

① 参见李月军：《从传统帝国到民族国家——近代中国国家转型的战争逻辑》，《甘肃行政学院学报》2012 年第 5 期。

他国家，分别编纂《四洲志》《海国图志》《瀛寰志略》等介绍世界各国地理、历史知识的图书，客观地表达了中国并非"天下"，而是世界一员的全新世界观。这打破了国民封闭落后的地理意识，成为国民重新认识中国和世界关系的突破口，促使中国的政治文化由"天下"向"国家"转变。

"中国即天下，天下即中国"的观念被彻底颠覆，"居天地之中者曰中国，居天地之偏者曰四夷"（《中国论》）的"华夏中心主义"价值体系土崩瓦解；中国并非"天朝上国"，而属于"世界万国中之一国"的现代国家观念开始得以形成和确立。正如论者认为的，晚清社会"是一个国家主义狂飙的年代，在社会达尔文主义的导引之下，中国人相信优胜劣汰，相信强权就是公理，相信国家实力就是一切"①。近现代国家主义观念在应对弱肉强食与优胜劣汰的残酷局面中得以产生。

近代中国是在外部现代化力量的刺激下，开启被动卷入式、外源性现代化进程的。这种被动卷入式的现代化类型拉开了近代中国社会结构的变迁的序幕，对中国的政治、文化和社会秩序产生了巨大的影响；同时也是近代中国现代化进程曲折、缓慢和反复的重要原因。②一方面，尽管西方文明的示范作用促使中国走向现代化，但是中国的内在历史因素始终制约着现代化进程：近代中国现代化的启动力量是外部嵌入而非内生的，当时的中国不仅未形成强有力的现代化领导集团，更缺少推进现代化的社会力量；另一方面，西方的军事、政治、经济入侵将中国拉入世界殖民体系和资本主义体系的旋涡：近代中国深陷社会总体性危机，外部主权问题和内部政权问题成为构建现代民族国家的首要难题。只有彻底摧毁旧政权及其

---

① 许纪霖：《从寻求富强到文明自觉——清末民初强国梦的历史嬗变》，《复旦学报（社会科学版）》2010年第4期。

② 参见徐子棉：《近代中国现代化的艰难启动及其根源分析》，《西北大学学报（哲学社会科学版）》2013年第6期。

制度体系，全面推动传统国家向现代国家的转型，才能真正实现主权独立和政权的稳定、统一。而民族国家的优势正在于，能够集中并充分利用国内各项资源，保证在国家竞争中胜出。风雨飘摇的近代中国要构建现代民族国家，就要建立现代化的中央集权政府。这个政府不仅要满足合法性的要求，还要实现政治整合，即"由单一的、世俗化的、全国性的政治权威，取代各种传统的、宗教的、家族的或地域性的政权……形成一个统一集中而有效运行的中央权威"①。

辛亥革命的爆发和中华民国的建立是近代中国构建现代民族国家的实践起点，但是直到1949年新中国成立前夕，近代中国一直未能实现有效的现代国家建设。孙中山领导的辛亥革命"推翻了清朝政府，结束了在中国延续几千年的君主专制制度"。中华民国的建立更是将现代国家的理论——国家是由人民、主权、领土等要素组成的——付诸实践。但是，中华民国国家能力脆弱，加之受到西方列强的打击，未能在中央和地方各层建立强有力的、获得公众认同的政府。尽管旧的封建权威迅速瓦解，但是新的政治权威形成缓慢，乡村社会仍然处于原有的地方秩序的控制当中。此后，出于巩固政权、社会维稳等目的，北洋政府、南京政府等政治势力均试图加强对乡村社会的控制，但是均以失败告终。北洋军阀统治时期，内战迭起，现代国家构建进程近乎中断与停滞。南京国民政府时期，蒋介石集团试图用军事和专制政权统一全国，发动内战并加重了人民的赋役负担，导致人民对国民政府失望并奋起反抗。南京国民政权因此丧失了合法性和有效性，遭受权威危机。直至1949年新中国成立，近代国家权威危机迭起，中央政府衰败、弱势的状况才被真正改变，现代化国家建设进程才得以重新启动。

---

① ［美］塞缪尔·P.亨廷顿：《变动社会的政治秩序》，张岱云等译，上海译文出版社1989年版，第37—38页。

晚清民国时期，中国近代司法理论和制度开始构建。中国近代司法的构建是在民族国家观念兴起的基础上展开的。国家主权观念的形成为中国近代司法产生提供了外在条件。国家正当性理念则为中国近代司法产生提供了内在条件。民族国家观念的形成为中国近代司法的产生准备了外在和内在的条件。同时，应当看到，近代司法的目标集中于实现国家富强，对公民个体权利的保护则被放在次要的地位。司法更多被赋予了变法图强的使命。这意味着中国人在民族国家观念的形成过程中因添加了中国本身的要求而使司法权也具有了集体主义的色彩。①

第二节　晚清以来乡村社会秩序的变化

一、乡村社会的宗法文化没落

晚清民国以来，乡村社会中的宗族无论是在量上还是质上都呈现出明显的衰落趋势。乡村的宗族组织逐渐分化，宗法文化也走向没落。具体而言，这一时期宗法文化的没落主要有以下几个原因。

第一，新士绅阶层"劣绅化"现象严重，宗族的凝聚力减弱。晚清新政以及以后爆发的辛亥革命对士绅阶层带来了巨大的冲击。科举考试制度取消，士绅更替机制中断；同时，西学兴盛，国人深感传统体制已不足以应付"三千年未有之变局"，于是要求变求新。光绪三十一年（1905 年），龙泉废书院，兴学堂。金鳌书院改为剑川学堂。其他书院、社学陆续改之。徐杰、李为蛟、周传濂、李为麟、翁望甫、李有麟等考取官费留学日本。法学教育等作为显学开始出现。清末科举制度的废除以及新式学堂的兴办，导致士绅阶层遭遇生存危机、再生机制失效。乡村社会的士绅失去

---

① 参见沈国琴：《中国近代司法的产生及其前提条件》，《晋阳学刊》2007 年第 6 期。

力量补充，逐渐走向衰落与断层，对乡村社会的影响日益减弱。这是中国乡村社会千年来所未有之大变局。传统士绅的衰落造成了乡村社会政治上层的权力真空。一些以暴力或财力为后盾的边缘化人物，例如流氓、土豪等，为了抢占乡村资源，开始趁机占据乡村政治权力中心，成为"新乡绅"。宗族组织和文化走向衰落。

第二，族学衰落，乡村文化不振。在实施科举制度的时代，乡村社会具有耕读传统，这在龙泉更为普遍，而宗族作为乡村秩序的维持者，兼具助学重教的功能。宗族通过落实义田制和学田制来维持学堂的运转，帮扶宗族子弟读书明理。但是随着科举制度的废除，义田制和学田制逐渐瓦解，族学呈现萧条景象，乡村面临文化危机。

第三，宗族文化遭到漠视和反对。随着现代化进程的推进，工业化和商品经济得到发展，在一定程度上改变了乡村环境中"重义轻利"的观念，使之向相反方向发展，宗族成员之间的感情开始淡化。同时，西方文化日益渗透到封闭的乡村，先进的"西学"与落后的"中学"形成巨大反差，动摇了人们对传统文化的信念。五四运动时期，思想解放运动轰轰烈烈，对儒学激烈批判此起彼伏，民众的宗族观念进一步淡化。

二、乡村秩序动荡

龙泉一直存在匪患问题，民国时期的匪患问题尤为严重，对乡村秩序造成了极大的破坏。频繁的战乱和由此带来的贫穷、社会秩序的混乱，是造成民国匪患猖獗的主要原因。近代中国战争频繁，尤其是在辛亥革命推翻清王朝的统治以后，中国陷入军阀混战局面。1931 年，日本发动长达 14 年的侵华战争，给中国造成深重的灾难。这一时期的中国烽火连天，战争所持续的时间、波及的范围以及造成的破坏，在历史的长河中都是很少见的。

从晚清开始，龙泉县这一浙江西南山区偏僻的县城，人口流动日益频繁。辛亥革命以后，流匪、盗匪案件时有发生，屡禁不止。1937年，全面抗战爆发以后，杭城陷落，一时间，浙江省政府以及其他政府机关纷纷南迁，龙泉县涌入大量外来人口。同时，频繁的战火对乡村经济体系造成毁灭性的打击，恶化了广大的下层人民的生存环境。农民流离失所、极度贫困的现象比比皆是。加之战争中政府对乡村的控制力减弱，乡村社会政治严重失序、治安管理混乱。很多农民因为无法靠正常手段谋生，最终选择铤而走险、落草为寇。

民国时期土匪的另一个重要来源是官兵。这一时期，官匪勾结、兵匪合一的现象严重。在军阀混战中失败的官兵可能选择落草为寇谋求生计；官府在奉命剿匪时，也可能为了一己私利纵容匪患，与土匪勾结。尤其是土匪出身、通过招安改编而来的一些地方军阀，为了扩张势力，表面上进行招安，实际上大量收编土匪的不在少数。

清政府覆灭以后，中国社会军阀割据、狼烟四起，中央政府与地方军阀之间的矛盾阻碍了国家政令在地方的推行，中央政权局限于一隅、改革措施无法落实，农村格局愈加分散。国民党统治时，国民党政府通过在基层推行保甲制度，在承认宗族治理合法性的基础上，试图借助宗族势力加强国家政权对农村的控制。国民党政府还在基层设立了区公所，推进国家政权向基层的渗透。但是，保甲制度需要借助乡村权威来实现在乡村社会的有效运行，而国家权威的下移必然会挤压乡村内生性秩序的生存空间，遭到乡村权威的反抗，因此国民党政府未能得到乡村权威人士的全力合作。同时，国民党政府也未能发动广大农民参与政权建设。缺少农民支持，国家政权在乡村社会力量羸弱，难以站稳脚跟。

民族国家的形成是国家政权与国家权力向基层社会下渗的过程，以形成统一协调的总体性社会为标志。通过政权的官僚化与合理化，政权向基层、向乡村渗透，以扩大国家的汲取能力。国家权力企图深入乡村社会的努力，最早始于晚清新政。①1908 年，清廷颁布《城镇乡地方自治章程》。《城镇乡地方自治章程》规定城镇（乡）为县领导下的基层行政建置。②从晚清开始，国家主义在很大程度上主导了龙泉社会的近现代化走向。此后，以清末、北洋的基层建制为基础，在南京国民政府时期县以下区域形成了以乡镇公所为核心的乡镇政权，这既是近代国家权力下移的结果，也是近代基层社会治理方式的重要突破。这一时期，乡镇政权承担着维持社会治安、协助司法、调解人民纠纷等职能。这些职能凸显了乡镇政权的社会治理属性，为乡村治理带来了巨大影响。

第三节 晚清民国时期的立法变革

一、晚清礼法之争：从家族主义到国家主义

论及中国传统法律，学人往往不约而同地使用"家族主义"这一概念来说明中国传统法律的特征。而晚清，国家主义论者将中国的积贫积弱归咎于家法政治，称人民只知道有家而不知道有国。③传统中国的社会基层单位，不是个人，而是"家族"。清末修律时，家族主义与国家主义成为法理派与礼教派争论的核心内容之一。④1906 年、1907 年修订法律馆分别上奏了《大清刑事民事诉讼法草案》和《大清新刑律草案》，礼教派与

---

① 参见［美］杜赞奇：《文化、权力与国家：1900—1942 年的华北农村》，王福明译，江苏人民出版社 2008 年版，第 1 页。
② 参见朱明国：《村庄：构建怎样的公域秩序？》，《广东社会科学》2014 年第 2 期。
③ 参见武树臣：《中国法律思想史》，法律出版社 2004 年版，第 359 页。
④ 相关的讨论参见张仁善：《礼·法·社会——清代法律转型与社会变迁》，商务印书馆 2013 年版，第 253—288 页；夏锦文：《冲突与转型：近现代中国的法律变革》，中国人民大学出版社 2012 年版，第 709—742 页；李春雷：《中国近代刑事诉讼制度变革研究（1895—1928）》，北京大学出版社 2004 年版，第 41—45 页。

法理派围绕这两部法律，产生了家族主义与国家主义之间的正面冲突。礼教派提出新刑律的原则应该是"旧体新用"，在体例上用新律，指导思想依旧是旧律，即家族主义，理由是中国重视礼教风俗，周礼之教深入人心已数千年，久则难变。法理派则既反对中国传统的伦理规范，也反对中国传统的家族形式，强调法律制度、国家政治制度的重要性，因此要打破自古以来的家法之治。

新刑律与旧刑律的根本区别在于两者的指导思想不同，也即"精神上之区别"旧刑律以家族主义为依归，新刑律则以国家主义为精神。国家主义在晚清已经成为了人们追求强国之梦的精神食粮，"对知识人群最具号召力和影响力的观念"[1]，具有了压倒性的优势，而家族主义已然是众矢之的。

这一时期，杨度发表的《金铁主义说》《关于修改刑律的演讲》《论国家主义与家族主义之区别》等文章是晚清时期声讨家族主义的檄文。他指出，国家主义和家族主义二者势不两立。[2] 实现国家主义就要"必使国民直接于国家"，此意味着国民必须要直接效忠于国家，要把他们效忠的对象从过去的家族、宗族、乡里转移到国家身上。[3] 在杨度看来，中国法律以家族为本位造成了国家的积贫积弱，而欲达到中国富强之目的，必须以国家主义代替家族主义。

晚清礼法之争不久，新文化运动爆发，家族主义、宗法制度等儒家伦理和传统礼教迅速成为被批判的对象，被边缘化甚至妖魔化。家族主义、家长制、"三纲五常"、君权、父权、夫权均受到了近代知识分子的猛烈批

---

[1] 许纪霖：《从寻求富强到文明自觉——清末民初强国梦的历史嬗变》，《复旦学报（社会科学版）》2010 年第 4 期。

[2] 参见陈新宇：《宪政视野下的大清新刑律——杨度〈论国家主义与家族主义之区别〉解读》，《政法论丛》2014 年第 6 期。

[3] 参见梁治平：《礼教与法律》，上海书店出版社 2013 年版，第 79—96 页；梁治平：《晚清遗产谁人继承？》，《东方早报》2011 年 10 月 30 日。

判。这无疑极大地动摇了家族主义的基础。南京国民政府时期，作为立法院院长的胡汉民更是提出了"国家至上"的公法观。[①] 在一个列国竞争的政治背景下，在救亡图存的要求下，在富国强兵的目的下，在主权国家的主体预设下，家族主义在晚清、民国时期乃至新中国成立以后都遭到猛烈抨击，逐渐消散于历史的长河中。

二、民事立法的发展

（一）清末民初的立法状况

晚清时期，清政府开始了大规模的修律活动。以"中学为体、西学为用"为总体指导思想的这场变法修律，声势颇为浩大，涉及内容广泛，大量吸收了近代西方资产阶级的主流法律文化、法律原则和具体规则，打破了原先那种已经过时的、封闭的、僵化的、专制的法律体制，开启了中国法律现代化的进程。

直至清朝政权完全瓦解之前，晚清政府不断借鉴西方大陆法系的体系框架，完成了《钦定大清商律》（1904 年）、《刑事民事诉讼法草案》（1906 年）、《钦定宪法大纲》（1908 年）、《宪法重大信条十九条》（1911 年）、《大清新刑律》（1911 年）、《大清民律草案》（1911 年）等法律的编纂，形成了较为系统的晚清法律成文法体系。其中，《大清民律草案》于宣统三年（1911 年）制定完成，是中国历史上第一部民法典草案。它不仅引进了西方先进的法学概念，例如债权、物权、亲属、继承、契约等，也彻底改变了中国传统法制中以刑代民、民刑合一的法律模式。其中总则、债权、物权三编由日本法学家松冈义正等编成，主要借鉴了德国民法典的理论、制度和原则；亲属、继承编由修订法律馆和礼学馆起草，主要内容仍带有封建礼教色彩。晚清政权覆灭后，其遗留的民事立法体系在民国初期仍得以

---

① 参见武树臣：《中国法律思想史》，法律出版社 2004 年版，第 357—363 页。

沿用，仍是当时民众主张权利、法官作出合法判决的依据。

在民事程序法方面，沈家本一向重视修订诉讼法律，他在修律过程中提出了"以刑法为体，以诉讼法为用"的原则。在他的推动下，修订法律馆于光绪三十二年（1906年）制定完成《大清刑事民事诉讼法》草案，历时5年。在此基础上，清政府又相继制定《大清刑事诉讼律草案》《大清民事诉讼律草案》。这几部诉讼立法的出台，很大程度上改变了中国沿袭数千年的实体程序一体化的法律模式，凸显出诉讼程序相较于实体法的独立地位及独立的诉讼价值。光绪三十二年（1906年）《大理院审判编制法》制定完成，成为中国近代第一部法院编制法，它创制了民刑分离的模式，即民事和刑事分别审理；确立了司法独立的原则，即司法机构独立于行政机构之外行使司法权，用法部代替刑部，主要履行司法行政职能，将大理寺改成大理院，主要履行审判职能；确认了四级三审制的审级，即在京师设立高等审判厅，在京师、直隶府、直隶州各设地方审判厅。

北洋政府统治时期是中国社会转型的关键期。这一时期的立法特点主要是：第一，大量援引清末法律和移植西法，尚欠自身创新，与实际脱节严重。第二，法律大体分普通法和特别法两类，普通法就是在全国范围内普遍适用的法律，特别法指用于特定时期、特定地点、特定人或事的法律。北洋政府制订了不少特别法，且效力高于普通法。编制了判例和解释例，判例即大理院的典型判决；解释例即大理院对法律的解释或对各级法院提出的疑难问题的解释，它们是成文法的补充，同样具有法律效力。第三，在法律编纂上，初步形成了约法、刑法、民法、商法、民事诉讼法、刑事诉讼法的"六法体系"框架的基础。

（二）南京国民政府时期的立法状况

民初时期确立了人民主权、基本人权、三权分立、法治国家等基本法律原则，在一定程度上破除了中国专制法律文化、身份等级制度的限制，彰显了某些现代民法理念。同时，民主政治体制的确立以及民主、自由、平等理念的传播，为南京国民政府编制民法典奠定了基础。

1929 年南京国民政府立法院设立民法起草委员会，1930 年颁行《中华民国民法》。《中华民国民法》是我国历史上首部颁行并正式实施的民法典，其主要任务是保护社会福祉和利益，以社会本位为基础，强调社会公益的重要性。立法在一定程度上体现出了人格独立、意思自治、契约自由等原则。《中华民国民法》的完成和实施，促进中国建成"六法体系"。

南京国民政府时期的民事诉讼法是国民党六法体系中重要的一部分，它继承和吸收了前人立法时的经验和教训，又深受国外民事诉讼立法的影响，不断充实、发展，为中国近代民事诉讼立法的进步作出了不小的贡献。南京国民政府时期民事诉讼立法发展历程主要包含两个阶段。第一个阶段是对清末民初民事诉讼立法的继承和发展，1932 年开始实施的首部《中华民国民事诉讼法》吸收、借鉴了《民事诉讼条例》和《民事诉讼律》的立法经验，尤其是对《民事诉讼条例》学习借鉴更多。与《民事诉讼条例》相比，条文减少了 155 条，不仅法典体系设置较为全面、合理，法律用语也较以前更加规范。第二个阶段是结合《民事诉讼法》实施状况而作出的修改完善。这一阶段的主要变化体现在 1935 年的《民事诉讼法》修改，经过此次修正之后，南京国民政府民事诉讼立法臻于成熟。此后，1945 年的修改只是对部分条款的修改，相对而言其变化和影响不大。

第二章　龙泉新式司法机关：从县衙到法院

中国古代司法制度具有"行政兼理司法"的特征。清代，龙泉设知县，并下设吏、户、礼、粮、兵、刑、工、承发等八个科房办事，龙泉隶属处州府。《大清律例》明文规定："词讼细事，如田亩之界址构洫，亲属之远近亲疏，许令乡保查明呈报，该州县官务即亲加剖断，不得批令乡地处理完结。"帝制时期，由地方行政长官行使审判权，尽管存在清官、循吏等，但是高度集中的权力也容易导致冤假错案发生。晚清，中国被迫开启司法变革宏大序幕。

清末司法改革是中国法律制度由传统走向近代的转折点。以1840年鸦片战争为标志，传统中国社会开启了近代史转型的序幕。鸦片战争使中国维系了数以千年的"朝贡体系"逐步瓦解，当时的中国也被迫从"传统国家"向"主权国家"转型，并以"主权国家"的身份进入新的国际体系。晚清统治者不得不从"中国为天下共主"的迷梦中苏醒。清末的社会变革在很大程度上是外部力量催化推动的结果。西方列强用坚船利炮迫使中国在整体社会条件尚不成熟的情况下匆匆迈入了近代。这种被动的社会转型导致社会结构发生巨大割裂，社会现实和法律制度严重脱节。清廷虽极力维护封建专制主义皇权，但面临深重的内忧外患，亦不得不承认"世有万古不易之常经，无一成不变之治法"，对司法制度进行改革，以因应形势变革。

1906年，清廷宣布从改革官制入手预备立宪，司法改革成为了预备立宪、官制改革的重头戏。但是，龙泉尚未来得及实施改革计划，晚清政权就消亡，筹办新式司法机关的任务遗留给北洋政府。虽然改革者试图在龙泉建立一套崭新的司法系统，但由于政局动荡，且迫于人才、财政的极端匮乏，政治变革过程复杂曲折，如表 2.1 所示，民国时期的龙泉司法机关变动不居。在包括南京国民政府时期在内的整个近代中国的历史演进进程中，龙泉基层司法制度发生了巨大的变化，产生了多种基层司法制度，形式上形成了执法科、审检所、承审处、司法科、县法院以及地方法院等制度。各种制度相互之间、与县政府之间有着不同的逻辑关系，同时各种制度之间也存在着明显的差异。如表 2.2 所示，时间节点不同，司法机关适用的国家法与程序法也有所不同，审判方式也千差万别。在下文中，我们会展开讨论。

表 2.1　民国时期龙泉县司法机关沿革表 ①

时间	司法机关名称
民国元年	龙泉县公署执法科
民国二年至六年三月	龙泉县公署审检所 （其间裁撤时由县知事兼理）
民国六年四月至十二年	龙泉县公署承审处
民国十三年至十六年四月	龙泉县公署司法科
民国十六年五月至十八年十月	龙泉县政府司法科
民国十八年十一月至二十四年六月	龙泉县法院
民国二十四年七月至三十八年五月	龙泉地方法院

① 浙江省龙泉市人民法院编：《龙泉法院志》，汉语大词典出版社 1996 年版，第 3—4 页。

表 2.2 晚清民国龙泉县司法机关适用立法与审判方式沿革表 ①

年份	1906	1907—1910	1911	1912	1913	1914—1915	1916	1917—1920	1921—1922	1923	1924—1926	1927—1928	1929—1930	1931—1934	1935—1949
立法	《大清刑事民事诉讼法草案》	《各级审判厅试办章程》	《大清民事诉讼律草案》			《民事刑事诉讼律草案》《民事刑事诉讼暂行章程》	《民事诉讼条例》							《民事诉讼法》	
适用法				《浙江省暂行执法科简章》	《各县帮审员办事暂行章程》	《县知事审理诉讼暂行章程》	《(浙江省)各县审检所办事暂行章程》	《县知事审理诉讼暂行章程》		《县知事审理诉讼暂行章程》			《民事诉讼条例》	《民事诉讼法》	
机构	县简			县公署	审检所	县公署	(浙江省)审检所	县公署		县政府			龙泉县法院	龙泉地方法院	
审判方式演变要点	细故审理（准理、遵结）			准理、遵结	准理、遵结、上诉	准理、遵结、上诉	准理、确定审讯日期	准理、确定审讯日期、上诉		准理、讯问				言词辩论	

① 吴铮强：《龙泉司法档案职权主义民事诉讼文书研究》，中华书局 2021 年版，第 55 页。

第一节 民初的龙泉司法机关

合格的司法人员与充足的司法经费是筹设新式法院的前提条件。清末民初，毕业于法政学校的专业法学人才并不多，财政又紧缺，北洋政府时期的龙泉地方司法机关在改革与妥协中艰难前行，出现了剧烈的变动。

一、1912 年至 1917 年的龙泉司法机关

（一）民国元年的执法科时期

辛亥革命爆发后不久，浙江省颁布《法院编制法议决案》，在全省范围内设立三等法院，即县法院、地方法院和省法院。然而，迫于诸多限制，龙泉县与浙江省的大多数县一样，并未设立县法院。从 1912 年初至 1913 年 5 月，龙泉县的司法机关就是县执法科。

《浙江省军政府公布施行案第五号》第 5 条规定"官制实行后，凡各属司法机关未成立之前，县知事暂行兼理执法科……"。尽管执法科仍由县知事兼理，且存续时间仅有一年多，但是它多少意味着传统中国正官印和以私人势力承担州县诉讼的制度发生了变化，也为以后司法机关的转型提供了前提。①

（二）1913 年至 1917 年的审检所时期

为了促使司法和行政逐步分离，北洋政府于 1913 年施行审检所制度，规定由审检所独立行使审判权。此后，在没有设立基层法院的地区，审检所制度成为了一种替代性制度并在全国迅速铺开。

1913 年 2 月 1 日，《浙江公报》刊登北京政府致浙江省、陕西省都督公电，命令两省改革地方行政机关，在没有设立法院的各县改组设立审检

---

① 参见唐仕春：《北洋时期的基层司法》，社会科学文献出版社 2013 年版，第 53 页。

所，以与北京政府保持一致。龙泉县执法科随之改组为审检所。但审检所时期法官的裁判较为混乱，有的是作出庭谕，有的则是作出判决。前者，如 1916 年的郑兆荣诉何观喜等山界纠葛案。①

民事庭谕

五年第九号

原告：郑兆荣

被告：何观喜

何观达

右列当事人因山界纠葛一案，经本所审理，判决如左。

讯得原被两造契据大同小异，核之勘得山形，均尚符合。唯有现行法例，凡不动产之买卖，必有卖和上手各契，买者以相当注意，证对无误，始其买卖行为，毫无瑕疵。本案原告上手由王姓出缴张姓之契，合之张姓卖契，东至岗，西至塆，两相符合，而被告上手由张姓退还王姓之契，合之王姓卖契，本以东至岗位界者，乃以东至（即右至）大湾为界，本以西至湾为界者，乃以西至（即右至）岗位界，无湾而认为有湾，有湾而竟为无湾，其卖契、上手契不符，已可概见。依照前述法例，被告所执为证之契据，无论其真伪，不为相当注意，即系权源未清，已难认为有效。况两造上手契据系同月所写，同一代笔，一缴一退，与兑换契约相似。阅原告上手契，右至三大田头水圳大头湾直下大溪为界，被告上手契左至三大田头水圳头大湾直下大溪为界，是因认定大湾为两造分界。又被告上手契右至（西至）必乌岗直下到波头为界，是又因认定岗为被告西至（即右至）界。果如被告主张，以原告东至即被告东至，则两造应以

---

① 《郑兆荣诉何观喜等山界纠葛案》，卷宗号：M003–01–05703，浙江省龙泉市档案局藏。

如湾非湾之处为界，不以大湾为界；被告右至（即西至）应以大湾为界，不以必乌岗为界，殊与前述就两造契据认定之各界不合。准上述法例及认定方法，原告理由充足，应予保护，被告辩诉不合，即为驳斥。嗣后系争之山，由原告照契管业，不许被告越占。本审讼费，被告负担。此判。

中华民国五年九月二十九日

后者如同一年的毛名远诉吴达波债务纠葛案，[①] 龙泉审检所作出的是民事判决。

民事判决书

五年第七十号

原告：毛名远

被告：吴达波

右列当事人因债务纠葛一案，经本所审理，判决如左。

主文

被告于判决确定日应还原告本利洋共三百二十元。

讼费八两四钱三分，被告负担。

事实

缘被告于宣统二年向原告父声遥借去洋银计一百六十元，契内载明利息长年两分，至明年□成送还等语。迄未还过。本年原告诉请讯追，传集审理，被告供称有田抵押，且已还过利洋数十元，记在账簿等语。原告又供称，田契抵押另有票洋五十元，并非所借之一百六十元等语。除叙入理由中者例不再叙外，得悉所叙事实无误。

---

① 《毛名远诉吴达波债务纠葛案》，卷宗号：M003-01-10096，浙江省龙泉市档案局藏。

理由

查□□借票亦为被告承认，惟以□田抵押为借口。查借票成立时，该田田价计租九担，约值八十余元，又为被告供认以八十余元之价值抵押一百六十元之债权，已与民法条理不合。况原告另呈借票五十元一纸，指为该田抵押此票之用，足证以田抵押者，另有债权，与业已起诉债权不涉。且被告以此借口，即使抵押属实，岂其因有抵押，债务可不履行？此足证明被告无理由者有一。又被告以账记已还数十元等语，查普通习惯，借券既立，还款应有收条等凭认，被告何以此种凭证不能提出？虽被告坚以情面为辞，原告借款既□以情面□借票，被告反还款以情面而不取收条，此种不平等交情，恐被告断无此庸愚。此足证明原告无理由者二。被告□证明毫无理由，该款本利自应依照有效律例，年月虽多不过一本一利规定，及民法法理履行债务必尽诚实信用义务通例，判令依法偿还。准上理由，特判决如主文。

中华民国五年十二月二十五日判决

龙泉县审检所

专审员：张济演

书记员：费泽溪

审检所内部司法人员专业化水平较低，依附于县知事审理案件与司法自主运行之间的矛盾很快凸显出来。1917年，龙泉县按照浙江省规定，裁撤审检所，采用县知事兼理司法制度，并一直延续到南京国民政府初期。

二、1917至1929年的龙泉县知事兼理司法制度

县知事兼理司法制度在龙泉存在长达十余年，它之所以能够长期存在，有着深刻的历史背景。一方面，政府无力满足普设基层法院必需的经费、人才资源、稳定的政治环境等内外条件，只好采用县知事兼理司法这

图 2.1　龙泉县知事兼理司法时期的民事诉状

种模式。另一方面，虽然民国初期的政体和宪法确立了司法权独立行使原则，但是延续了上千年的"行政兼理司法"的传统思想还普遍存在。执掌决策权的中央和地方实权人物仍然信奉"行政兼理司法"，具体执行的县知事也认为唯有坚持"县知事兼理司法"制度才能保障社会治理的效果，普通民众更视赴县公署告诉为正途。可见，县知事兼理司法是各方合力的结果，成为了当时唯一切实可行的选择。

　　县知事兼理司法制度的出现，往往被认为是传统旧制的回归。然而，民国初年，共和观念早已深入人心，虽然县知事兼理司法制度具有明显的"行政兼理司法"特征，但并不是照搬传统司法制度，而是在顺应近代司法原则的基础上，继承"行政兼理司法"制度的合理性因素，同时改造了其传统部分。①

（一）县知事兼理司法对"行政兼理司法"传统的延续

纵观县知事兼理司法的制度规定，其对"行政兼理司法"制度的继承主要表现在以下方面。

第一，县知事兼具行政、司法权力，延续了传统"行政兼理司法"的权力架构。在传统"行政兼理司法"模式下，州、县地区不区分行政权力和司法权力，行政机关和司法机关合二为一，行政长官和司法长官为同一人。在县知事兼理司法制度中，虽然司法权本非县知事之权力，只是暂由其代理，但是从权力外观来看，县知事的权力与传统州县官的权力在本质上并无差异。县知事兼理司法的确延续了传统"行政兼理司法"权力架构的基本形态。

第二，县知事和承审员的关系深受传统县官和刑幕关系的影响。传统州县官的佐贰官员主要包括县丞、主簿、典史等。他们具备较为丰富的断案经验，主要负责协助州县官审理案件，但通常不具备独立裁判的主体资格。县知事兼理司法时期，承审员是国家经制官员，在县知事的授权下负责审理案件，接受县知事的监督，但是同时，承审员并不具备独立的裁判主体资格，所审理的案件由其本人和县知事共同承担责任。这和传统佐贰官员相似。此外，《县知事兼理司法事务暂行条例》第4条规定"承审员由县知事呈请高等审判厅审定任用之"，可知承审员与县知事具有一定程度上的人身依附关系，这与传统州县官和刑名幕友的关系高度相似。

（二）县知事兼理司法对"行政兼理司法"传统的突破

总体看来，县知事兼理司法从机构职权独立化、审判人员专业化这两

---

① 相关论述参见韩秀桃：《司法独立与近代中国》，清华大学出版社 2003 年版；吴燕：《论民初"兼理司法"制度的社会背景》，《求索》2004 年第 9 期；刘昕杰：《政治选择与实践回应：民国县级行政兼理司法制度述评》，《西南民族大学学报（人文社科版）》2009年第 4 期。

个方面对传统"行政兼理司法"进行了改造，实现了一定程度的转型发展。①

第一，机构职权的独立化转型。

县知事兼理司法制度下，机构职权的独立化转型趋势增强，县知事成为了独立审级。按照近代司法制度，下级判决之案，非经上诉，上级无从干涉，这彰显了法院独立行使司法权的近代司法精神。

第二，审判人员的专业化转型。

一方面，任职考核制度对县知事的法律专业水平提出了要求。这一时期，浙江兴建政法学堂，法学生数量快速增长，参与县知事的人员有相当一部分是法律专业的毕业生。②另一方面，承审员任职资格要求的提高。随着县知事兼理司法制度的不断完善，对承审员的专业化要求也越来越高，承审员的学历门槛、履历门槛、免试条件都相应提高，考试环节也愈发严格。③所以，在判决程序方面，县知事兼理司法相较于传统司法有明显进步，判决书逐步取代传统服判结状成为判决结案的文书形式。比如张关养等诉徐妹裁租店纠葛案。④

民事判决书

十六年民字第二十四号

原告人：张关养

　　　　张春兰

被告人：徐妹裁

---

① 参见李菁笛：《曲折中的反思：民国时期县知事兼理司法制度再审视》，《新疆大学学报（哲学·人文社会科学版）》2019 年第 3 期。

② 参见李秀清：《中国私立法政学校之嚆矢——浙江私立法政学校创建考论》，《法商研究》2021 年第 1 期。

③ 参见吴燕：《国民政府时期四川县级司法人事制度改革研究》，《近代史研究》2011 年第 2 期。

④ 《张关养等诉徐妹裁租店纠葛案》，卷宗号：M003-01-06611，浙江省龙泉市档案馆藏。

参加人：郭桂生

右列当事人因租店纠葛一案，经本政府审理，判决如左。

主文

徐妹裁租住原告人所有至镇东社张家祠堂隔壁之店屋，应即搬移，仍由原告人津贴搬移费用六元。

讼费归被告人负担。

事实

案缘原告人共有店屋一所，坐落东街镇东社张家祠堂隔壁出租与被告人，已有数十年，每年订定租金洋四元，历租无异。上年原告人欲向加租洋二元，被告人不允。本年正月经双方合议，原告人贴被告人搬移费洋四元，店屋由原告人收回，另租与参加人郭桂生，并定限期迁移。及期被告人违约，仍行霸住不搬，原告人状诉到府，即经本政府传集审理，限令二个月内搬移息讼，逾期又不搬移。经传复审，又不到案。本政府自应就原告一造之辩论而为判决。

理由

查系争店屋虽由被告人历经租住之业，但以社会经济状况之不同，原告人加租金二元不允，又经承认搬移，订定受领搬移费四元于前，嗣又反悔于后。经一再限期，不得谓不有犹豫，期间被告人违约不搬，殊有未合。姑念该民久经租住，又未欠租，本政府为之衡情酌定，判令原告人津贴搬移费大洋六元归被告人收受，被告人应即搬移，以继信用。所有讼费，依《民诉条例》第九十七条归被告人负担。特为判决如主文。

龙泉县政府民庭

县长：方炜

承审员：宋思璟

中华民国十六年十一月二十六日判决

县知事兼理司法时期的判决，在形式和说理部分都比较规范、充分，在解决纠纷中发挥越来越重要的作用。同时，由于县知事事务繁忙、专业水平不高，且有积案需进行清理等，北洋政府同意在简易案件中以堂谕代替判决，简化判决，这是平衡判决结案原则与县知事兼理司法的现实情况的结果。

虽然晚清政府在预备立宪活动中提出了建立新式法院的构想，但未能具体落实。民国初年，中央政府也试图在地方普设法院，但遭遇诸多困难。1914 年，北洋政府公布《县知事兼理司法事务暂行条例》，撤销了全国大部分的地方审判厅、检察厅和全部的初级审判厅、检察厅，同时规定"凡未设法院各县之司法事务，委任县知事处理之"。自此，县知事兼理司法制度成为普设法院的过渡举措。可见，县知事兼理司法是在民国时期新式法院设立不足的情况下，所推行的由县级行政长官兼理审判权和检察权的一种临时性司法制度。

（三）县知事兼理司法运行存在的问题

由于延续了中国传统"行政兼理司法"的主要特征，"行政兼理司法"本身是行政与司法集权的产物，徇私舞弊、玩法弄权的缺点也存在于县知事兼理司法这一制度中，这在一定程度上阻碍了民国初期的司法近代化进程。此外，这一时期，国家内部北洋政府和地方实力派及南方革命政府纷争不断，中央政权不稳定；国家外部强敌环伺，各方侵略势力意图瓜分中国。在这种动荡的政治背景下，龙泉的政治秩序也比较混乱，县知事兼理司法的弊端表现得更为明显。

1. 县知事任用不规范

根据《知事任用暂行条例》及其施行细则，县知事的选拔主要有两种方式，一参加县知事考试并及格，二是经保荐由内务部注册。除了这两种方式外，地方长官不得随意推荐、任命县知事。第二种选拔方式体现出北洋政府对县知事任命权的妥协，即允许地方长官保举推荐县知事。但是，地方长官保荐的人选不仅需内务部注册，最终还需要总统核准，所以任命县知事的权力仍归中央所有。但事实上，由于军阀割据混战，地方势力庞大，地方长官在保举推荐县知事时往往任用私人，出现"中央拥集权之名，各省享分权之实"的现实境况。

2. 县知事频繁更迭

在 1911 年 11 月至 1929 年 10 月的 18 年间，浙江省龙泉县共有过 20 余位县知事（见表 2.3），每任县知事的平均任期为 9 个月左右。

表 2.3　民国龙泉历任县知事（1911—1929）①

职别	姓名	籍贯	到任时间	备注
民事长	李为蛟	浙江龙泉	辛亥年十一月	
知事	陈蔚	浙江丽水	民国元年四月	
知事	朱光奎	浙江青田	民国元年九月	
知事	黄黻		民国二年六月	
知事	杨毓琦	浙江临海	民国三年三月	
知事	王宗海		民国四年五月	
知事	张绍轩		民国五年一月	
知事	范贤礽	浙江宁波	民国五年九月	
知事	王施海	湖南湘乡	民国六年四月	
知事	赖丰煦	福建	民国八年九月（十年一月卸任）	
知事	喻荣华		民国九年三月	赖丰煦生病期间代理
知事	习良枢	江苏南通	民国十年一月	
知事	黄丽中	湖北随县	民国十一年十月	
知事	彭周鼎	浙江丽水	民国十三年五月	
知事	蔡龄	浙江龙泉	民国十三年九月	

---

① 浙江省龙泉市人民法院编：《龙泉法院志》，汉语大词典出版社 1996 年版，第 5 页。

职别	姓名	籍贯	到任时间	备注
知事	彭周鼎	浙江丽水	民国十三年十一月	
知事	吴　涛	福建闽侯	民国十三年十二月	任期内病故
知事	陈电祥		民国十五年一月	暂代
知事	陈毓璇		民国十五年三月	
知事	许之象	福建	民国十五年五月	
知事	王文勃	江西	民国十六年一月	
县长	端木彧	浙江丽水	民国十六年五月	
县长	方　炜	浙江临安	民国十六年七月	
县长	黄樨贤	浙江杭州	民国十七年一月至十八年十月	

其中，王施海的任期最长，为两年五个月；蔡龄任期最短，仅两个月。一般情况下，在县知事更换后，包括承审员在内的县署人员基本都会被更换为新任县知事的亲族故旧。《龙泉司法档案选编·第二辑（1912—1927）》收录的58份龙泉县公署裁判文书中，有13名县知事和12名承审员署名。12名承审员中，只有宋思璟1人获两任县知事举荐任用，其他人员均随县知事更迭。县知事的频繁更换不仅会打断正常的司法审判进程，引发审判超期的问题，还破坏了制度的连续性和可预测性。

综上，县知事兼理司法制度试图在不打破原有司法体制框架的基础上，以尽可能小的代价推进诉讼程序革新，完善和发展司法体制。县知事兼理司法制度充分体现了新旧司法制度之间，西方近代司法制度与传统司法体制之间的碰撞与交融。该制度一方面继承传统"行政兼理司法"模式，在理论和实践上与之有着千丝万缕的联系；另一方面通过注入新式诉讼程序要素，加快了中国基层司法近代化的进程。

第二节　南京国民政府时期的龙泉法院

一、新式法院内部组织体系及其人员配备

近代中国司法体制变革的基本要求之一就是建设体系化的法院组织。南京国民政府制订了普设新式法院的计划，这主要有两方面原因。第一，清末修律以后，司法独立已然成为社会变革大势。更为重要的是，南京国民政府以"三民主义"为最高指导原则，建立五权政体。从孙中山先生的《建国方略》《建国大纲》到 1947 年《中华民国宪法》，司法独立始终是一项重要的建国原则。可以说，将司法独立标榜为建国原则的南京国民政府在普设新式法院问题上，已经没有了后退的余地。第二，普设新式法院最为现实与直接的目的是收回领事裁判权，这也是中国法制近代化一个极为重要的动力。①

1929 年 10 月 25 日，浙江高等法院命令龙泉成立龙泉县法院。同年 11 月 1 日，龙泉县法院和龙泉县法院检察处正式成立。经历了清末民初法学教育的普及，这一时期，法学人才短缺的局面得到改善。龙泉县较早建立了新式法院，并配备了专业的法律人才。

---

① 近代中国的司法改革与领事裁判权互为因果关系，包括此后南京国民政府时期，举凡司法改革关键时期，无不祭出领事裁判权的大旗。领事裁判权是主权丧失的重要标志之一，而"救亡图存"则是民族主义运动的最重要目标，主权意识的觉悟得以转化为司法主权意识觉悟的原动力，且几乎贯穿于整个 20 世纪的前半期。更多讨论参见李启成：《领事裁判权制度与晚清司法改革之肇端》，《比较法研究》2003 年第 4 期；公丕祥：《司法主权与领事裁判权——晚清司法改革动因分析》，《法律科学》2012 年第 3 期；张仁善：《论民族主义与近代中国司法主权意识的觉悟》，《河南财经政法大学学报》2013 年第 1 期。

表 2.4　南京国民政府时期龙泉法院历任院长 ①

姓名	籍贯	学历	到任时间
高维浚	杭州	浙江公立法政专门学校毕业	民国十八年十月底
李素	东阳		民国二十年五月
吴泽增	嘉兴	浙江公立法政专门学校毕业	民国二十一年五月二十七日
金平淼	东阳	国立北京大学法律系毕业	民国二十五年九月
杨益民			民国三十年九月（其间暂代三个月）
郑式康	天台	浙江公立法政专门学校毕业	民国三十年十二月
谢诗	温岭	国立北京大学法律系毕业	民国三十二年四月
杜时敏	东阳	浙江公立法政专门学校毕业	民国三十四年六月

　　从表 2.4 中我们可以看到，除个别人员信息不明以外，龙泉法院的司法官员均受过专业的法学科班教育。其中，毕业于浙江公立法政专门学校的人员最多。这所学校的前身是浙江官立法政学堂。1905 年 10 月，清政府通知各省设立法政学堂。1906 年秋，浙江巡抚张曾敭着手筹办浙江官立法政学堂。1907 年春正式开学上课。此后，这所大学培养毕业生约 1800 人。值得注意的是，龙泉法院中有的检察官和院长甚至是国立北京大学等法学教育重镇的毕业生。尽管龙泉法院刚刚建立，但其已经具备了某些现代化的特征。

二、龙泉法院内设机构

　　龙泉法院建立以后，内部组织机构逐步完善。法院内部分为审判与检察两部分，分别隶属浙江高等法院与高等检察处。审部的职能是审理民事、刑事案件，依法管辖非诉案件，负责民事强制执行案件。检部则办理侦查案件，提起公诉，协助自诉，指挥刑事执行。法院下设看守所，依羁押法之规定，羁押刑事被告人。法院依看守所、监狱条例之规定，执行判

---

① 浙江省龙泉市人民法院编：《龙泉法院志》，汉语大词典出版社 1996 年版，第 7 页。

决确定人犯。

龙泉法院在机构设置上，设有民庭、刑庭，由文牍、民事、刑事、统计、会计科组成的书记室，民事执行处以及民事调解处。此外，还有法医室、收发室、档案室、法警室等。关于人员编制，龙泉法院设置有院长、庭长、推事、候补推事、学习推事、书记官长、主任书记官、书记官、候补书记官、学习书记官、会计员、录事、执达员、法警、庭丁、公役等。在龙泉法院的检察处，设有首席检察官、检察官、候补检察官、学习检察官、书记官长、主任书记官、候补书记官、学习书记官、录事、执达员、检验吏、法警长、法警、庭丁、公役等。

由于财政问题，法院的人员数量变动较大。1932年，法院的人员总数为33人。1937年，法院全体人员数量为23人。1944年8月，龙泉地方法院、检察处以及所属的看守所、监狱员工共计68人，眷属142人。1949年5月，员工人数为50人以上。

以下是龙泉法院人员的职能分布。

院长：总理全院行政事务，办理民事一般诉讼、人事诉讼、简易诉讼以及调解案件暨刑事公诉、自诉简易案件，并承担强制执行以及刑事其他申请案件暨公正事务。

庭长：办理民刑案件，主持本庭工作。

推事：民庭推事办理民事通常案件、人事诉讼、简易诉讼以及调解民事其他案件。刑事推事办理初级管辖及本院管辖系第一审之刑事案件全部，第一审较为复杂因推事或当事人请求开合议审之刑事案件全部。

书记官长：协助院长承办书记室及全院行政事务。

书记官：配合推事、候补推事办理民事第一审案件、民事调解、民事其他申请案件的记录、分案等。

候补书记官：负责监印、办理文牍、档案、统计、记录、会计、出纳、监所事务等。

录事：办理收状、缮状以及发售印纸状纸，缮校油印等事务。

法医：现场勘验、检验，鉴定人体和有关物体及提供鉴定意见。

执达员：执行应由执达员执行之裁判，以民事执行为主。

法警：辅助检察官、审判官逮捕人犯，搜索证据，押送人犯，送达文件，维护庭审秩序，主管人员安全等。

庭丁：执行庭审中的公务，审判时引退当事人，维持法庭秩序以及安全等事务。

公役：主要负责院内的公杂勤务，协助庭丁和法警工作。

三、龙泉新式法院运行的困境

虽然在人员配备与制度设计层面，龙泉法院已经具备了新式法院的基本特征，但是，财政困难却始终困扰着龙泉法院。1929 年 11 月，龙泉法院成立之初，占用了县婺州会馆为法院机构办公用房，引起了婺州会馆商人的抗议。婺州商人上书浙江高等法院，申明会馆为婺州旅龙农工商界人士的财产。同年 12 月 19 日，龙泉法院书记官徐步升等以"侮辱公务员"控告婺州商民。检察官以被告不能确定，而不予起诉。浙江高等法院则以训令的形式，迅速对此事作出了回应，一方面承认会馆作为民产的性质，另一方面，也根据共有财产的处分需要征得全体同意的法律规定，要求核实声请人身份。案件最后的结果是法院争取到会馆部分董事的同意，以借用的名义，继续在婺州会馆办公。

龙泉法院的经费来源每年由浙江省财政厅按照预算核准逐月下拨，不足部分由司法收入拨补。司法收入包括审判费、执行费、状纸费、罚赎金、没收、抄送费、缮状费、登记费、杂项收入、印纸收入等项。但是，自龙泉法院成立以后，经费依旧紧张。1934 年，浙江省欠发龙泉法院经费 4295.64 元。1936 年，欠发经费 4452 元，加上公债抵经费仍欠 2316.26 元，到 1941 年连同其他欠款，已欠发法院经费达到 2 万元以上。甚至为使法院员工不至于断炊，1930 年，龙泉法院挪用从社会募捐而来的建造县监狱的余款，以作暂时性周转。抗日战争爆发以后，龙泉法院经费紧缺的现象更为严重。1938 年 6 月 13 日，浙江省高等法院训令，龙泉法院经费符合减半发放规定。6 月 18 日，龙泉法院院长金平森回复说：

> 自抗战以来，九月起经费紧缩，减半发放，职院远离战区，诉讼照常进行，迄未减少，一切开支除极力设法撙节外，万不能减至一半。一月起一再缩减，应付尤感困难。所赖弥补者，惟去年请假所旷扣除俸……1948 年以后，由于经济面临崩溃，物价飞涨，纸币贬值，经费几近枯竭，员工工薪拖欠。日不饱食。①

南京国民政府时期龙泉法院的经费十分紧张，于是不得不一再裁员。以上都是新式法院的日常运作中所需面对的现实问题，而这些又对法院审判产生了不利影响。

总之，晚清民国时期，龙泉地方司法机关建设困难重重。的确，辛亥革命的爆发埋葬了清王朝，但是辛亥革命并没有在晚清与民国这两个看似迥异的时代之间造成深刻的断裂。民国初期乃至南京国民政府时期的龙泉法院建设实际上是在延续晚清变革的路线。这一时期，龙泉县司法机关的变革与妥协也展现了国家治理、政治变革与法治之间错综复杂的关系。法治不仅属于政治制度的重要组成部分，也是国家治理模式现代化的途径之一。所以，司法机关的变革必然受到政治改革与政治革命的影响。

---

① 浙江省龙泉市档案局（馆）：《龙泉民国档案辑要》，中国档案出版社 2010 年版，第 78 页。

第三章　晚清民国民事调解的承续与转型

第一节　清代龙泉的民间调解

清代的龙泉县衙既是基层行政机关，又是司法机关，兵刑钱谷、立法设制等大大小小的事务全部集中于县衙门。龙泉县衙所代表的州县政府是传统中国最低的政府层级，各州县级官员则是国家权力的代表，其职权范围由国家法律明文规定。例如《清史稿》记载，"知县掌一县治理，决讼断辟，劝农赈贫，讨猾除奸，兴养立教。凡贡士、读法、养老、祀神，靡所不综"①。据此，州县官员的职能范围较为广泛，不仅包括听理诉讼、除暴安良，也包括兴办社会文教事业与开展普法活动等。正如瞿同祖所言："无论如何，所有州县官总是或多或少有某些共同的职责……他是法官、税官和一般行政官。他对邮驿、盐政、保甲、警察、公共工程、仓储、社会福利、教育、宗教和礼仪事务等都负有责任。"②

州县对于民事案件的审判，大多并非判决，而侧重于调解。清代大多数州县官主张应准予两造和息，这些案件大多集中于田土、钱债、户婚、口角与斗殴等。州县官充分运用"情"与"理"进行诉讼调解，这是处理争端的必备程序。这种理念与传统宗法制度相协调，与统治阶级

---

① 《清史稿·职官三》第 116 卷。
② 瞿同祖：《清代地方政府（修订译本）》，范忠信等译，法律出版社 2011 年版，第 28 页。

的意志高度统一，有利于恢复被扰乱的社会秩序与受损的社会关系，维持长期以来的和谐氛围。比如，位于龙泉市安仁镇境内的永和桥是浙江省保存最好最长的廊桥。因安仁三坊村民并不安宁，曾发生过械斗，知县多次出面调解，三坊村民以团结和好为重，共同筹资加固修建，故更名"永和"。

不过，龙泉县衙的知县作为基层"法官"依旧面临繁重的工作量。命盗重案等刑事纠纷是州县解决纠纷的重点，民事纠纷则是大多依靠民间力量解决。相较于诉诸官方，民众往往先诉诸民间以期快速解决纠纷，形成了一种先于官方的民间社会争端解决机制。龙泉地方官员在处理民间"细故"案件时，也往往要求先由这些社会群体调解，以达到息讼止争的效果。比如宣统元年，毛景隆（即毛鸿）以两张土地契据为抵押向毛樟和借款，后未在规定期限内还款，反而将所抵押土地卖给他人，毛樟和向知县呈状起诉。知县陶霖接到呈状后，要求毛樟和"自行邀族理追，不必涉讼"。①该案调解结案。

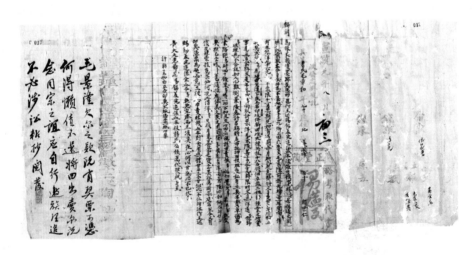

图 3.1　宣统元年八月初三日毛樟和诉毛景隆昧良赖债案呈状

---

①　《毛樟和诉毛景隆昧良赖债案》，卷宗号：M003–01–13527，浙江省龙泉市档案局藏。

在清代的纠纷解决实践中，调解结案的主要形式可分为三类：第一类是民间调解。黄宗智曾在其著作《民事审判与民间调解：清代的表达与实践》中说："如果不结合民间的调解制度来考虑，官方的中国法制是无法理解的，也许传统中国和现代西方最显著的区别就是在于前者对民间调解制度的极大依赖。"①有清一代，关于户婚田土等民间细故，多数案件由民间调解结案。根据调解主体的不同，民间调解又可分为家族亲友、乡长、士绅、保甲长主持调解以及当事人之间的自行和解。第二类是官方调解，即由主审官员亲自调解结案。当诉讼双方经官员说服而达成调解时，便会在公堂上签署调解书。调解书或是命令双方出具画押字据，或是要求其乡邻、亲属写一份保状。调解后，纠纷主体等对州县官员体恤民生的行为表示感激，并保证今后不再惹是生非、滋事涉讼。如此一来，诉讼便告终。第三类是官方调解与民间调解相结合的"第三领域"。②如果州县官员堂审后以为纠纷事属细微，无需公堂处置，可指示村社进行调解，或增派衙役与乡约、地保共同处理该纠纷。在司法实践中，以上调解形式并没有严格的界限，可交错运用。③

---

① ［美］黄宗智：《民事审判与民间调解：清代的表达与实践》，中国社会科学出版社 1998 年版，第 199 页。

② "第三领域"是黄宗智通过对清代四川巴县档案、宝坻档案、台湾淡新档案的民事案件考察得出的概念。他认为正是依靠这些介于国家与社会之间的"第三领域"准官吏的帮助，正式国家机构才能扩展其空间范围，渗透到基层社会。不过有学者对此概念提出了批评，梁治平认为"第三领域"的概念脱胎于哈贝马斯的"公共领域"。尽管黄宗智"抛弃了社会与国家的二元模式，但却不加批判地接受了同样的社会与国家的概念"。相关的争论参见梁治平：《清代习惯法：社会与国家》，中国政法大学出版社 1996 年版，第 9—20 页。基于龙泉司法档案的考察，我们对第三领域持保留的支持态度。在承认第三领域这一理论框架的同时，梁治平先生的观点也有其合理性。他认为，黄宗智的解释体系极力强调民间调解与官方依法判决这两极的对立，以此来导出存在一个介乎其间的"第三领域"。实际上，通过龙泉司法档案考察我们发现，官方不仅依法审判，在和解中官方的调解也占据了相当大的比重。正如梁治平认为的，所谓的"调解息讼"实际上不仅是民间而且也是官方所认同的一种解决纠纷的原则。

③ 参见郑秦：《清代法律制度研究》，中国政法大学出版社 2000 年版，第 155 页。

这一利用准官员解决纠纷，进行地方治理的方式诞生于一个高度集权却又试图尽可能保持简约的中央政府。士绅、宗族力量被看作明清时期社会稳定的基石。中国传统社会治理模式就是一个依靠数万名官员，数十万名吏役和百万乡绅组成的上中下有机衔接的整合体。这样一种独特的组织方式，在漫长的历史岁月中成功地维系了一个地域辽阔、人口众多的农业社会的运作。这种治理模式可能缘起于两个方面。一方面，羸弱的小农经济体制难以支撑起一个现代化的官僚行政体制，导致国家不得不采取节省财政开支的简约治理模式。① 另一方面，官方主导的儒家意识形态中存在"听民自便"、反对官府"多事""扰民"的理念。②

第二节　民国时期民事调解的发展

一、民间调解的延续

民国时期，人口流动加速，但是龙泉乡村依旧闭塞，龙泉大多数地方是以血缘关系和地理条件为基础而逐渐形成的自然村落，仍是熟人社会，人员分布较为稳定，整体流动性较低。地方社会关系高度融合，社会成员联系紧密，地方区域内形成了较统一的道德理念和行为规范，宗族或村社对纠纷的解决起到了较为重要的作用。民间纷争时常发生在联系紧密的场所中，利用社会关系进行调解更利于恢复受损的社会秩序。解纷主体熟知并善于利用社会人际关系化解纷争，他们能够依据不同的社会关系将情感、理性和法律有机地结合起来，由此可以降低化解纷争的认知成本，达

① 详细论述参见温铁军：《中国农村基本经济制度研究——"三农"问题的世纪反思》，中国经济出版社 2000 年版。
② 参见 [美] 李怀印：《华北村治——晚清和民国时期的国家与乡村》，中华书局 2008 年版，中文版"序"。

到高效解决纠纷的目的。

在宗族血缘等级制度中，族长是家族权力的象征，族长在处理宗族事务时，通常依据祖辈相传的血缘观念，利用处罚、教化的手段约束成员，进而使其组织能够有效运作。在积极解决纠纷的实践中，宗族力量不仅需要树立起强大的宗族权威，也需要获得官方的支持，以使处理结果具有强制效力。

比如潘恒漪诉娄毕轩债务纠葛案。① 民国六年（1917年），潘恒漪向龙泉县公署递交民事诉状，控告娄毕轩拖欠本洋二百八十元，有借票为据，现要求其偿还债务。被告娄毕轩向公署提交民事辩诉状，状称："惨民也想一次性清偿债务，很遗憾自己已欠债累累、资力不足，也想请求债权人让利，但债权人又坚持不同意。与其长久拖欠债务而让自己难安，不如呈请官府迅速宣示惨民分期偿还债权人债务。"公署收悉后批示："你与潘恒漪一案本公署已按要求传命召集审讯，仍需等待审讯明白后定夺，至于分期偿还债务事宜，你可自行与债权人商量。"最后，该案经过亲友翁炽卿多次劝和，双方达成和解。潘恒漪向公署递交和解状，状称："民呈请公署追回债务，而娄毕轩表示分期偿还债务，在多次传讯之间，经亲友翁炽卿劝民和解，同意娄毕轩折半偿还债务洋一百四十元，娄毕轩将田业变卖予以偿还债务。民念在亲友关系，且债务两清，现不愿继续诉讼，特此具结。"

潘恒漪诉娄毕轩债务纠葛案，龙泉县公署借助亲友力量予以成功调解，该方式被称为亲友调解，属于民间调解的一种，在民国龙泉较为常见。在本案中，潘恒漪和娄毕轩为朋友关系，由潘恒漪亲友翁炽卿出面劝和，既可以防止纠纷升级，解决纠纷，又能减少当事人讼累。值得一提的是，潘恒漪向公署出具和解状撤回诉讼，公署予以认可，其效力等同于官方判决。因此，民事纠纷的自行解决比官方的强行决断更为快捷

---

① 《潘恒漪诉娄毕轩债务纠葛案》，卷宗号：M003-01-13797，浙江省龙泉市档案局藏。

有效。

除了宗族家族调解以外，行帮、邻里亲友调解在民国时期依旧发挥了重要作用。行帮的形成与行业或地域相关联，其成员主要是从事同一行业或者从同一地域来到城市的经商者、小手工业者或其他劳动者。行帮的主要职能之一是调解行帮成员之间的纠纷以防止诉讼的提起。行帮规定与乡规、宗规法度等具有类似的作用。例如，倘若行帮内部的争端无法由事件负责人或其共同友人解决，纠纷各方也不得直接诉诸官方，而应当受行帮规则的约束，步入行帮内部的处理程序。官员常常会将未经行帮处理的案件退回帮会凭其处置，那些故意避开行帮处理程序的人，将受到行帮的谴责并失去从行帮中获得便利的机会。

民国时期，官批民调的调解模式仍在运作，官方和社会之间依旧存在着"第三领域"，官方和民间均参与其中。① 地方自治的权威主体比如家族族长、保甲长等在其中发挥作用。以 1927 年的蒋钟林诉蒋建藩欠租纠葛案为例。②

该案当事人蒋钟林（代理人蒋周氏）于 1927 年 3 月 30 日提出诉讼，此后龙泉县知事作出批词。

> 案经讯明，两造各执，仰邀族中调处，毋兴讼端，以伤族雅。如再执迷不悟，唯有执法以□。此谕。

在该案中，龙泉县知事依旧是没有受理案件，而是让当事人找族人调解。类似案件较多，比如季仁瑞诉张庆焕积欠屋租案。③ 该案经过调解以

---

① 参见黄宗智：《经验与理论：中国社会、经济与法律的实践历史研究》，中国人民大学出版社 2007 年版，第 169 页。

② 《蒋钟林诉蒋建藩欠租纠葛案》，卷宗号：M003–01–05318，浙江省龙泉市档案局藏。

③ 《季仁瑞诉张庆焕积欠屋租案》，卷宗号：M003–01–05428，浙江省龙泉市档案局藏。

后，当事人季仁瑞等提出和解状。

> 为和解事。
>
> 缘季仁瑞控告张庆焕积欠屋租，抗不迁移一案，今因已经钧署传票质讯，兹今民等出而和解。以张庆焕现已病故，劝谕季仁瑞出洋二十元与其母彭氏手收，并由彭氏出立补找契一纸，将前卖之屋作为仁瑞清业。至季仁教以张吉贵、庆焕等该欠季仁瑞租洋，概作完讫。事经双方情愿了息，除原被两造立具息结呈案外，合具和解完案。是实，此呈县知事承审官公鉴。

再比如民国八年的季郁成诉季汝梅债务纠葛案。[①] 当事人季汝梅提出具结状如下。

> 为季汝梅对于季郁成因债务纠葛一案，业经戚友周油养出而和解，民思款属区区，既蒙和解，自应遵劝息讼，所有债务纠葛现已履行清讫。兹蒙公人周油养等缮具和解呈案外，民等原被理合，亲来法庭，缮具切结，请求将案注销，为此所具切结是实。谨呈知事公鉴。

宗族组织、行帮与乡村邻里等在处理民国时期基层社会争端中发挥着至关重要的作用。在血缘与地缘因素的影响下，这些群体各显所长，客观上减少了起诉数量，也减轻了官方的审理压力。这些主体不仅承担着处理民众纠纷的社会功能，还承担着维护国家统治的政治功能。只要这些民间细事尚未对社会安定和国家政权产生威胁，统治者就会尽可能将处理此类细事的权力下放给社会力量。

---

① 《季郁成诉季汝梅债务纠葛案》，卷宗号：M003-01-08770，浙江省龙泉市档案局藏。

二、基层调解委员会的运作

（一）民事调解的制度化

1928 年，国民党在形式上统一中国。1930 年，南京国民政府立法院通过并公布《民事调解法》，对民事调解予以制度化。1931 年国民政府公布了《区乡镇坊调解委员会权限规程》。1943 年国民政府司法院下属的司法行政部会同行政院下属的内政部又公布施行了《乡镇调解委员会组织规程》。《乡镇调解委员会组织规程》规定了办理民刑事调解事项的范围，调解委员会中委员的资格、构成及任期，调解的工作程序、调解的效力等。在这些立法中，我们看到调解委员会开始出现。基层调解委员会制度是民国时期调解改革的缩影之一，它标志着民间调解的制度化与体系化。

（二）基层调解委员会成员

基层调解委员会的设立能够提升基层政府和地方自我治理的能力，其成员任命资格应受重视。从规定上看，中央立法要求调解委员具备相当程度的法律素养。在浙江，基层调解委员一般需要满足"二十五岁以上、品行端正、懂得法律、品行良好，同时各区、镇、乡的公职人员不得在其任期内兼任调解委员"的条件。然而，实际情况却并非如此，龙泉大部分调解委员会成员仅仅接受过私塾以上的学习教育。由于时代的局限性，绝大部分基层公职人员仅具有中学程度的学历，调解委员会成员亦是如此，他们大多属于地方的权威阶层，对当地社会较为熟悉，具有一定的话语权。调研发现，基层调解委员会成员学历水平参差不齐且总体偏低，其学历基本以"私塾或小学""中学"居多，未必有足够的知识来处理复杂的事务，仅有极个别的调解委员会成员具有大学等高学历或具有留学经历。①

---

① 参见罗金寿、余洋：《民国时期的调解体系及运作》，《江西师范大学学报（哲学社会科学版）》2016 年第 2 期。

（三）基层调解委员会的实践

根据相关规定，调解委员会调解纠纷的程序为"声请—调解—备案"。第一步是声请。当事人可以采取书面或者口头的方式向乡镇公所声请调解，并将个人信息、案情描述以及诉求等信息汇集成书面文件，经过乡镇公所同意受理后，再移送给调解委员会处理。第二步是调解。调解委员会受理声请后，应决定开会调解的日期，经由乡镇公所通知当事人亲自到场。开会调解时，调解委员会须有半数以上委员出席，方可开始调解。最后一步，备案。不管调解成立与否，调解后均应提交备查。乡镇调解委员会调解成立的案件，具有法律上的拘束力，调解双方当事人不得随便反悔，按照规定，他们不能就原请求继续向法院起诉。

调解作为一种存续已久的传统纠纷处理模式，发挥着不可替代的作用。南京国民政府出于地方自治的需要，对调解进行了制度化的尝试，将民事调解纳入国家管理范围，却并没有真正提高民事调解的效率。[1] 因为大部分民众在发生纠纷后一般仍以民间调解作为主要的解决方式。[2] 更为重要的，调解制度化是服务于中央集权的需要，表面上迎合了民间千百年以来的传统，却未曾顾及资源的消耗与成本的增加，在当时人力资源稀缺，财政支持也不足的背景下，基层调解委员会运行的积极性也不高。

尽管基层调解委员会解纷的实际效果并不是很理想，但应当承认，基层调解委员会一定程度上减轻了民众寻求司法救济的负担。同时，该制度对传统调解带来了深刻影响，即随着国家权力向县级以下的渗透，调解变得更加组织化、制度化和官僚化。但这种趋势并不必然意味着基层在调解方法、调解程序上完全贯彻国家的意志，恰恰相反，在习惯和法律有冲突

---

[1]　参见谢健：《南京国民政府时期基层调解委员会述论》，《人文杂志》2017 年第 12 期。

[2]　参见温丙存、邢鸿飞：《调解的百年嬗变：本原、异化、新生与重构——基于民事纠纷调处实践的历史考察（1912—2012 年）》，《中国农业大学学报（社会科学版）》2014 年第 2 期。

时，调解主体往往站在习惯的一方，而对国家法律采取漠视的态度。

综上所述，民国时期的民事调解发生了重大变化，其制度化转型特征明显。在龙泉的实践中，民国时期的纠纷解决系统，依旧延续了明清时期的模式，存在三个基本组成部分：国家的正式司法系统，民间宗族调解解决争端的民间体系以及介于两者之间的"第三领域"。"第三领域"的纷争化解，不属于国家司法的正式审判，也不属于基层社会的非正式调解，而是介于两者之间的一种纷争化解方式，其具有"官民参半"的性质。

第四章　晚清民国龙泉司法机关的民事审判实践

　　司法专业化转型的成效最终要体现在民事案件的审理上，这就要求建立一套公正有效的诉讼程序。在当时的社会背景下，仿照西方近代建立诉讼程序是一种潮流。这对司法程序提出了更高的要求：从当事人角度出发，要求保障当事人诉权，保障当事人平等适用法律等；从司法机关角度出发，要求司法机关公正审判，不得徇私枉法，具体包括审判中立、审判公开、司法人员履职回避、判决说理等。

第一节　案件的起诉与受理

一、起诉

　　提交诉状是民事诉讼程序不可或缺的环节，诉状能够集中体现当事人诉讼话语表达的语言特点。状纸的规格成为影响当事人诉讼话语表达的关键因素之一。当事人起诉和应诉都要使用官方提供的标准状纸（见图4.1）。在清代，诉讼所采用的状纸是有字格的。官方要求当事人使用这种诉状，也是要求诉状撰写者在规定的字数内阐述事实、表达诉讼请求的一种表现，这在很大程度上限制了当事人的表达。

　　中国传统诉状中，当事人大多利用道德控诉的笔法来宣泄冤抑之情，这与权利诉讼所体现的思维截然不同，这是一种"冤抑诉讼"（或称非权利诉讼）的逻辑。当事人提起诉讼大多希望官府能够为民伸冤，惩罚欺压

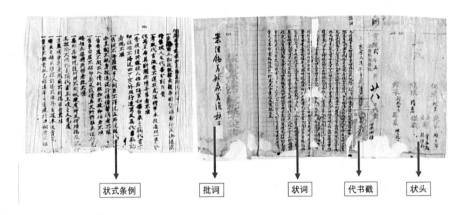

状式条例　　批词　　状词　　代书戳　　状头

图 4.1　晚清龙泉县状纸

良善的恶人。在这种诉讼中，"告状者总显得是可怜无告的弱者，被告则是毫无忌惮横行霸道的无法之徒"①。诉状中大量存在伸冤惩恶的雷同表述和习惯用语。日本学者寺田浩明也认为，清代的诉状在内容上千篇一律地叙述对方如何地无理、自己如何不当地被欺侮的冤抑之情，并在此基础上要求官方为其伸冤。

民国初年，政权和司法机构的频繁调整变动，也反映在状纸的形制上。随着诉讼制度的改革，清代状面中的抱告、官代书等取消，民事诉讼和刑事诉讼的区别严格化。1912 年，龙泉曾经短暂使用过浙江省提法司颁定的状纸（图 4.2）。1913 年之后，浙江省统一使用北京政府司法部颁行的状纸。这套状纸共 14 种，有诉状、辩诉状、上诉状、和解状、委任状等，适用于不同诉讼类型和诉讼活动，司法行为进一步规范。

在县知事兼理司法时期，《县知事审理诉讼暂行章程》规定，民事案件的起诉人应当提交民事诉状，具体载明原告和被告的基本情况、诉讼之物

① ［日］寺田浩明：《权利与冤抑：寺田浩明中国法史论集》，王亚新等译，清华大学出版社 2012 年版，第 236 页。

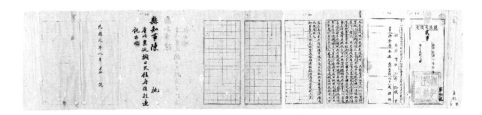

图 4.2　提法司颁定状纸（民国元年八月廿七日徐金普民事状）

及证人、请求如何判决之意思等内容。民事诉讼被告在收到法院传票后可向县知事提交诉辩状，反诉人可提交反诉状。单从制度规定来看，诉状与现代司法的起诉书区别日益减小。但是，在县知事兼理的民事案件中，原告提交的诉状具有"刑民有分但刑民不清"的典型特征。"刑民有分"指状纸由司法部统一印制并专售，刑事和民事状纸只能分别用于刑事诉讼和民事诉讼，当事人应当严格区分，不得混用。"刑民不清"指在部分案件中，原告把民事案件当成刑事案件，选择使用刑事诉状。据《龙泉司法档案选编（第二辑）》记载，1914 年到 1926 年之间，县知事审理的民事案件共有 97 起，但有 16 起民事案件的当事人使用的是刑事诉状。在后续诉讼程序中，县知事和承审员大多对这种刑民诉状混用的情形进行批驳和纠正。

民事案件被当成刑事案件起诉的原因主要有以下三个。第一，龙泉的公诉机关的缺失。刑事起诉的任务由普通民众承担，是否属于刑事纠纷未有相应机关进行辨别和审核。第二，刑民案件之间存在模糊地带，且由于民众普遍缺乏刑民法律知识，难以对案件性质进行准确界定。第三，民众具有将"小事闹大"方能解决问题的惯性思维。较于民事案件，民众普遍认为刑事案件的影响更大，且提出刑事诉讼往往能占据道德高点，更可能胜诉。

虽然新式诉讼指导用书往往也会强调撰状的"八宜技法"，例如"笔法宜淡""辞意宜简"等。但是，对于一般民众来讲，由于没有了诉状字数的限制，其自由表达的空间更大。因此，民众在书写诉状时，会不遗余力地描述案件惨烈情况、塑造自身柔弱形象。在诉讼话语上，民众不会锱铢必较地甄别用语是道德话语还是法律话语，而往往将它们进行组合——凡是对自己有利的、能够成为诉辩理由的话语都可以成为诉状的内容。

考察县知事兼理司法时期民事诉状具体内容发现，其与传统诉状存在诸多相似之处：在表述上，诉状中充斥着道德指控和意图将小事闹大的话语。在对诉讼标的描述上，多为具体描述而非抽象描述。究其原因，在于这一时期的诉状与传统诉状本身就是一脉相承的，多少保留着某些原有特征。比如1915年周克云诉龚应隆等抹煞天良案的民事诉状。①

> 为呈诉抹煞天良、吞灭佃息、恃蛮拼砍、未蒙究追、吁叩俯怜做主、恩准开庭提讯、断追分息、以保林业而偿血汗事。惨民祖周世昌于道光三十年向龚家耀等仰有土名潘岭、岩坑尾，仰天潮山场数处，又于咸丰八年向龚姓别佃吴飏顺缴有土名岩坑尾阳向等处二仰山场，分出多数小土名，其实毗连一致，广袤约十余里，民所栽种长大杉苗，亦达两万以上之数。二仰内在日后此山出拼，主六佃四分息。祸因山主供应隆等窥羡该山杉木长大，顿起昧良，私行将该山杉木抽拼与林马海客砍发为货。民即屡请公人向伊分息，讵之应隆等始则婉言图宕，继则架诬抵制，终则灭息无分，反谓民祖领种之仰为无用。民始迭控，请追在案，迄今未蒙受理。兹幸廉明莅治，有除暴安良之至意，不得不再为钧署陈之。民祖若父，自向龚姓领种，及向吴姓缴管各处山场，挖掘成山，栽种苗木，并与山内起□住居，迭经开刹养簇，不知费了许多血汗，许多工本，杉苗始得养成长大。原冀分得佃息，以为弥补数十年辛苦之资，若如应隆等呈称，领仰订定六十年为期限外不行通用，则民历代栽种养簇之

---

① 《周克云诉龚应隆等抹煞天良案》，卷宗号：M003-01-03628，浙江省龙泉市档案局藏。

杉木，势必尽属山主所有乎？民所居住之蓬屋，亦必被伊折毁追逐乎？但该领仰虽载有六十年为限等字样，当时以六十年中，此山杉木势必砍伐完毕，应宜换立领仰；抑或此山内杉木砍毕，山佃无力复开，另招别佃管掌。天下断无杉木未经拼砍清楚，遂为山主一纲独吞而去。即将祖手直接所立之仰字，与间接缴得之仰字，一概归诸无效，天理何存，人心安在？民则生不与其甘休，死不瞑目于地下也。乃民祖于道光年间领种仰字山木被其故延未拼，作为六十年满限，然民祖向吴姓缴来之山仰，已经转移数手，仰内尚未批有限满字样，亦可作为无效乎？况应隆等呈称，该山出拼数次，照领分息，领内谅未注有几次为止乎？泣思开山种苗，历寒暑，冒风雪，艰苦备尝，始得养成杉木之长大，应为主佃□享之权利。现在民国成立，注重农林，遇有开垦之山地，培植森林，亦有规定奖励。若如应隆等之昧良灭息，不蒙究追，则民之血汗工本，势必成为灭烬矣。所执仰字、缴字各据，亦必变为废纸矣。濯濯山林，概被山主席卷而去，民虽怯弱，誓不甘休。宪如不信，请赐派委查勘，泾渭自能立分矣。为此沥情，泣叩廉明知事暨承审员俯怜做主，恩准开庭提讯，断追分息，保林业，偿血汗，下民有天，衔结上呈。

又如 1914 年的季仁维诉练汤氏遵传投候案件的诉状。①

为呈诉遵传投候，叩请当庭讯追租谷，判决终局，以免目前抢割交争，并后流祸事。缘民起诉练汤氏昧良噬租一案，现蒙票饬传讯，自应来辕候质。切民受卖该田，系向项姓买得，而练汤氏不过执一租赁行为，积欠租谷至五十三硕之多，反听汤肇基、练衮华唆弄，诉以

---

① 《季仁维诉练汤氏遵传投候案》，卷宗号：M003-01-04161，浙江省龙泉市档案局藏。

贪业勒另，全未挂欠等慌。其昧良险诈，竟至于此。况上手毛姓受买该田，系向练与荣、练海瑞买得，续毛姓卖与项姓专卖与民为业，查伊初呈诉称系练吴寿、练水寿出卖，姓同而名异。查询伊村，均云与伊风马无关，而伊向民仅属租赁行为，奚得平空冒认乎？如伊既知是伊祖活卖，必有受买及源流契据足核，始能指出先祖姓名，并何时出卖，请求吊核。但该老妪，本系一性悍之泼妇，独信汤、练二人主弄，自知租噬满头，难逃洞鉴，而汤、练生出一番异想，意欲借此抵赖，并欲冒认将该田勒赎转卖，此练衮华贪买该田这，从中唆声，百计图为，总之该田是否伊祖出卖，民系向伊追租，只要有租偿还，田或加火赎，伊自向毛姓理说，此等泼妇，如此昧良狡诈，不沐从严追究，则民间将有也莫管矣。为此再乞知事电准，庭讯究追，判断终局，免后流祸，翘切上状。

对于此案，知事作出以下批词：状悉。尔向练汤氏追租，练汤氏或加或赎，应向毛姓理说，自然与尔等无干。案经饬传，准予投候讯核，不必再讼。

1927年底开始，状纸由国民政府司法部统一颁行。1929年龙泉法院建立。精英化、专业化和程序化的新型司法模式从国家法层面上确立。这一时期，起诉需要使用政府统一印售的状纸，其间，地方法院也存在自印状纸的情形。不限制字数，当事人的表达更加自由。与清末民初相比较，当事人在描述案由、案件事实及表达诉讼期望方面存在异同。比如邹陈生等诉徐子麟侵贪会款藏匿会簿案。①

---

① 《邹陈生等诉徐子麟侵贪会款藏匿会簿案》，卷宗号：M003-01-11245，浙江省龙泉市档案局藏。

具状人：邹陈生

　　　吴周邦

　　　朱宗宝

　　为侵贪会款藏匿会簿不己联名请求饬辩传案讯，判责令交出会款、会簿，以免侵吞而□法益事，窃民等均系江西省人民，向再龙邑皮业营生，同业众人于清光绪二十三年间各镶银洋联成一会，名曰：孙滨会，会期订定三月初三日，会本存放生息，各会友依照次序轮流司会改会本积年累月共有存洋一百三十余元。原存城西通和公司，续因该公司不肯存用，于民国十六年冬间，旋由裴金宝、邹万兴经手，如数支出转交城西三阳泰布店。店东徐子麟手存放生息至十七年做会日期。民等经公人雷月生等持会簿向其清算，彼时徐子麟答称，会簿存□我店，会账明年再算等语，即由雷月生手将会簿交□徐子麟，奈十八年间地方多事，未曾司会，迨至本年会期日，因麟不□家又未司会，现麟已会民等，向伊交簿交洋□料。徐子麟利欲熏心、恶念顿起。不但不将簿、洋交出，反敢一派胡言，索悭莫何非沐。

　　钧院准予□即饬辩讯，判责令交出会簿、会洋，势必被其鲸贪。为此遵章缴纳审判费洋九元并请判令被告人负担讼费。

谨呈

龙泉县法院

中华民国十九年十月八日

在表述案由方面，清末民初当事人惯用二字或四字的词语，语言较为简短凝练，结构通常为"……事""为……事""告为……事""呈为……事"或者"诉为……事"，多使用较为夸张的文学性修饰语，如"蟒夺婚妻""飞冤黑陷"等。南京国民政府时期，文学风格显著的夸张修饰语逐渐减少，以事实为基础的客观话语表达开始占据主导地位；案由的惯用表达结构是

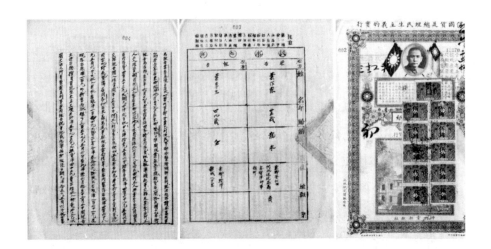

图 4.3 1929 年龙泉法院民事诉状

"为……（依法）提起（或提出）……请求……事"，客观话语表达如"为不堪虐待、生命难保，依法请予判决离婚并损害赔偿、更令负担讼费事"，尽管也有带有文学风格的夸张表达，但已经不多见。

在描述案件事实方面，清末民初的整体语言组织形式可以总结为关系型的伸冤与控诉，文书用语多为陈述语气，主要使用阐释型句式，较少使用情态词，句子之间多为增强关系。南京国民政府时期整体的语言组织形式是法律规则导向型和关系型的叙述并用，语气上多采用陈述语气和疑问语气，文书中较多使用情态词来表达主张，尤其是在答辩状中表现得尤为明显。

在表达诉讼期望方面，清末民初的惯用结构是四字或八字的短句，或复合句如"伏乞……"；对司法人员使用"天"或者"大老爷"的称谓，表达出希望官方能够惩恶扬善的诉求。南京国民政府时期，当事人的主要诉求是保护自身权利，惯用结构为复合句式，如"伏乞……"或者"请求……"。当事人称司法机构为"钧院"，以此表达权利诉求。

总之，在微观层面上说，清末民初与南京国民政府时期当事人的诉讼话语表达存在诸多差异，整体的语言组织形式或者叙事模式发生了较为明显的变化，呈现出由伸冤与控诉逐步转向以法律规则为大前提进行叙述的趋势。在宏观层面上说，诉讼话语表达体系呈现出由清末民初单一道德话语体系，发展至南京国民政府时期法律话语体系与道德话语体系相结合的多元话语体系的趋势。并且，随着时间的推进，法律话语逐渐居于主导地位，这反映了司法场域的巨大转变。①

二、无讼、贱讼与诉讼：案件的受理实践

传统中国，"无讼"既是评价州县官员政绩的重要标准，也是儒家所追求的社会治理目标。对于自理案件，首先着眼于调处。有清一代，民事纠纷以及轻微、一般的刑事案件发生以后，民众一般只有在民间调解不能得到满足时，才会选择诉讼。并且，即使民众将案件告诉至官府，州县官员也会亲自调解或者批示当事人找亲邻、族长、乡保解决，如果在此期间乡里调处成功，当事人可以请求官府销案。所以，在清代司法实践中，不经调处而由州县官员直接判决的案件很少，只有调处不成，官员才令当事人公堂对簿，进而剖明曲直。

同时，对于诉讼程序，清代司法有自己的过滤机制——设立禁止性要件。这些禁止性要件包括了制度资源与话语资源。②官方对于受理"民间细事"诉讼案件的态度偏向于被动，通常不会直接通过诉讼方式解决民众民事纠纷，而是尽可能地鼓励当事人通过私力救济或社会救济解决矛盾。清代对于诉讼的限制有以下几个方面：一是受理时间的限制。《大清律例》明确规定了民事纠纷的受理期限，比如农忙止讼。③此外，各州县依其自身惯例规定"放告日"，即民事纠纷呈状的时间，除特殊情形外，地方官

---

① 这也从侧面反映了讼师到律师的转变。更多讨论参见尤陈俊：《法制变革年代的诉讼话语与知识变迁——从民国时期的诉讼指导用书切入》，《政法论坛》2008 年第 3 期。

② 参见尤陈俊：《"案多人少"的应对之道：清代、民国与当代的比较研究》，《法商研究》2013 年第 3 期。

③ 参见岳纯之：《中国古代农忙止讼制度的形成时间试探》，《南开学报（哲学社会科学版）》2011 年第 1 期。

员在其余时间不审理民事纠纷。例如，部分州县划定每个月逢3、6、9日为放告日，即每月共计9个放告日；部分则划定3、8日为放告日，即每月共计6个放告日。二是诉讼主体的身份限制。受到宗法等级观念的影响，清代法律对民事起诉者的身份限定较为严苛，限定起诉者的条件诸多，如此一来，许多民事案件因不符合诉讼主体条件而不被受理。三是受理要件的限制。所谓"告状不准事项"，是指各州县对提起民事诉讼的形式要件进行审查，倘若纠纷主体符合其中不准之事项，则官方拒受理。多数民事纠纷案件因不符合形式要件的要求，难以进入诉讼程序。四是诉讼费用的限制。清谚有云："衙门六扇门，有理无钱莫进来。"在清代，民事诉讼费用尚无明确的书面规定，不同地区的诉讼费用各异。但整体来看，百姓提起民事诉讼需要缴纳的费用分为两个部分：一是常规缴纳的诉讼费，二是衙门胥吏乘听审之机另外收取的陋规费，其金额也并非小数目。① 陋规费因不同地区或不同身份在数量上并不一致，但总体能反映出诉讼成本高昂，甚至导致诉讼当事人"家徒四壁"。由此，"一报案即须受差役之勒索"的现象在民间较为普遍存在，诉讼负担过重使得大多数人秉持"民间细事不宜报案"的观念。②

一般来说，州县官员的审断往往开始于当事人的告诉。尽管清律规定"有告必理"，但面对大量的案件，州县官员审断实践往往是"理不定准"。那思陆根据《大清会典》总结了州县官员"不准"诉讼的几种常见情况：赦前事呈控者；呈词内牵连无辜者；事不干己而呈控者；无故不行亲赍等。③ 在已经研究的南部档案、巴县档案、冕宁档案等都有类似的规定。在龙泉档案晚清部分，亦有相关规定。

---

① 参见那思陆：《清代州县衙门审判制度》，中国政法大学出版社2006年版，第34页。

② 参见柏桦：《明清州县衙门陋规的存留与裁革》，《史学集刊》2010年第3期。

③ 参见那思陆：《清代州县衙门审判制度》，中国政法大学出版社2006年版，第67—69页。

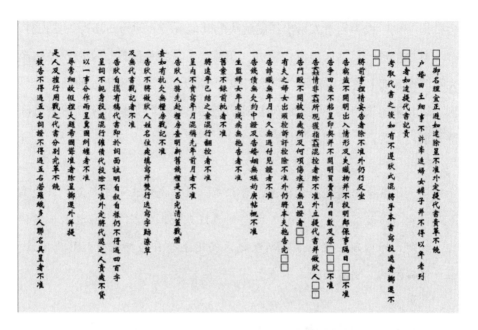

图 4.4　光绪二十九年呈状状式条例录文

从光绪二十九年呈状状式条例录文（图 4.4）中，我们看到清代龙泉县衙在普通案件受理上所作的种种限制。这些限制包括诉讼时效，比如远年之案不准；对于被告人的限制，比如生监、妇女、年老、残疾不列抱告者不准；对于证据，比如户婚田宅案件须有契约、媒妁之言；对于诉状格式，比如对官代书的限制等。这些禁止性规定形成了案件受理的过滤机制。尽管学者多斥责我国传统司法"重实体轻程序"，然而，就案件启动程序与要件规定上来说，清代州县的要求显然极为严格。犯罪告举的格式有规范与程序限制，否则，不仅案件得不到受理，当事人或者代书可能还要承担责任。

案件呈送到州县官员手中，他们往往会迅速浏览案情，判断案件是否应当进入审理程序。在清代龙泉司法档案中，我们看到了大量的知县对当事人"告状""恳状""禀状"所作的批词。批词是理解州县官员下一步如何处理案件的关键。如果知县同意受理诉状，常见的批词是"候传案讯究此批"或"准唤讯"。如果州县官员认为案件没有必要进入审理程序，往往会批词"不准"或为当事人指出纠纷解决的其他途径。因为知县为一县长官，掌一县之治理，凡辖区内诉讼审办、田赋税务、缉盗除奸、文教农桑诸政无不综理，加上龙泉历来是"健讼之地"。所以，常见"不准"的批词。

以龙泉司法档案中收录的知县陈启谦在宣统二年处理刘焕新诉刘嘉旺恃强混占案为例，批词如下。①

　　沙县岭山场光绪九年系尔曾祖卖□姓，光绪三十三年复□朱文高转卖与尔故父，即有纠葛，亦与刘嘉旺无干，岂能□□锯之木，盖伊铁印已难索解，且去年□所砍之木而迟至今日始行强夺，更属不情，察核控词，明有欺饰，不准。

在该案中，知县陈启谦直接表示了其对当事人呈词真实性的质疑，并表达了对该案的消极（不准）处理态度。

再比如，发生在宣统三年的瞿泽广诉瞿绍文听唆妄挣一案。批词如下。②

　　时据瞿泽广具呈，业经批饬复讯矣。该监生倘能退一步，想仍许调处了事，慎勿固执缠讼，致蹈终凶之咎。

州县官员通过批词表达了其不受理案件、要求该案族内调解的意愿。调处既是息讼安民的妙方良药，又是州县官员考核良吏的标准之一，所以州县官员往往主张和解结案。

---

① 吴铮强、杜正贞：《龙泉司法档案选编·第一辑·晚清时期》，中华书局2012年版，第529页。
② 吴铮强、杜正贞：《龙泉司法档案选编·第一辑·晚清时期》，中华书局2012年版，第727页。

这种情形即使到民国时期也依旧存在，批词以审判者习以为常的文书形式在司法实践中延续。民国时期（尤其是民国初期）的司法官员使用批词对案件作出"不准"的情况仍十分常见。[①] 此类批词数量很多，大都表现出司法官员对于受理案件的厌恶。

比如，张信旺诉张信通掘路一案的批词。[②]

> 毋庸牵混渎诉，为此无益之举，徒受写状人消耗。此批。

再比如，周杨氏诉金廷茂夫妻反目一案的批词。[③]

> 夫妻反目，家庭不祥，迨岳母与舅往劝尔□□怒推殴举动，殊属粗暴，幸而未成伤，姑□宽准前往，周杨氏处服礼了事，毋庸辩渎，切切。此批。

值得注意的是，伴随着近现代司法理念与制度的普及，与清代州县官员相比，虽然民国初期的县知事兼理司法处理案件时会使用批词作出"不准"决定以使案件及时分流，但更显得保守——他们已经远没有清代州县官员那么广泛、灵活地运用批词。毕竟，清代州县着眼于案件的"纠纷解决"，而民国初期的县知事兼理司法已经隐约表现出近代司法的框架。尽管类似于"不准"的批词在民国初期依旧适用，但是县知事只能在一定范围内行使此类职责，批词"不准"的情况逐步减少，日渐失去案件分流的作用，取而代之的是批示当事人调解或和解，以辅助司法官员推动诉讼进程。在实践中，我们经常看到在县知事的批示推动下，大量的案件以和解的方式结案。

---

① 参见刘昕杰：《近代中国基层司法中的批词研究》，《政法论丛》2011 年第 2 期。
② 《张信旺诉张信通掘路案》，卷宗号：M003–01–00541，浙江省龙泉市档案局藏。
③ 《周杨氏诉金廷茂夫妻反目案》，卷宗号：M003–01–07267，浙江省龙泉市档案局藏。

比如，吴昌宝诉吴林发伤害一案当事人的结状。①

民下田村牯姑父柳春凡邀同公人张茂金、张茂树、梁士道等极力劝谕，双方既属于堂兄弟，岂可因妇人口争之事遂行结讼，同室操戈，未免贻人笑料，民方出洋十三元伊云出年十三元作为和事人来往开销。

当然，在民国初期，类似于上述表露个人主观情感的批词已然不多。比如，民国四年柳学礼等诉郑义炳等邀理不遵反强运售案的批词。②

县知事杨批：

状秉郑义炳等既不遵理又敢强运呈来，然□殊属不合，惟争在柴木数等微细，着仍自行理息，讼则终凶，尔共知之。此批。

这一时期也存在少量依据法律作出的批词，比如上文提到的周克云诉龚应隆等抹煞天良案。龙泉县知事作出了以下批词。③

察核契约时效久已丧失，权利当然不能享有，所请不准。八月十九日。

总之，与中国法律近代化的过程相对应，在龙泉，案件的起诉到受理发生了重大变化。反映在社会宏观背景上，表现为由人治、礼治向法制转变，法制的兴起表现为司法权逐渐成为独立的权力，其运行日益规范化。

---

① 《吴昌宝诉吴林发伤害案》，卷宗号：M003–01–00032，浙江省龙泉市档案局藏。
② 《柳学礼等诉郑义炳等邀理不遵反强运售案》，卷宗号：M003–01–00280，浙江省龙泉市档案局藏。
③ 《周克云诉龚应隆等抹煞天良案》，卷宗号：M003–01–03628，浙江省龙泉市档案局藏。

第二节　法院调解

调解在中国有悠久的历史。州县官员作为基层"法官",只对授权就处刑不过笞杖或枷号的案件作出判断,这类案件被称为"自理词讼"(即在州县官全权审判之下的词讼)。① 清代大多数州县官员主张应准予两造和息,轻微的犯罪案件调解的达成,有州县调处,有两造亲友调处,有因地方绅耆调处者,亦有由两造双方自行和解。② 比如,龙泉司法档案中咸丰元年(1851 年)李联芳控韩林秀强霸阻砍一案③,当事人李联芳的状词就这样写道。

---

① 需要指出的是,清代并不存在"民事"与"刑事"案件的区别,当下学界对清代案件的民刑分类多少有些"倒放电影"的意味,即以现代的眼光审视传统。实际上,在清代对案件的分类大体有两种方式:"词讼"与"案件";"细故"与"重情"。何为细故?一般是指户婚、田宅、钱债、偷窃等案件。关于这一问题的讨论参见范忠信等编:《中国文化与中国法系——陈顾远法律史论集》,中国政法大学出版社 2006 年版;张晋藩:《中国法制史》,群众出版社 1991 年版;杨一凡:《中华法系研究中的一个重大误区——"诸法合体、民刑不分"说质疑》,《中国社会科学》2002 年第 6 期;吴佩林:《清代县域民事纠纷与法律秩序考察》,中华书局 2013 年版,第 41—43 页;王涛:《中华法系研究的后现代话语检视》,《政法论坛》2011 年第 4 期;邓建鹏:《词讼与案件:清代的诉讼分类及其实践》,《法学家》2012 年第 5 期。徒刑以下案件(即笞杖刑案件)是州县自理案件,州县的堂断被称为"审语",并可以以此定案;如果是徒刑以上的较重的刑事案件,州县审理完毕以后,尚须上司衙门复审。此时州县衙门的堂断称为"看语",也就是说,州县调查审问以后作出判决意见,这个意见须要向上司衙门审转,对于此类案件,州县官员必须定拟罪行。对于此问题的讨论参见吴佩林:《万事胚胎于州县乎:〈南部档案〉所见清代县丞、巡检司法》,《法制与社会发展》2009 年第 4 期;茆巍:《万事胚胎始于州县乎?——从命案之代验再论清代佐杂审理权限》,《法制与社会发展》2011 年第 4 期。

② 参见那思陆:《中国审判制度史》,上海三联书店 2009 年版,第 238 页。不过现有的档案研究表明,对于命案,清代民间亦有大量私和的现象。

③ 《李联芳诉韩林秀强霸阻砍案》,载吴铮强、杜正贞:《龙泉司法档案选编·第一辑·晚清时期》,中华书局 2012 年版,第 4 页。

> 强霸阻砍，挽迈图诈，巫赐签拘，究强杜诈事……生于本春雇工登山砍伐为货，诓地恶韩林秀、坛秀不思业经父手杜卖，专恃强横莫敌……胆拥山内，恃强凶宿，抢击砍伐……旋即回家报明生知，随投庄保朱芝裕、朱芝邦往向理谕莫何……为此抄粘各据，伏乞廉明父师迅赐拘究以儆凶宿……

该案是龙泉司法档案目前所见最早的案件。在这起案件的呈词中我们可以看到，李联芳在向州县官员呈诉之前，就曾将案件投报于庄保朱芝裕、朱芝邦等人，请他们出面理谕调解未果以后，原告李联芳才将案件呈控于县衙。并且，此案也是经过当事人反复呈词以后才得以受理。在龙泉司法档案中类似案件很多。这都显示出明清时期基层民事纠纷的解决在一定程度上依赖民间调解和官批民调。

自清末制定《民事诉讼律草案》以来，官方调解始终是民事纠纷解决的重要途径。民国初期，龙泉司法机关变动不居，但是官方调解依旧存在，比如黄熊氏诉熊春祐迭次抗理非判莫息案。[①] 该案的县知事作出如下批词。

> 知事朱批：
>
> 前持法警查理，旋据覆称，协同亲族、原中人等公同理息，房屋归于春祐，神会归于该氏，各将凭据让渡，自行管业等情。查此案公平和解，尚属妥适，自应准予撤销。兹据呈同前情，并将法警查理情由讳而不言，实属有意贱讼，可恶已极。且两造属本至亲，既经理息，自可了结。仰即将契据互相交换，各管各业，毋庸缠讼，此批。

---

① 《黄熊氏诉熊春祐迭次抗理非判莫息案》，卷宗号：M003-01-02564，浙江省龙泉市档案局藏。

由批词可知，该案此前就是由亲族、家族调解结案，后再次引发争端，县知事依旧是批示家族调解，并未受理案件。这一时期，浙江高等分庭对于调解也呈现出支持的态度，比如民国五年王承人诉范思孝墙基纠葛案。①

查本案当第一审于民国二年三月四日开庭之际，控诉人及被控诉人，既愿各自让步，当庭出具遵结，而控诉人之结上，有嗣后各归和好，不敢滋事，被控诉人结上，有嗣后各守本分，不敢滋事等语。从法理上言，龙泉县执法长当此之时，即应认为和解，予以销案。至执行之际，亦不能出乎两造结上所开条件、范围之外。乃不此之务，而再加以判决，其判决文中，又增加王承人将横轩吊柱抬高大门墙砖亦略拆开数语。于是两造种种争执，皆由此而起。不但违反当事人自愿具结之本旨，且与法理上民事应取不干涉主义之本旨，亦未相符。本庭以为，被控诉人为社会上体面之人，出言行事，应为人民之表率。当日既出有遵结，理应严守结上之言，以昭大信。且被控诉人与控诉人居属比邻，有守望相助、疾病相扶持之谊，使因区区细故，各持意气以相争，不但两不利益，且恐世世之子孙，亦将永为仇雠，而无所底止。观两造所出结上"永归和好，不敢滋事"等语，俱非不知亲仁善邻者也。本案自应依照两造当时出结之意思判决。

民国五年三月三十一日判决

一、南京国民政府时期法院调解立法的变化

1930年1月，南京国民政府立法院通过并公布《民事调解法》，在立

---

① 《王承人诉范思孝墙基纠葛案》，卷宗号：M003-01-01822，浙江省龙泉市档案局藏。

法上首次确立了近代化的法院调解制度。虽然最初该法内容简单，但规定了以下内容：1.在第一审法院附带设置调解处；2.法官担任调解主任，此外当事人应推选一位助理；3.调解是初级管辖和人事诉讼事件的必经程序；4.当事人一方无正当理由未到场的，应酌科罚金；5.在双方当事人同意的前提下，调解可延长时限；6.调解最终效力与法院判决效力相同；7.调解不收取费用。①民国时期的法院调解制度虽然与传统的民间调解具有渊源关系，但相比传统中国的官方调解，其有着近代化的制度特征，在主体、场所、强制性、程序诸方面都表现出制度化、规范化的路径取向。

二、龙泉法院调解制度的运行状况

（一）龙泉法院调解概况

《民事调解法》正式施行之前，龙泉法院已经设立了调解处。在该法自1931年1月1日正式施行后，龙泉法院很快就出现了法院调解的案件。1935年7月1日，修订后的《民事诉讼法》施行，有关法院调解的内容被纳入新法之中，法院调解制度继续运行。从现有档案材料也可以看出，法院调解并未在1935年停止，而是从1931年一直延续到1949年。在这期间的龙泉司法档案中，有调解记录的案件共有956起。在这些案件中，调解成立的共205起，调解成功率为21.4%。这些案件类型分布较广，涵盖了大多数民事纠纷。

在司法实践中，龙泉法院切实遵守了法院调解制度的规定，调解程序与《民事调解法》的规定相符。为了更加深入了解法院调解制度的实践情况，在956起民事案件中，我们随机抽样188起案件，针对所得样本进行研究。针对档案中注明的不同处理结果，进行如下分类：第一，调解成

---

① 参见谢振民编著：《中华民国立法史（下）》，中国政法大学出版社2000年版，第1033页。

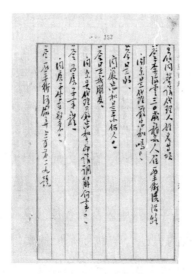

图 4.5　南京国民政府时期龙泉法院调解笔录片段（严忠和等与陈金生迁让房屋案）

立，纠纷解决；第二，调解未成立，例如调解笔录尾部写明调解未成立，调解声请人进入诉讼程序，或其他反映调解未成立的情形；第三，资料不全或缺失，例如仅存在调解声请书或调解笔录。

（二）龙泉法院调解的成效及其影响因素

对 188 起样本案件进行统计发现，明确记录调解成立的案件共 43 起，调解未成立的 83 起，材料缺失、无法判定最终调解结果的 62 起，样本案件的调解成功率为 22.9%。就案件类型而言，调解成功率最高的是钱债类案件，为 47.4%；其次是不动产纠纷的房产类案件，为 41.7%；族产继承类案件，为 40.0%；婚姻、人身关系案件，为 27.3%；田土类案件为 25.8%；山林类案件的调解成功率最低，为 15.8%。[①] 档案显示，一些基数较大且调解

---

① 案件类型是一个大致的归类，其中族产继承类案件多涉及祭田、山场等财产，因此在统计时，但凡属族产类案件的不再计入田土、山林类案件内。这样的方式能够避免统计重复，同时也是考虑族产本身具有特殊性质，与普通的田土、山林纠纷存在区别。此外，针对龙泉特殊的地理环境，在当地诉讼中较易区分田土和山林两类案件，故我们对这两类案件作独立类型划分。

成功率较高的案件拉高了整体的调解成功率。我们应当重点关注不同类型的案件调解成功率的差异，深入了解法院调解制度实践情况的全貌。

我们认为，案件调解成功率与案件类型相关。这与龙泉的自然环境、社会经济发展情况紧密相关。龙泉多山少地。一方面，山林经营较为发达，贩卖山货、木材等行业发展较好，山林成为重要产业，该类纠纷主要涉及山场、林木的划界、契约不明等所有权争端；另一方面，田地资源稀缺，粮食产量不能够满足居民的基本需求，田地成为关乎生计的稀缺资源。鉴于山林、田地的重要性，纠纷主体在权属关系上往往分毫必争，不愿作出妥协。与此同时，龙泉商业较为发达，与钱债有关的案件数量较多。在钱债纠纷中，纠纷双方的矛盾往往不在于债务是否存在，而在于债务的履行问题，即债务履行迟延或履行不能。在这种情况下，纠纷双方比较容易通过调解达成新的债务履行合意，从而解决纠纷。

样本案件中显示，19 起山林案件中调解成立的仅 3 起，这 3 起案件的标的额较小，其余 16 起调解均未成立，主要原因在于涉及所有权，纠纷冲突较为明显，不易通过调解解决。相较而言，田土类案件大多与佃权、田租、不法侵害相关，涉及所有权的较少，因此纠纷双方更易妥协，调解成功率也更高。在房屋类案件中，与租金、迁移房屋有关的案件有 12 起，相较于房屋买卖、所有权争议，这些案件的调解成功率更高。综上所述，龙泉的地理环境、经济发展状况，纠纷是否涉及所有权等问题，均影响着法院调解成功率。

（三）法院调解成效不彰的原因分析

南京国民政府法院调解成效不彰在当时已为人所诟病，尽管司法行政部一再督促，但效果始终不如人意。[1] 由表 4.1 可知，南京国民政府掌权

---

[1] 参见张健:《民国时期国共两党民事调解的比较研究——国家权力下沉背景下的社会治理与社会动员》,《甘肃政法学院学报》2015 年第 2 期。

时期，民事调解成功率并不高。实际上，从 1931 年到 1947 年，这十几年民事调解成功率一直在 20%徘徊。1943 年、1944 年出现短暂的增长以后，又开始回落。

表 4.1　1940—1944 年南京国民政府各法院民事调解案件成立与不成立百分比表 [①]

时间（年）	总计案件（起）	调解成立（起）	调解不成立（起）	成立百分比（%）	不成立百分比（%）
1940	32263	4152	28111	12.9	87.1
1941	32110	4153	27957	12.9	87.1
1942	32298	5160	27138	16.0	84.0
1943	20591	4857	15734	23.6	76.4
1944	20281	4869	15412	24.0	76.0

1942 年，司法行政部不得不承认，"十载以还，本部虽三令五申，督促各司法机关厉行调解，亦未达到预期之目的""其结果非特调解仍未成立，反令当事人耗费时日，荒废事业，受无穷之累"。[②] 在龙泉，民事调解的成功率也不算高。究其原因，法院调解效果不彰受以下因素影响。

1.形式主义较为严重，法院虚以应对

形式主义是法律的重要属性之一，它要求法官在司法过程中居于被动与居中裁决的地位。南京国民政府大量移植大陆法系法典，立法呈现出典型的大陆法系的形式主义色彩。立法者坚持以德国法的法律形式主义模式为参照系，诉讼过程形式主义泛滥，法院调解显得马虎草率。1935 年《民事诉讼法》第 409 条规定，法院调解分强制调解和申请调解两种。强制调解一般适用于简易诉讼程序。龙泉司法档案中民事案件的统计表明，民事

---

① 蒋秋明：《南京国民政府审判制度研究》，光明日报出版社 2011 年版，第 206 页。

② 蒋秋明：《南京国民政府审判制度研究》，光明日报出版社 2011 年版，第 205 页。

纠纷大都先行调解，然后再由法院进行裁决。这说明民事强制调解制度在龙泉法院已经落到实处，但是调解的高发率也有可能表明其仅是走形式而已，大量的档案材料也证明了这一点。由于基层法院人力、物力的缺乏，法院调解的人员配备和程序设置极为简单。龙泉司法档案反映出民事调解程序和话语也相当简化。以毛先鳌诉毛裕燨、毛裕辉"轮值祭田，相对人私添宗谱，匿交祭簿，意图夺祭"一案为例予以说明。①

> 法官问毛先鳌：今年轮到哪个种？
>
> 答：今年轮到我。
>
> 问：既然轮到你种，你去种好了。
>
> 答：祭谱不交出，种不来的。
>
> 问相对人（毛裕燨）：祭谱肯不肯交出的？
>
> 答：我不交出的。
>
> 问：本件调解不好的，你缴纳审判费正式起诉是了。

　　类似案件有很多。法官以寥寥几句，简单了解当事人的基本情况和纠纷事实，即询问当事人是否愿意妥协。如果当事人有明确的调解意愿，法官就会当场提出调解的方案，然后由双方当事人在笔录上签名，整个调解过程就此结束。法官对待调解的态度漫不经心。有时候，法官甚至将调解委托给民间，比如吴世麟诉吴绍金请求赎田一案，就是法官在失去调解的耐心以后直接问吴世麟"这案你们在外面和解好了"②。法院给出的理由也往往是"双方请词各执，调解不成立"。

　　其次，纠纷主体之所以向法院提出诉讼，大多是因为无法在民间获得

---

① 《毛先鳌诉毛裕燨等人轮值祭田案》，卷宗号：M003-01-00009，浙江省龙泉市档案局藏。

② 《吴世麟诉吴绍金请求赎田案》，卷宗号：M003-01-00536，浙江省龙泉市档案局藏。

救济，不得不诉诸法院。而《民事调解法》及新《民事诉讼法》中均将法院调解设定为"初级管辖及人事诉讼案件"的前置程序，实际上忽略了纠纷双方大多是民间调解未果方诉诸法院的。由于民事案件一般在起诉到法院之前已经先行民间调解，多数情况下，当事人想得到明确的是非争断，不愿再行和解。比如吴正养诉吴启巽等人回赎田地一案，此案经过数次调解，当事人不得不呈状起诉："为民诉被告吴逢桷、吴启巽等因请求确认山场所有权涉讼一案迅予缺席审判事，民对于本案前后状呈四张，传讯一次，延下两月有余，毫无动静，诚谓冷庙烧香……"①尽管调解涉及祭田、继承、田产争讼等民事案件，但其法律关系、法律事实的复杂性使法官也采取了消极应对的方式。由于当事人、法官的不积极，很少有案件能够达成和解，案件草草调解后便进入审判程序。凡此种种，表明南京国民政府的强制调解不过是在诉讼程序之前增加了一道无益于纠纷解决的程序，诉讼之累不但没解决，反而又增加了调解之累。

最后，法院调解的方式和程序以法庭诉讼为模板，这虽符合西方民事诉讼理念，但与在实践中运行已久的传统调解差异较大，其复杂的程序要求对纠纷双方来说无疑是一种负担。这一时期，社会经济和教育环境欠佳，对于教育文化水平较低的普通民众来说，制作并递交声请书难度极大，且递交声请书只是法院调解的第一步，并不意味着法院调解由此展开，后续还有通知相对人、接受相对人答辩等程序。法院调解制度很难得到有效运行。并且，即使是法院调解成功的案件，调解协议的执行也比较困难。尽管法律中规定调解笔录与判决具有相同效力，但是达成调解协议相当于赋予了对方一段新的义务履行期间。若约定期限届满，一方拒不履行调解协议，另一方只能再次向法院递交"声请执行"的声请书，由法院

---

① 《吴正养诉吴启巽等人回赎田产案》，卷宗号：M003-01-07305，浙江省龙泉市档案局藏。

审核后强制执行。这种程序不仅会增加当事人解决纠纷的成本，还增加了无法执行的风险，例如相对方在调解协议中约定期间内转移财产。综上，法院调解制度由于直接套用法庭诉讼的规定，与诉讼程序重合，并未完全被群众接纳。

2. 调解主体的落后性

民国时期战乱频发，但是南京国民政府并没有放弃法律近代化的努力。它广泛借鉴西方民事调解立法经验，对民事调解主体、民事调解组织的严格规定显示出其试图对民间调解作出改变。新型调解组织的建立和普及，伴随着新县制、新保甲制、自治法等新政策的实施体现了国民政府试图将其政治触角延伸到乡村社会，进而加强对乡村控制的决心。然而，现实却与预期产生了差距。国家法与民间法之间的隔阂以及由此产生的矛盾造成地方权威的合法地位与地方社会政治经济逐渐脱离，这大大影响了民间调解的实际效力与权威性。

虽然南京国民政府建立了新型调解制度，但迫于战乱、纠纷激增等因素，官方所能提供的司法资源捉襟见肘。所以，想在短时间内卓有成效地化解纠纷，官方不得不求助于已有的各种息讼资源。整个南京国民政府时期，民间调解依旧依靠传统的调解力量运作。在调解主体上，地方基层曾一度出现过诸如"调解委员会"之类的现代化组织，但是这些机构并没有被认真对待，远未能扎根于基层。总体来说，民国时期的调解与清代相比变化不大。民间调解在民国时期继续发挥着和在清代非常相似的作用。在已经研究的司法档案中，民间调解模式的调解主体仍旧是传统的保甲长、士绅、公人、族人以及亲友。

士绅、保甲长、乡村领袖、宗族亲友这些承担民间调解的主体显然不是组织严密的、经过国家培养的新式人才。他们更不是国家正式机构成员，其调解程序和结果当然游离于政府监督之外。这说明，基层农村形成的以较强宗族势力作为乡村政治势力的传统代表，对乡村纠纷解决与生活的影响力依旧很大。传统观念和力量使乡村社会在面对社会转型时表现出一种强大的保守性。乡村领袖、宗族亲友等地方保守势力与试图进入村庄的国家力量没有实现很好的对接，而是呈现矛盾和对峙状态。基层社会仍为旧式精英把持，南京国民政府只好依靠他们来实现对村落社区的控制。"20 世纪 30 年代行政史的材料说明，半现代化的南京政府常常被证明是农村名流的不速之客和不受欢迎的竞争者。"①

　　更为重要的是，既有研究表明，保甲长等民间势力的来源杂乱无章。近代以来的军阀混战导致部分地痞混杂其中。由于官制体系的不完备、监督考核制度的缺失，这些在近代乡村文化衰落背景下上台的旧式精英素质低下，胆大妄为，直接削弱了政府的统治基础。连绵的战争、长期的征兵都侵蚀着本不稳固的制度大厦。从未间断的官民冲突诉说着乡村社会对官僚化的地方精英所代表的国家权威合法性的质疑与否认。南京国民政府乡村自治作为一场政治社会运动，其目的是要实现中国农村治理的现代化，但是其所依靠的却是传统乡绅。地方权力机构的主体如此，调解的主体亦是如此。这决定了南京国民政府调解的保守性与落后性，也大大削弱了调解本身的效用。

　　3. 调解地点削弱了某些案件的调解效果

　　民间调解地点大多与纠纷所在地密切相关。人口流动较小的社会更便于利用舆论压力促进纠纷解决，有利于恢复社会秩序，保证地区内的和谐稳定，这也是民间调解发挥作用的重要原因。而且对于受损方来说，其名誉得到了有效恢复；对于侵害方来说，调解结果往往是该地区内的权威者对其施加惩戒，要求其改过自新，改正后民众则愿意重新接纳他。区别于民间调解，大多数人不愿或不敢进入法院调解。而且，无论是从恢复名誉

---

① 〔美〕孔飞力：《中华帝国晚期的叛乱及其敌人》，中国社会科学出版社 1990 年版，第 231 页。

还是接纳侵害者的角度来说，在法院调解都难以发挥更好的效果。再者，龙泉山林较多、交通不便，① 这增加了当事人前往法院调解的难度，也阻碍人们广泛接纳法院调解。尤其是在经济欠发达的地区，人们更不愿意花费与诉讼相当的代价去换取一次成功率较低的法院调解。

总之，南京国民政府时期的法院调解制度与传统民间调解相比，虽然在形式上相似，但在调解主体、调解地点与程序上都有较大差异。通过分析龙泉司法档案，我们能更清楚直观地了解到南京国民政府时期法院调解制度的运行情况。具体来说，在不同类型案件中，纠纷解决的难易程度不同，法院调解成功率自然不同，而且法院调解的制度设计与社会对于调解的需求存在较大差距，这弱化了法院调解制度的实际效用。从更深层面上说，法院调解制度与其运行场域并不协调，在一定程度上决定了法院调解制度形式化的命运。

第三节　法庭审理

若当事人调解不成，案件会按照既定流程，进入法庭审理阶段。一般而言，通常民事案件由合议制审理，简易民事诉讼案件由独任法官审理。民事案件的审理遵循言词审理为主、书状审理为辅的原则。当事人必须以言词形式参与法庭辩论并且提交相关诉讼材料。经过当事人质证等法庭辩论环节，法官逐渐形成对该案件法律事实的确认，运用自身法律知识及道

---

① 在当时的交通条件下，从山区前往龙泉县城单程动辄需费半天至一天的时间，若较偏远则需一天以上。可参考［加拿大］威廉·塞西尔·麦格拉思：《亲历龙国：外国人眼中的民国丽水》，任莺、周率、浙江省丽水市档案局（馆）编译，武汉出版社2014年版。另也可参考《龙泉县法院志》统计的1930年至1932年龙泉法院管辖区域表，其中各乡镇到法院的往返步行时间在1到3天不等，其中13个乡镇需要1天，17个乡镇需要2天，最远的汤侯门则需要3天。

德经验进行裁决。

龙泉法院为了可以使案件更易审结，认为确实有必要的，可以在言词辩论之前，作出如下行为：第一，要求该案当事人或法定代理人本人到场。第二，要求当事人向本院提交涉案文书、物件。第三，传唤证人或鉴定人，调取或者要求第三人向本院提交相关文书、物件。第四，法院自行勘验、鉴定或者嘱托公署、团体代为调查。第五，法院在开庭前调查相关证据。

在合议审判之前，法院可以随时委派一名庭员担任法官，进行言词辩论前的准备程序。准备程序的主要任务是阐明该民事案件的诉讼关系。受命法官应当详细记录当事人主张的事实、法律依据，以及另一方当事人的答辩，形成准备程序的笔录。准备程序完成后，当事人陈述准备程序之结果，或者由审判长令庭员或书记官朗读准备程序笔录，随后进入言词辩论环节。言词辩论的范围仅限于准备程序笔录中已经记载的事项，当事人主张准备程序笔录之外的事项，法庭不予审理。法院通过双方当事人相互指证、质证、论证等方式，以言词辩论为中心进行法庭审理，能够更加清晰地展现案件事实，充分彰显公平、正义，更好地维护当事人权益。

民国时期，尤其是南京国民政府时期，民事审判的超能动主义色彩淡化，诉讼的主导权更多地赋予当事人。这体现在以下几个方面：第一，当事人提起诉讼后，诉讼程序方才启动。第二，以言词辩论为原则和主体部分。庭审中当事人的诉讼行为，必须以言词方式在法官面前作出，否则无效。言词辩论也是庭审的主体内容。第三，辩论是否开始，由当事人决定。"设如审判长于该案件点呼后，已命开始辩论，而各当事人尚未为应受裁判事项之声明，则未得为辩论开始。"

龙泉民事审判庭审记录经历了重要转变。传统中国，超能动主义审判模式下，民事审判庭审记录大多是供词，呈现出书面化的特征，如"口供""招供"等，堂讯叙供内容尽管简单，但大多涵盖了案情事实的核心

内容。比如宣统元年季锡璜诉陈观林山林纠葛案中证人李师福的供词：①

> 监生契管高坪筛姑垟的山是有失管，被季锡璜管去扦插杉苗。现已查明本年监生将这杉木百二十三株拼把陈观林砍伐锯做木段，被季锡璜搬去。

民国时期，龙泉县的庭审记录大多改为言词辩论。这一转变并非形式上的简单变动，而是体现了审判模式的变化。在 1933 年 11 月 20 日罗建功诉罗黄氏遗产纠纷案的言词辩论中，被告罗黄氏的代理律师练公白曾多次主动提出进行辩论。② 最典型的一次是在法官请原告罗建功举证时，练公白插话对罗建功的举证提出质疑：

> 问：白岩砻山场据原告说了她丈夫买的？
> 答：徐迪斋说这些山场没有在拍单之内，都没有分的。
> 练公白律师声称徐迪斋是他们舅，证言不足采的。
> 辩论将要结束时，练公白又要求原告罗建功进一步举证。
> 练公白律师起立，声称命原告将杨梅岭等处山契及判决拿出来看。

根据代理律师练公白的表现，可以确定在龙泉县的司法实践中，当事人主动的言词辩论已被允许，律师在庭审中发挥的作用越发明显，庭审过程也体现了当事人主义原则，具有言词辩论意味。

及至民国时期，庭审记录采取了法官与当事人问答的形式，但向当事

---

① 《季锡璜诉陈观林山林纠葛案》，卷宗号：M003-01-15239，浙江省龙泉市档案局藏。
② 《罗建功诉罗黄氏遗产纠纷案》，卷宗号：M003-01-02677，浙江省龙泉市档案局藏。

人主动举证、辩论并提出诉讼请求等体现当事人主义的诉讼模式转变的趋势相当明显。不过，尽管 1922 年的《民事诉讼条例》确立了当事人主义的现代性标准，《县知事审理诉讼暂行章程》仍然赋予审判官依职权审判的权力。笔录中所表现的当事人主义观念、言词辩论环节依然混乱。言词辩论仍以问答为主，表明当事人尚不具备充分陈述与辩论的能力，需要借助法官的提问才能完成言词辩论程序，这说明民众的诉讼观念可能仍不符合法律现代性的标准，意味着制度层面上确立的"现代性"标准与社会现实仍可能脱节。

第四节　判　决

一、结状

清代龙泉司法档案中并未记载有专门的裁判文书，而是当事人具结的文书，其中最为常见的便是结状。在《龙泉司法档案选编·第一辑·晚清时期》收录的 28 个案件中，除了 4 个结案于民国时期的案件，其余案件均以结状作为结案文书。即使在民初，龙泉地方司法机关依旧习惯于以结状的方式结案，近代司法提倡的以审检所判决结案的模式并未得到有效推广。囿于传统司法强大的惯性，服判结状仍然是龙泉审检所时期的惯用判决方式，这也体现了这一时期的基层司法具有一定的随意性。

学界对结状的分类大概有两种。第一种是根据档案文书名称将其分为"遵依""甘结""切结"等。第二种则是根据结案方式将结状分为两造表示遵从官府裁判而终止诉讼的服判结状和两造达成和解而终止诉讼的和解结状。在官府受理呈状决定立案后至庭审前，通常会有一个三方调解的阶段，即官府、当事人和调解中间人（族人、地保等）互动调解，争取息讼。如果这一阶段调解成功，则由当事人向官府出具和解结状；倘若调解不成，则进入庭审阶段，在官府以堂谕形式作出判决后，当事人服判结状。下文通过具体案例对服判结状和和解结状进行讨论。服判结状如龙泉县公署 1913 年 5 月郭某碧出具的结状。①

> 审判官台下实结得民控郭某谢强运杉木一案，今沐讯明郭某谢所运杉木是否在天堂山内砍伐尚无确证。推事涉疑拟判令民等合三成之一，郭某谢合三成之二售回，照数分配，毋得争多论少。所断公允，心诚性服。出具遵结是实。

服判结状体现的是"官方口头宣读堂谕 + 当事人出具结状"的结案模式。这一时期的服判结状遵循旧历，实际上剥夺了当事人的上诉权。

和解结案时，通常由和解中间人出具和解状，并由当事人出具和解结状。比如 1917 年的潘恒漪诉娄毕轩债务纠葛案。②

> 缘民开设恒大字号，被娄毕轩积欠债款，共本洋二百八十元，当立借票一纸，将租抵押为硬。现民则呈请讯追，而娄余并按摊还，当蒙传讯之间，即经亲友翁炽卿劝民和解，着娄将田业变卖价洋备还，民票让折半洋一百四十元，经公收清。惟念亲友之间，余均让讫，自属实情。事经和解，心情允服，不愿终讼，理合具结是实。

两类结状虽然在内容及适用情形上有所区别，但也具有相同之处，比如结状具有严格的格式要求等。

---

① 《郭某碧诉郭某谢强运杉木案》，卷宗号：M003–01–19000，浙江省龙泉市档案局藏。
② 《潘恒漪诉娄毕轩债务纠葛案》，卷宗号：M003–01–13797，浙江省龙泉市档案局藏。

二、清代堂谕与县知事兼理司法堂谕

在龙泉县知事兼理司法时期，仍然存在简易案件以堂谕代判的现象，此时的堂谕俨然成为简化了的判决。堂谕作为一种中国传统社会的判词，在清代甚至更早之前就已经存在。那思陆在关于清代州县衙门审判制度的研究中，将堂谕定义为"州县官所为判决，对上而言，称堂断或堂判；对下而言，称堂谕"①。在县知事兼理司法时期，为了将其与依定式制作的判词相区别，才称之为"堂谕"。堂谕通过对当事人的实体权利和义务作出裁判，达到完结案件的目的，是与判决具有相同功能的裁判文书。

县知事兼理司法时期的堂谕与传统堂谕有以下两点区别：

其一，在文书性质上，传统堂谕不是正式的法律文书。它在结构上缺少首部和尾部，正文也比较短，而且对事实和理由进行说明的内容较少。县知事兼理司法堂谕则更为正式，是独立的法律文书。在程序上，该堂谕需要送达当事人，当事人也可以针对其提起上诉；在内容上，它会记载基本的事实和理由，比传统堂谕的内容更丰富。

其二，在说理方式上，传统堂谕以常理常情为判决依据，缺乏严密的论证；而县知事兼理司法堂谕已经开始运用现代法律规则进行逻辑推理。比如 1916 年的杨明祥诉杨日昌强夺佃权案的龙泉县公署民事堂谕。②

民事堂谕

五年审字第卅一号

原告人：杨明祥

被告人：杨日昌

---

① 那思陆：《清代州县衙门审判制度》，中国政法大学出版社 2006 年版，第 123 页。

② 《杨明祥诉杨日昌强夺佃权案》，卷宗号：M003–01–12597，浙江省龙泉市档案局藏。

关系人：杨朝缙

右列当事人间因强夺佃权一案，经本署审理堂判如左：

案经讯得杨明祥之太祖杨宪遗下有天地人三房轮流。土名彭山头大路下祭田一标，于前清光绪廿五年十一月由天房杨明铨，地房杨光森，人房杨光虬各房房长写立贴批，田贴杨明祥耕种，订定贴价钱四千文，或收租陆硕叁斗陆升，以三十年为期，期外听凭三房另佃自便，杨明祥自光绪廿六年期至民国四年，首尾仅种十六年，本年适值地房杨光森轮值，因光森之嗣，由杨日昌承继权利，指称杨明祥捎价不付，于二月十九日竟将该田另佃杨朝缙贴种。察核杨明祥呈缴贴批，既系天地人三房共同出贴，年限未满，永小作权当然不能变更。判令杨明祥照送杨日昌贴价钱四千文，杨朝缙已付贴价，应由杨日昌如数返还。杨日昌独立贴批，应即取消。杨朝缙所有工资，亦应由杨日昌酌量听还。并着杨明祥听还杨日昌讼费洋五元。俟上诉期满，着即缴领完案。此谕。

县知事：张绍轩

承审员：沈宝璟

民国五年八月八日宣牌示

另外，与判决相比，县知事兼理司法堂谕内容虽简单，但也是一种结案方式，是单独生效的法律文书。在牌示或送达当事人之后，当事人可对其提起上诉。县知事兼理司法堂谕明确了法庭判决的过程和依据，并送达当事人，体现了程序正义原则，保证了当事人的诉讼权利。

在裁判方面，传统服判结状被判决替代，判决成为结案的文书形式。县知事兼理司法的判决形式规范、说理比较充分，较好发挥了解决纠纷的功能，是司法进步的表现，但是，考虑到县知事事务繁忙、法律水平有限以及积案众多的现实情况，北洋政府在判决结案原则上作出了让步，认可了在案件中以堂谕代替判决的简化结案方式。

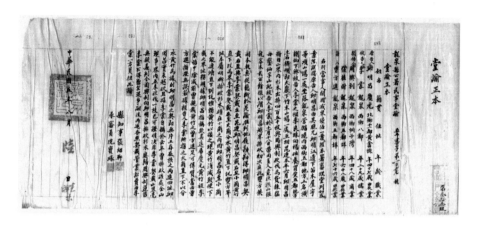

图 4.6　龙泉县公署民事堂谕

三、判决书的写作

（一）格式日益规范

沿着清末改制的轨迹，民国时期的民事司法实践发生了重大的改变，由于传统的中华法系逐步在实践领域解体。从实体到程序上，龙泉法院的民事审判面貌都体现了迥异于传统的特色。通过考察档案我们发现，除有少数判决存在不规范的问题，例如未界分主文、事实和理由，大多数判决

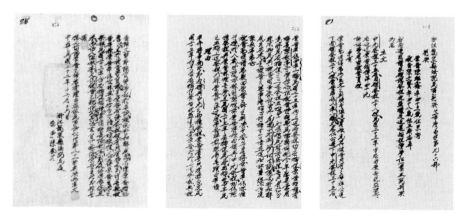

图 4.7　南京国民政府时期龙泉法院民事判决书

在规范性上符合法律规定。比如民国十二年吴家谋等诉吴忠学租谷纠葛案的判决书。①

民事判决书

十二年民字第六十二号

原告人：吴家谋

　　　　吴维海

被告人：吴忠学

右代理人：吴家勤

右列当事人因租谷纠葛一案，经本政府审理，判决如左。

主文

被告人应偿还原告人租谷一百二十三石。

讼费归被告人负担。

事实

原告人吴家谋、吴维海之陈述。略谓太祖则栋公生三子，分为福禄寿三房，原告人居禄房，被告人居福房。禄房祖丰年克勤克俭，置有产业，拨租二百石为则栋公祭田，归福禄寿三房子孙轮流。民国十六年轮值原告人禄房年份，被告人吴忠学种有祭田四十九石五斗，颗粒不纳，并将王徐养种租六石、张基斗种租五十二石五斗、毛昌斌种租七石五斗、董宗学种租七石五斗收去，合计一百二十三石，请求判令偿还等语。

被告人吴忠学及其子吴家勤代理到庭之陈述。略谓种租四十九石五斗，已着子同雇来割稻之云合客人担至原告人家缴纳完讫，至各佃是否完纳，民不得而知，尽可传质。想毛昌斌等谅必各具天良，秉公

---

① 《吴家谋等诉吴忠学租谷纠葛案》，卷宗号：M003-01-16141，浙江省龙泉市档案局藏。

直质。原告人诬民噬欠租谷，全无天理，莫道民未噬欠，纵使噬欠，核与土名石墙后及杨梅铺等处田租十五石被吞数十余年之久，计算不少，尽可对抵等语。

本县调查所得，原被两造夙结讼仇，前项祭租，坐落村头地方者，均被被告人霸收噬欠属实。

理由

查本案系争祭租，十六年份轮值原告人等禄房，此为两造所不争。所争者有无完纳，及曾否霸收之问题耳。关此问题，应分两节论究，即（一）被告人承种之四十九石五斗，原告人谓未收，被告人谓已纳，如果缴纳，必可提出反证证明，被告人未能提出反证，足见未纳；（二）王徐养、张基斗、毛昌斌、董宗学各佃租谷共计七十三石五斗，原告人谓各佃被串一气，被被告人霸收，被告人争未收过，核诸证人吴长海之供述，及法警之调查报告，足可认定为被告人霸收也。观诸被告人之陈述，有纵使噬欠，亦有石墙后、杨梅铺等处田租，尽可对抵等语，意在言外，亦足见两项租谷之为被告人噬欠无疑。以情况论，原告人为资产阶级，被告人谓穷困农民，皆亲房关系，案结如鳞，判偿之案，执行未了，如果确未噬欠，原告人又何至平空起诉？以此亦见被告人之有噬欠也。基上论结，应准原告人之请求，予以判偿田租谷一百二十三石，讼费依民诉条例第九十七条，归被告人负担。特为判决如主文。

中华民国十二年七月十三日庭谕

浙江龙泉县知事公署

承审员：吴载基

书记员：李奇杨

（二）说理内容较为充分

民国时期的中央立法，比如《民事诉讼条例》《刑事诉讼条例》都对判决书提出了说理要求。法官判决时必须进行说理，内容包括说理的对象、方法、依据这三个要素。说理的对象是判决说理需要阐明的问题，是说理的起点和归宿。说理的方法即如何说理，对说理方法进行严格限制是依法作出判决的必然要求。说理的依据即证明说理结论的论据，论据的真实有效是判决正当性与合理性的来源。

对法律适用情况进行说理通常是在法律规定不明或存在立法空白时。单就民国初期的龙泉司法实践来说，在《龙泉司法档案选编·第二辑（1912—1927）》收录的 41 份县知事兼理司法判决中，涉及法律适用说理的仅有 4 份，且均是对已有法律规定的适用问题进行说理，并未出现弥补法律空白的说理，具体涉及选举有效的前提、管辖权争议、民事主体资格、无子立嗣问题。其中，无子立嗣问题是传统法律问题；管辖权争议和民事主体资格问题是传统与近代相结合的问题；选举有效的前提问题则是近代法律问题。以民国八年金良恕诉金李通等山业纠葛案的民事判决为例，该案尽管是山林纠纷，但其核心是子嗣问题。① 可见，县知事兼理司法对法律适用说理的判决涵盖了传统法律问题与近代法律问题。这一时期，由于中央立法的变革与完善，法官越来越倾向于在法律内部寻找问题的化解之道。及至南京国民政府时期，民事裁判说理日益完善。

第五节　裁判依据

判决说理应当做到有理有据，每个结论应当有充分的论据支持，判决

---

① 《金良恕诉金李通等山业纠葛案》，卷宗号：M003–01–06245，浙江省龙泉市档案局藏。

结果方能为人信服。以清末修律运动为转折点，中国传统的司法制度不断向现代司法制度过渡。中国传统的情理型判决理由与现代西方的法规范型判决理由在中国近代社会中不断产生碰撞。从清末到民国时期，情理型判决理由的适用逐渐减少，法规范型判决理由的适用越来越普遍。总体来看，民国时期的民事裁判依据主要有大理院判例、习惯、法理、法律规则四类。

一、大理院判例

中国传统社会素有运用判例进行判决的习惯。在县知事兼理司法时期，近代法律体系尚未健全，因此判决说理的依据并不仅限于法律规定，还包括大理院判例。比如 1910 年的杨日森诉杨明臣山木争执案。① 该案由龙泉县公署作出民事判决，其中援引了大理院判例。

民事判决书

九年第□号

原告人：杨日森

被告人：杨明臣

参加人：杨日孝

右列人等因山木争执一案，本署审理，判决如左。

主文

杨日森向杨日孝买受潘大犇山业认为无效，售杜清契一纸涂销。

杨日孝向杨日森借过英洋十二元应照数偿还。

诉讼费用各自负担。

事实

缘被告杨明臣与原告杨日森系嫡叔侄，杨明臣之子日孝于去年四

---

① 《杨日森诉杨明臣山木争执案》，卷宗号：M003-01-13722，浙江省龙泉市档案局藏。

月向杨日森结果英洋十二元，即以潘大犇山业作抵当品，杨日森欺杨日孝目不识字，乃请人代写售杜清契一纸，而杨日孝父子均未之知也。本年七月杨明臣到潘大犇山内砍有杉木二株，原告人主张该山已由其子日孝立契杜卖，遂出而争阻，具诉到署，审理已终结，应即断结。

理由

查大理院上字第一百七十八号判例，人子不能专擅处分其父未给与之财产及尊长赡产，虽有典当或绝卖之行为，不生物权法上之效力等语。查本案系争之潘大犇山杨明臣并未分给其子日孝长官，杨日森向之买受，按照上述判例，自当认为无效。且证人吴永兴当庭供称，该契字民虽在见，打有花押，字上是借是当是卖，民都不知。是该杜清契确系杨日孝当时被杨日森所欺骗，惟讯据杨日孝供这一块山抵当日森得过十二元，民不识字，字内如何写法民不知，今年民备价向他赎，他说是卖等语。杨日孝既有向杨日森借用银元之事实，亦应判由杨日孝照数偿还。基上理由，爰判决如主文。

中华民国九年十月二十三日判决

县知事：赖丰煦

承审员：刘则汤

民国初期，判决说理依据引用大理院裁判的案件较多，在二审时亦有出现，例如民国九年的金玉田诉金详和债款纠葛案。[1] 此案是龙泉法院的上诉法院永嘉地方审判厅作出的判决，判决中理由部分写道："至被控诉人主张隔年起息之附带控诉，按现行法例，凡无利息之债权债务人，只于任延迟之责后，有支付延迟利息之义务，故债权人所得请求之延迟利息当然只能自请求，履行之翌日起算（见大理院四年上字第二一九一号判例）。

---

① 《金玉田诉金详和债款纠葛案》，卷宗号：M003-01-00079，浙江省龙泉市档案局藏。

查被控诉人对于此项，店账并未能提供履行之确切证明，该地店账有隔年起息之习惯，亦显与法例相抵触，自亦不能认其主张之为成立。"

二、习惯

在法律体系尚未健全的民国初期，基层司法机关常常以民间习惯作为判决的重要依据。县知事兼理司法时期，涉及的案件多为户婚、田土、钱债等纠纷，许多判决将习惯作为说理依据。例如，1926 年 5 月的黄德武诉叶旺根等坟山纠葛案中，龙泉县公署认为所有人都不会同意在自己所有的土地上葬有他人坟墓。

中国是个传统的礼仪社会，悠久的历史人文孕育了广博的传统文化，并在此基础上繁衍出种类繁多、内容丰富的民俗习惯。这些民俗习惯以"礼""习惯"等名义与法律并存，成为重要的纠纷解决依据，它们自生、自发于社会生活本身，并依社会生活的发展而演进变迁、世代相传。纵观龙泉县知事兼理司法时期的判决，县知事援引习惯进行判决的民事案件不在少数，其中援引有歧义的"习惯"也绝非个例。比如周继全诉戴根瑞债务纠葛案。[①]

民事判决书

十七年民字第六十三号

原告人：周继全

被告人：戴根瑞

右列当事人因债务纠葛一案，经本政府审理，判决如左。

主文

被告人应偿还原告人本洋六十七元，利息全年二分计算，自民国

---

① 《周继全诉戴根瑞债务纠葛案》，卷宗号：M003-01-12846，浙江省龙泉市档案局藏。

十四年十一月二十一日起算至执行终了之日为止。

讼费归被告人负担。

事实

原告人周继全之陈述，略谓原告人屠宰猪只营生，店号周生利，被告人戴根瑞，家颇小康，与原告人肉账往来，于民国十四年十一月初六日，面结欠大洋二十五元三角，即日又向借大洋四十一元七角，两共大洋六十七元，限定十四年十一月兑清，除亲笔登簿外，又立有凭票一纸为据。嗣因屡讨屡宕，延不偿还，利息全年二分计算，请求追偿本利等语。呈交周生利清总簿二本，及戴根瑞凭票一纸为立证。

被告人戴根瑞之陈述，略谓欠原告人本洋二十五元三角，为真正往来。至四十一元七角，系被设局赌输的，民国十四年十一月初六日，我被他逼得无奈，所以立票给他。

理由

查本案原告诉追之六十七元，被告人主张谓赌洋，有不愿偿之意思，但审问其同赌何人，则以其名字不知对，又问以赌时有人看见否，则以没有人看见对，足见被告人所谓赌洋，除空言主张外，毫无佐证，其主张四十一元七角之部分，碍难认为有理。原告人既能提出被告人亲笔凭票六十七元之债额，请追自应判令被告人照票偿还。至利息之请求应查照本地商习惯，全年以二分计算，断令自民国十四年十一月二十一日起算至执行终了之日为止。讼费依民诉条例第九十七条归被告人负担，特为判决如主文。

龙泉县政府民庭

承审员：宋思璟

中华民国十七年十月五日判决

在本案中，承审员在裁判时援引了当地习惯作出判决。"至利息之请求应查照本地商习惯，全年以二分计算，断令自民国十四年十一月二十一日起算至执行终了之日为止。"许多民间习惯根植于传统社会生活，如活卖、祭田轮值、林木买卖等，民众不约而同地遵守着这些乡规民约。民国时期是近代司法转型期，在民间习惯与制定法不发生冲突的大前提下，这些民间习惯依然发挥着重要作用，援引民间习惯作为判决说理的依据被认为是合理且正当的。

三、法理

此处的法理一般指民法法理，不过亦有程序法理。《中华民国民法》第 1 条明确规定"民事，法律所未规定者，依习惯，无习惯者，依法理"，由此，法理的地位有所提升。通过翻阅龙泉司法档案发现，南京国民政府成立以后，龙泉县法官越来越多地将法理作为正式审判依据加以援用，部分法官还在判决书的说理部分运用法理进行简单的法律论证。这一时期，龙泉县的法官们已经可以结合具体案情进行法理论证，作出判决。

关于民法法理的适用，比如何马松诉林明贤钱债纠葛案。①

民事判决书

五年第三十八号

原告：何马松

被告：林明贤

右列当事人因钱债纠葛一案，经本所审理判决如左。

主文

被告所欠原告票银七十元，限判决确定日缴所发给原告具领。

被告已付洋银十四元作为利息。

---

① 《何马松诉林明贤钱债纠葛案》，卷宗号：M003-01-08259，浙江省龙泉市档案局藏。

原告讼费六元被告负担。

事实

缘被告于民国元年向原告借洋七十元，立有借票，载明利息每月七分起算，约至二年本利送还等语，被告于四年四月已还洋银十四元，记在票内，余洋屡讨不偿，由原告诉请，本所传集，讯明结案。

理由

查被告既庭认票载属实，对于票额只还十四元亦实，惟云此七十元皆为利洋等语，诘其有无证物，则又称无，无论既无证据已难主张确为利洋，进一步论，姑作七十元之票确为利洋，然依照民法法理，利洋另立借票，已离本洋而独立，与本洋毫无差异，于此不为履行偿还义务，未免妨害他人权利。至元年迄今，照票载计算利息，本不止十四元数目。庭讯原告情愿退让，以十四元作为迄今利洋。因本民法法理及当事者意思特为判决如主文。

中华民国五年十一月十四日判决

龙泉县审检所

专审员：张济演

书记员：费泽溪

在该案中，法官依据民法法理作出了"姑作七十元之票确为利洋，然依照民法法理，利洋另立借票，已离本洋而独立，与本洋毫无差异，于此不为履行偿还义务，未免妨害他人权利"的判决。

关于诉讼程序法理，比如徐观政诉徐杨氏等山地纠葛案的理由部分。[1]

准诸诉讼法理，受买人在未经原卖主回赎之先，对于该产当然有

---

[1] 《徐观政诉徐杨氏等山地纠葛案》，卷宗号：M003-01-18226，浙江省龙泉市档案局藏。

使用收益之权利。原判以被上告人孤寡无依，生活困难，遽尔断定民国三年分在该产未回赎以前之租息两造各半取得，自属不合。

对于法理的适用不仅在龙泉法院可见，在浙江高等分庭更为常见，比如李承纶诉王朝信等欠债不偿案。① 该案判决写道："被控诉人之债务，即系确定。债务既系确定，则期债权人请求追偿逾期之利息，自为法理上及习惯上所许可。惟据称立约之时，并未约明利率，自应依照民法法理及习惯以长年五厘计算，至执行之日为止。"

四、法律规则

南京国民政府时期编纂了第一部正式民法典《中华民国民法》，在1929 年至 1930 年间分编公布。这也是中国近代法制史上唯一的一部正式民法典。《中华民国民法》的编纂促进了中国近代的"六法体系"建设。"六法体系"意味着中国实现了法律形式上的近代化。它模仿了大陆法系国家的法律体系，构建了以法典为中心，集关系法、判例、解释例于一体的中国近代自己的法律体系。随着时间的推移，法律观念逐渐深入人心。法律规则逐步成为龙泉法院审判中最重要的裁判依据。比如季贤桢等诉季良瑞轮祭纠葛案的判决书。② 该案是龙泉司法档案中常见的轮祭纠葛案。法院在作出判决时，援引了民法第九百四十三条。

五、民国时期龙泉民事审判依据的多样性

南京国民政府时期，尽管《中华民国民法》在司法适用中发挥的作用越来越大，但是中央立法并未垄断这一时期的民事裁判。以国民政府时期

---

① 《李承纶诉王朝信等欠债不偿案》，卷宗号：M003-01-08239，浙江省龙泉市档案局藏。

② 《季贤桢等诉季良瑞轮祭纠葛案》，卷宗号：M003-01-10345，浙江省龙泉市档案局藏。

的 45 起祭田案判决为例，法院将成文法作为判决依据的案件比例并不大，仅为 25%左右。[1] 事实上，我国一直是传统意义上的成文法国家，民国时期的龙泉法院也一直将成文法置于重要位置。然而，《中华民国民法》中直接调整祭田相关法律关系的规定少之又少，无法与祭田惯例的内容相衔接。这导致基层法院在处理与祭田纠纷有关的案件时，很难找到相关的成文法规定，更遑论定位与案情相匹配的法条。

表 4.2　民国龙泉部分祭田案件判决依据简表

判决依据	案件数（起）	占比（%）
成文法	11	24.4
族例	10	22.2
习惯	9	20.0
法理	7	15.6
判例	6	13.3
情理	2	4.4

民国时期是中国社会法律制度巨变的重要阶段。[2] 在祭田领域，立法者引进了欧陆民法的"公同共有"理论，将"祭田"认定为公同共有物，并以此为基础创设相应的规则。立法者期望司法机关能够将这种以"公有理论"为基础的规则当作具体裁判依据，用以调整和规范"祭田"这一传统的社会现象。但是，他们忽略了一个事实，新式法律规范所作用的场域没有改变，即中国传统的社会结构并未发生根本性变化，民众的生活逻辑也未产生本质性转变。"分家""立嗣""祭田"等相关活动是传统中国特有的现象，是乡土社会中社会生活的重要内容，具有鲜明的传统性和乡土

---

[1]　祭田即族田中用于祭祀的土地，它是中国特有的一种财产类型，是维护宗族制度的经济基础。一般认为，作为一种普设制度的祭田自朱熹之后产生。实践中，大部分祭田来源于留存的遗产。祭田的收入除了它的基本功能——供祭祀之用，还承担凝聚家族的其他功能。祭田一般由专人管理或按房轮流管理，以后者为常见的管理方式。

[2]　参见苏力：《送法下乡——中国基层司法制度研究》，中国政法大学出版社 2000 年版，第 154 页。

性。直接移植西方的"公同共有"法律理念来调整这些活动，难免会水土不服。在这种困境下，冲突在所难免。这集中表现为国家想要强制推行的现代法规范与根深蒂固的民间习惯之间的抵牾。这种冲突从根本意义上来说是两种截然不同的生活逻辑的冲突：一种是以现代、都市、个人主义为场景；而另一种是以农耕、乡土、特殊主义为场景。站在知识发生学的视角来看，这种冲突属于两个不同地方性知识的冲突："公同共有"是根植于西方特定社会环境的，将其直接搬来处理基层乡土问题必定不具有完全的正当性和适应性。

民国时期龙泉法院判决祭田案件依据的多样性反映了中央立法与当时社会的传统习惯、民间风俗的冲突。龙泉司法机关的法官们不得不发挥主观能动性去找寻其他解决纠纷的方法，以实现定分止争的司法功能。加之受中国传统的法制观念的影响，法官普遍追求"息讼""定分止争"的司法理念，而至于裁判依据究竟为何，并非其主要关注点。他们灵活运用自己认为更合适的裁判依据，例如法理、情理、条理、族例来审判案件。①所以，在新式司法制度和传统法律观念、民俗习惯的双重影响下，新式法院在处理案件纠纷时形成了裁判依据多样的独特风格。龙泉法院在祭田案件中表现出来的判决依据反映了外来法和固有民事习惯磨合过程中中央立法和地方实践的明显脱节。

总之，从纵向的时间维度来观察可以发现，龙泉法院法官逐渐挣脱了传统观念的枷锁。这一时期的法官大多已经具备了规则意识，绝大部分案件的判决和说理在很大程度上表明其是严格适用法律或其他一般性规则进

① 比如在 1943 年吴维烈、吴务勤诉吴维林轮祭纠葛案中，浙江龙泉地方法院三十二年诉字第五二号判决书提到的判决依据是族例："异姓不得乱宗、抱子不得轮祭之规定及历来成例。"在 1946 年李圣惠诉郑有金、郑焕富收回祭田自种案中，浙江龙泉地方法院三十五年诉字第 30 号判决引用了大理院判例："被告租用该田确为该田之全体公同共有人所认许，非原告一人因本年轮值田亩得能单独向被告诉请终止租用契约。"

行裁判的结果，一定程度上摒弃了司法裁判的随意性，增强了对裁判结果的可预测性，具有较强的说服力。况且，法官在审理案件时适当援引大理院判例、民间习惯或者传统礼法进行说理，也是在与制定法不相冲突的大前提下进行的。这一时期的判决已经不再是传统中国的"情理型判决理由"，情理只占其中一小部分，更多的是规范性理由。由此可见，南京国民政府时期的龙泉民事司法已经基本具备了司法形式理性的基本特征。同时也要看到，中央立法和地方实践存在一定的脱节，外来法和固有民事习惯的磨合不是短期内可以完成的，它必须经历一个漫长进程。

第六节　民事纠纷的种类与数量

按诉讼中民事法律关系的内容，可以将这一时期龙泉法院受理的民事案件分为以下四类。

一、债务诉讼。一般包括由于欠债、贷款（竹木、南货）而产生的纠纷。民国初期，龙泉工商业亦并不发达，债务诉讼标的以 500 元以下为多，1000 元以上少数。全面抗战爆发以后，龙泉外来流动人口增加，人们之间的经济交往开始增多，经贸交易量增长，相应市场风险也在加大，导致关于债权、债务和经济纠纷不断涌现。

二、物权诉讼。具体包括田地所有权、山林所有权、租典权等纠纷。这类案件以林木为标的、以山场纠纷为主。山邻之间，当事人常因山林的所有权和山林范围、边界不明的问题引发纠纷。还有，新旧佃农之间、业主与佃农之间因欠租收回自耕、或因佃农争相领种、或于田稻黄熟时发生抢割而产生纠纷。特别是抗战时期，在龙泉人口倍增、土地价格上涨的社会背景下，典权纠纷较多，田地山场的出典人向典权人回赎典物，而典权人预见土地一季或一年收入所得价值超过投资时的成本时，常会故意拖延不退还物主（出典人），从而导致诉讼。

三、亲属诉讼。具体包括祭田轮值、婚姻、抚养纠纷等。龙泉宗族共有的祠产祭田、书灯田产业比其他县更多，共同轮值人之间、轮值人与非轮值人之间发生争执而引发的诉讼，约占民事案件总数的 18% 左右。而婚姻纠纷案件仅占民事案件总数的 4% 左右，多为成年子女要求解除包办形式的婚约书契，亦有鳏男寡妇到法庭提出同居请求，为取得法律的认可。辛亥革命后，保护妇女权益的思想得以传播，而司法机关仍遵循封建家族制和一夫一妻多妾制的传统规则，广大妇女在政治和经济上仍未被解放出来。例如，1916 年 9 月 21 日，村民季海生有一妻一妾，其妻向龙泉县公署告其夫宠妾弃妻，承审员于当月 29 日开庭，以"弃无实据不理"结案了事。①

四、继承诉讼。具体包括遗产纠纷、嗣续继承纠纷等。龙泉有一风俗：妇人因夫亡子幼，遂招夫养子。应招者须舍弃自己之家而过赘于孀妇之家，该孀妇与后夫可以共同管理前夫遗产，该情况则导致后夫续置财产与前夫遗产混合。年长月久，子女往往因财产问题发生纠纷而引起诉讼。

表 4.3　1929 年至 1942 年龙泉法院受理民事案件年表 ②

年度＼类别（起）	民事一审	再审	调解	执行	破产	其他	宣告死亡	保全程序	督促程序	合计
民国十八年	204			84						288
民国十九年	578		133	126						837
民国二十年	502		269	106						877

① 浙江省龙泉市人民法院编：《龙泉法院志》，汉语大词典出版社 1996 年版，第 30 页。
② 浙江省龙泉市人民法院编：《龙泉法院志》，汉语大词典出版社 1996 年版，第 32 页。

续表

年度＼类别（起）	民事一审	再审	调解	执行	破产	其他	宣告死亡	保全程序	督促程序	合计
民国二十五年	429		184	104						717
民国二十一年	417		494	100						1011
民国二十二年	513		414	141						1068
民国二十三年	524		333	229						1086
民国二十四年	429		193	159						781
民国二十六年	137	3	256	130		335		55	37	953
民国二十七年	87	1	137	82	2	166	1	28	14	518
民国二十八年	197	2	319	122		167		45	34	886
民国二十九年	233	2	388	142		154		45	54	1018
民国三十年	208		400	106		159		56	29	958
民国三十一年	221		327	100		18		2		668

注：民国十八年系 11、12 两个月，民国二十五年为半年数，民国二十七年为半年数。

关于这一时期的纠纷数量，由表 4.3 看出，这一时期龙泉法院受理的案件较多，大多数年份，案件数量维持在 700 起以上。不过，正如上文提到的，面对数量众多的民事案件，对于复杂的民事案件以及难以调解的案件，龙泉法院会毫不犹豫地依法审判结案。而对于一般的案件，要么法官主动调解，要么委托或者指令民间调解。对于调解，通过考察龙泉司法档案，我们发现，尽管国家政权试图强力进入基层，但民国时期基层的自治性力量并未由此而断裂，民事纠纷解决机制中的社会力量仍旧较为发达，民间力量在民事纠纷解决中发挥了重要作用。

小　结

明清时期，龙泉基层社会呈现出"礼治秩序"，在国家政权与地方组织的合作治理中，注重礼教之道德性规范与劝导性手段，和法律（刑罚）之强制性与暴力性特征相互补充和调适。在"礼治秩序"里，维系社会秩序的规范是礼，维持礼的力量则是传统和习惯；礼对于人的约束是内在的，即人通过教化而主动地服膺于礼。我们可以把明清时期的龙泉民事纠纷解决模式概括为礼治型纠纷解决模式。

一、礼治型纠纷解决模式

（一）解纷主体：以乡绅、宗族等民间权威为核心

在龙泉，宗族力量和乡绅是民事纠纷治理的主体。士绅是江浙一带乡村社会治理中的中坚力量。士绅在传统乡村治理体系中具有双重身份，他们既是皇权的延伸、官僚在乡村社会的代理人，又是地方利益的代表和乡村自治的载体，是乡村社会封建礼教文化标杆和政治权力核心。[1] 他们不仅是乡村治理体系的中心，而且是衔接国家权力和乡村社会的中间阶层，是国家实现乡村治理的媒介，因此成为维护皇权与构建乡村秩序的重心。[2] 宗族力量同样是龙泉乡土社会秩序的重要维系者。在清代，宗族是龙泉社会治理的基本单元，在社会生活各方面发挥重要作用。宗族内部重视家长、族长的地位，当宗族内部成员发生冲突或纠纷时，宗族调解的调解人往往是宗族族长或者宗族事务管理机构成员，以地域为基础的宗族逐

---

[1]　李涛：《士绅阶层衰落化过程中的乡村政治——以 20 世纪二三十年代的浙江省为例》，《南京师大学报（社会科学版）》2010 年第 1 期。

[2]　参见王杨：《传统士绅与次生治理：旧基层社会治理形态的新考察》，《浙江社会科学》2020 年第 2 期。

渐成为调解的主要力量。

（二）解纷依据：以礼为核心的乡村治理规则

虽然说传统中国，"普天之下，莫非王土"，但皇权对乡村的统治很大程度上仅停留在名义和获取统治资源层面，乡村社会存在很大的自治空间，自生自发的力量在乡村社会治理秩序中占据了主导地位，乡村依靠其内生秩序得以稳定和发展。但是，这并不代表在传统政治秩序中，存在国家治理与乡村治理的脱节、乡村政治秩序的无理性这些问题。皇权利用政治教化、文化网络，立足儒家文化的礼俗制度教化、宗法思想，对乡村社会的政治、意识形态产生影响，促使乡村社会成员在思想上接受皇权的专制统治；同时依靠乡村社会中以皇权为中心的政治制度和以家族、宗族为中心的乡土秩序，实现对基层的控制。国家政权和地方社会通过共享的"礼法"精神和价值取向协同治理基层社会。解纷依据也是以礼为核心的乡村治理规则。

（三）解纷方式：以民间调解为核心的纠纷解决机制

有清一代，虽然龙泉的乡村规模、乡村具体治理制度细节发生了变化，但是士绅精英以宗族为媒介、以礼治为准则治理民众的乡村自治模式没有变，王朝国家仅从乡村获取统治资源而默许乡村具有较大的自治空间，避免对乡村进行直接控制的"皇权不下县"的传统也没有变。① 在这

---

① 比如，马克斯·韦伯提出传统中国属于"有限官僚制"，即"事实上，正式的皇权统辖只施行于都市地区和次都市地区。出了城墙之外，统辖权威的有效性便大大地减弱，乃至消失"。参见 [德] 马克斯·韦伯：《儒教与道教》，洪天富译，江苏人民出版社 2010 年版，第 110 页。家庭史专家 W. 古德认为："在帝国统治下，行政机构的管理还没有渗透到乡村一级，而宗族特有的势力却维护着乡村的安定和秩序。"参见 [美] W. 古德：《家庭》，魏章玲译，社会科学文献出版社 1986 年版，第 166 页。张仲礼认为，绅士在 19 世纪的中国基层社会中发挥着国家管理职能，扮演着政府和基层社会之间的中间人角色，一方面，他们帮助政府官员统治地方；另一方面，他们替民众向政府争取一些权益。参见张仲礼：《中国绅士：关于其在十九世纪中国社会中作用的研究》，李荣昌译，上海社会科学院出版社 1991 年版，第 76 页。

种"官民共治"的治理模式下，虽然民众可能因为不满中央政令而爆发农民起义，但是对抗过后乡村社会又重新恢复王朝专制统治下的自治秩序；同时，由于乡村政治秩序主要依靠乡村精英维护，乡村社会得以相对独立于王朝更替，维持着异常稳定的社会秩序。这种秩序注重修身和克己，打官司被视为丑事，调解成为了解决纠纷的主要方式。

（四）礼治型纠纷解决模式的意义

明清时期，宗族、家族、士绅、行会等民间力量在基层治理中发挥重要作用。这一主要依靠准官员解决纠纷，进行地方治理的方式被黄宗智称作是国家治理的"简约治理"或"简约主义"。礼治型纠纷解决模式诞生于一个高度集权却又试图尽可能保持简约的中央政府。士绅、宗族力量被看作是传统中国社会稳定的基石。中国传统社会就是一个由数万名官员、数十万名吏役和百万乡绅组成的上中下有机衔接的整合体。这样一种独特的组织方式，在漫长的历史岁月中成功地维系了一个地域辽阔、人口众多的农业社会的运作。[1]

二、礼治型纠纷解决模式的转型与承续

晚清以后，国家不断强化其治理能力，大规模渗透至基层社会，构建现代民族国家，统治力量就要打破"皇权止于县政"的传统治理模式，在乡村建立国家行政权力体系，实现对广大乡村的有效治理。国家对基层渗透可以看作是国家治理由"传统"向"现代化"转型的进程。它投射到法学领域就是从"礼治"到"法制"的转变。这构成了民国时期民事纠纷解决机制转型的基本场景。这一时期是中国基层社会发生巨大变革的时期。在某种程度上，这一巨变产生的深远影响则延续到今天。近现代中国的法

---

[1]　参见黄宗智：《集权的简约治理——中国以准官员和纠纷解决为主的半正式基层行政》，《开放时代》2008 年第 2 期。

治话语与"国家图富强"紧密连接在一起，构成了以国家为本位的话语诉求。内忧外患、家国分裂的惨痛现实，更是强化了人们对一个强大国家的渴求和期待。从清末新政开始的近代中国司法制度转型，涉及晚清开始的现代国家建设的主题，开始了告别传统儒家道德治国模式，通过法制建设开启现代国家的制度转型之路。晚清以来国家政权向基层渗透和强化，纠纷被纳入正式的制度治理体系中，也使得礼治型民事纠纷解决模式发生了前所未有的大变革。这一时期成立的新式司法机关对于国家权力的扩展和延伸有着重要意义，正式有效的法律制度和司法程序对基层司法权力运行构成约束，中央立法对民事司法的运行提出了规范化的要求。这给20世纪初的龙泉基层民事纠纷解决机制乃至社会治理变革都带来了不小的影响。

从民国初期急剧动荡的司法机关变革，到1929年龙泉法院、龙泉法院检察处等司法机关的建立，龙泉在一定程度上实现了司法运行的规范化。① 龙泉县法院配备了较为专业的法律人才，并制定了较为精细的考核机制。在民事审判过程中，一系列近现代民事审判规则开始得到落实，包括原告诉权的保障、证据制度的转型、律师制度的出现与完善、国家法的落实等。它体现了民国时期龙泉法院对程序主义的追求，也表征了在其运作过程中依据国家法来改变与维护社会秩序的努力。民国时期的基层民事纠纷解决机制始终贯彻着国家主义的立法思想，这种状态体现在龙泉民事纠纷解决机制场域内部。

但是，国家法在基层地区有效实施，必须依赖足够的国家能力，以支

---

① 即使在抗日战争时期，龙泉也一直处于国民党政府的有效管理之下，司法机关运转正常，虽然龙泉地处浙江省西南山区，地域偏僻，但在日本侵华战争时期成为浙江省抗战的后方，省政府一度迁往此地。在相当长的时期里，龙泉形成了地理边缘、政治中心的格局，正是由于这一方特殊地域，使其司法系统能够依法正常运作，拥有了完整而连续的地方司法实践。

撑其运作。从此意义上讲，中央立法更应当关注立法与国家能力能否协调。民国时期的国家法足够先进，问题真正的症结是在实践阶段。从宏观层次来看，国家分裂、政局动荡、军阀干涉、外国入侵、司法经费的严重短缺导致晚清民国时期的政权难以安心、有效地开展新式法院建设。就龙泉来说，司法经费的短缺、日军对浙江省入侵带来的种种影响，以至于民国时期的龙泉民事纠纷解决机制始终是传统与现代多元化并存的局面。这说明，在中国近代的法制变革中，主要存在两对突出矛盾，可概括为：第一，中国传统法律经验与外来移植制度之间的冲突与张力；第二，以法制促进社会进步的共识和国家能力显著不足之间的矛盾。这两对矛盾的进退拉锯影响了基层民事纠纷解决机制的运行。[1]

从根本上说，龙泉法院民事审判实践反映出该时期国家与社会的深层关系。这一时期的民事审判制度是民国政府为了推动现代国家构建，基于"法律主义"理念进行的制度设计，其所体现的两造平等对抗、当事人权利义务关系、理性的程序等内容，完全符合西方民事诉讼理念。同时，民事审判制度是民国政府在社会转型时期针对"市民社会"的法律治理规范设计，是建立在现代民族国家这一新型国家与社会关系上的。但此时的龙泉社会尚未完成向"市民社会"的转型，仍然带有浓厚的家族主义社会特征。对于家族主义社会中的广大民众来说，基于现代民族国家的法律治理模式与他们的生活经验和传统观念相背离，因此民事审判制度受到民众的抵触。法院民事审判的制度设计与其运行场域存在巨大的鸿沟，因此其实际运行状况不尽人意。这一时期，礼治型社会秩序未变，纠纷解决模式的革新并未成功。

民国时期是一个试验场，是古老社会终结后的一个短暂转型期，无论

---

[1] 参见侯欣一：《创制、运行及变异：民国时期西安地方法院研究》，商务印书馆 2017 年版，第 620 页。

是官方的乡村复兴运动，还是民间各种形式的乡村建设运动，都在重建基层治理方面作了大量的探索，但因种种原因均没有实现这一目标。民国基层司法虽然呈现出了与传统时代不尽相同的历史面相，却也与"法律主义"对近现代审判的要求依然有不小的差距。事实发现与规则运用都与近现代民事立法精神相去甚远。基层的民事司法尽管在表面上依照中央立法开展，然而在实质上，民事审判缺乏近代司法所必需的事实发现过程与规则运用的严格程序，礼治型纠纷解决模式依旧发挥重要作用。

中 篇

政治型纠纷解决模式的探索与实践

　　新中国成立后，国家权力完全下沉至基层，借助于政党强大的政治动员能力，新中国完成了对社会秩序的全面整合，龙泉形成了一种由国家全面管制社会的政治型社会秩序。这一时期最为常见的民事案件是离婚诉讼，纠纷也相对简单。在绝大多数情况下纠纷会自行消解或者通过单位、公社进行调解。龙泉法院只不过是国家解纷机制的一部分，法院主要是通过审判刑事案件来打击犯罪，仅负责解决有限的民事纠纷。此时的解纷方式以人民调解为核心，解纷主体以政治权威为主导，解纷依据以政策为根本。此时的民事纠纷解决模式可以称为政治型纠纷解决模式。

第五章　政治型社会秩序的建立

纵观近代以来中国社会的变迁历程，新中国成立后前三十年的社会改造可以说是传统乡村转型的一个高潮。这次对传统乡村社会全方位的改造，是依靠政权的强大力量，由国家意志主导，以群众运动的方式，主动地、有计划有步骤地掀起的，进而在龙泉建立了"总体性社会"①。社会发展变革对民事纠纷类型、数量、内容及纠纷解决实践都产生了深远的影响。

第一节　新政权建设

1949 年 5 月 13 日凌晨，中国人民解放军第二野战军五兵团 16 军 47 师 140 团、141 团解放龙泉。6 月 5 日，龙泉县人民民主政府成立，7 月 1 日起改称龙泉县人民政府。7 月 30 日，龙泉县人民政府发文废除保甲制，将全县行政区划为 5 个区 1 个镇 28 个乡。10 月 1 日，龙泉县庆祝中华人民共和国成立。至此，龙泉发展进入了新的阶段。

一、土地改革

整合乡村政治秩序，实现国家对乡村的控制和治理，是推进现代化国

---

① 渠敬东、周飞舟、应星：《从总体支配到技术治理——基于中国 30 年改革经验的社会学分析》，《中国社会科学》2009 年第 6 期。

图 5.1　1949 年 7 月 22 日《人民日报》报道《浙江大陆全部解放》

家建设必不可少的过程。在传统治理模式下，乡村社会以士绅、宗族为核心，以伦理、礼治为准则，具有相对独立性。近代以来，随着现代化进程的推进，国家权力逐渐下移。民国时期，国家在乡村仅建立了一套形式化的官僚体制，不仅未实现国家基础性权力在乡村的有效渗透，反而在一定程度上使乡村陷入混乱。新中国成立初期，国家乡村秩序重构即是在这种基层治理危机的背景下展开的。

　　新中国成立后，新政权想要实现对乡村秩序的全面控制，就要彻底改造原有秩序体系，树立新政权的政治权威。作为从外部进入乡村社会的政治势力，中国共产党只有通过土地改革、社会主义改造等运动对农民进行政治动员，从根本上改造农民的传统观念、调动农民的政治积极性、获得农民的广泛支持，才能彻底改造乡村原有的政治秩序和权力体系，以政治

秩序代替封建礼治秩序，建立全新的基层行政管理体系，真正将国家基础
性权力渗透到基层。基于此，中国共产党发动和组织农民彻底颠覆了传统
乡村的文化和统治体系，实现了乡村社会的国家化、政治化建设，影响
深远。①

　　1950 年 9 月，根据《土地改革法》，遵照"小心谨慎，逐步开展，大
胆前进"的方针和"依靠贫农、雇农，团结中农，中立富农，有步骤、有
分别地消灭封建剥削制度，发展农业生产"的路线，龙泉开展土地改革。
首先，在全县农村进行"谁养活谁"的教育，以提高农民自己组织起来当
家作主人的阶级斗争觉悟。同时，龙泉县委组织工作队在大沙乡进行土地
改革试点，经过宣传发动、诉苦算账、划分阶级成分、烧毁田契、分配土
地、召开庆祝大会等几个阶段而结束，历时约两个月。大沙乡试点成功，
震动全县，各村成立农民协会，组织民兵、儿童团，日夜站岗放哨，管制
地主，防止地主逃避斗争和分散财物。

　　1950 年 11 月，龙泉县成立"土地改革委员会"，乡有工作队，村有
工作组，分期分批开展土地改革。1951 年 11 月，龙泉县土地改革基本结
束。全县没收地主土地 77850.4 亩、宗族土地 18854 亩；没收、征收山林
数百万亩。在龙泉的土地改革中，中国共产党通过对土地进行再分配，在
乡村建立起严格的阶级关系，彻底改变了乡村的权力结构及其运作方式。
就政权与村庄的关系而言，土地改革使国家政权空前地深入基层，旧日的
基层治理结构被新的国家政权与农民的双边关系取代了。② 可以说，土地
改革本质上是一场阶级斗争。在这场运动中，中国共产党在乡村建立起层
次分明的组织网络，形成以党员干部为政治精英，以贫农、贫雇农为领导

---

①　参见刘守英、颜嘉楠：《体制秩序与地权结构——百年土地制度变迁的政治经济学解
　　释》，《中国土地科学》2021 年第 8 期。

②　参见唐亚林、郭林：《从阶级统治到阶层共治——新中国国家治理模式的历史考察》，
　　《学术界》2006 年第 4 期。

骨干，以中农为普通群众，针对地主、特务、反革命分子等的人民民主专政制度。对于土地改革后的新兴乡村政治精英来说，他们在思想上拥护中国共产党的政治观念，他们的权威来自国家授予，这有效地保障了新兴乡村政治精英对国家的忠诚度和对中央政策的贯彻执行能力。同时，中国共产党还高度重视发动农民的力量，强调自下而上地发动农民的力量，启发民众的自觉性，通过群众运动，使农民的政治觉悟、自动性和主动性得到了空前提高；与此同时，通过建立大量的群众性组织，将广大农民纳入群众组织当中，加强了民众对国家的"组织性依附"①。

二、新政权政治权威的树立

通过土地改革运动，党和国家成为乡村政治体系的权力来源，在农村树立了政治权威，实现了国家权力对乡村社会的整合和全面控制，龙泉社会秩序焕然一新。中国共产党通过对农民进行政治动员，打击了乡村社会中宗法势力残余，完成了对乡村政治秩序的整合，切实提高了党在基层贯彻政治决策的能力。尤其是在建立起稳固、强有力的基层政权组织之后，中央政权对基层进行控制的有效性得到了保障。

乡村基层政权的建立是中国传统乡村社会数千年来的一次巨大变革。② 中国共产党通过发动群众运动，瓦解了宗法势力、废除保甲制度，同时组织和调动起农民的政治积极性和主动性，培育起可靠的基层领导骨干，随后建立起基层民主政权。随着宗族观念的颠覆，传统的宗族关系网络分崩离析，地方权威力量近乎灭亡，旧势力无法与国家抗衡，国家政权向乡村社会延伸的障碍被清除。正如关海庭在《20世纪中国政治发展史论》中所说，"乡村社会很少有能够与政府相抗衡的力量，而新的主权阶

---

① 项继权、鲁帅：《中国乡村社会的个体化与治理转型》，《青海社会科学》2019 年第 5 期。

② 参见李放春：《苦、革命教化与思想权力——北方土改期间的"翻心"实践》，《开放时代》2010 年第 10 期。

层在利益上与政府完全一致，这样就保证了政府权威在一定地域的延伸，使乡村组织的地缘关系加强"①。新中国成立后的前三十年，中国共产党通过一系列社会变革，首次实现了国家政权在乡村社会的扎根，为未来乡村社会经济、文化等各方面的发展创造了良好的执政条件。这一时期，龙泉社会改造具有以下特征。

第一，新政权取代了传统乡村社会的宗族组织、宗教组织等势力成为唯一政治权威，实现了现代国家构建过程中乡村政治势力的整合和乡村行政管理秩序的构建。上下相通的政治权力体系，不仅使中央权威渗透到乡村的方方面面，强化了对基层的资源控制和政治动员能力，也维持了乡村社会的长期稳定，乡村"一盘散沙"的社会状态被彻底改变。②

第二，新政权对龙泉乡村进行了全方位、多层次的秩序改造。龙泉乡村不仅政治秩序焕然一新，经济、文化等也发生了深刻的变化。在党中央基本政策方向的指导下，基层领导骨干在龙泉乡村采取了成立经济合作社、剿匪、禁烟禁毒、扫盲、建立文化馆等举措，促进了乡村社会的全方位变革。在龙泉，不仅民众的衣食住行、卫生健康等物质条件得到了改善，乡村治安、民族关系趋于稳定，文化教育、乡风民俗等社会意识形态也呈现出欣欣向荣的态势。

第三，新中国成立初期，龙泉的乡村秩序整合大多采用群众运动模式，具有鲜明的革命化和泛政治化色彩，革命和政治统领龙泉秩序改造的方方面面。群众运动是在革命战争年代形成的动员群众的政治手段，以国家直接介入、全民运动式政治参与为特征。在这一时期的龙泉社会变革进程中，中国共产党延续了群众运动的治理手段，具有浓厚的革命和政治色彩。

---

① 关海庭：《20 世纪中国政治发展史论》，北京大学出版社 2002 年版，第 281 页。

② 参见杨雄威：《"一盘散沙"病象与现代中国的政治逻辑》，《史林》2020 年第 1 期。

具体而言，农业集体化、合作化，扫盲、教育，剿匪，卫生防疫等被定性为重要的政治任务，由政府发布命令，随后通过全民式、运动式参与推进。群众运动作为新中国成立后很长一段时间内被广泛运用的治理手段，对龙泉乡村治理产生了深刻的影响。运动式治理在动员民众、集中资源进行社会治理方面具有极大的优越性，能够集中力量在较短的时间内完成社会秩序整合和社会改造。因此，龙泉民众的卫生、物质生活水平、治安管理、文化水平以及意识形态等都在短时期内得到巨大改善。但是这种政治动员模式方法简单、工作粗糙，同时导致难以形成有效的行政运作制度和机制，治理成果难以制度化、常规化；另外，因为强调政治服从，不利于群众独立思考能力的发展，容易导致盲从观念泛滥，有碍于社会的长远发展。

第二节　计划经济

一、计划经济与全能型政府

土地改革基本完成以后，1956年春，龙泉县对农业、手工业和资本主义工商业实行社会主义改造。1954年，凤鸣乡成立了"凤一社"，这是龙泉最早的农业生产合作社之一。该合作社提出山林入社的解决方法，并在县委支持下进行山林入社试点。1955年5月20日，省委主办的刊物《浙江农村工作通讯》登载了凤鸣乡"凤一社"山林入社工作的调查报告。调查报告引起了党中央和毛泽东主席的重视。毛泽东派人调查核实后，亲自为此文作了重要批示并修改了调查报告标题，将此文收录到毛泽东《中国农村的社会主义高潮》一书中。此后，全县农村掀起办高级农业生产合作社的热潮，手工业工人组成手工业合作社，工商业者组成公私合营企业和合作商店。

图 5.2　1959 年 1 月 25 日《人民日报》第 6 版刊发一系列文章报道浙江省龙泉县锦旗人民公社情况

　　新中国成立后的前三十年，我国实行单一的社会主义公有制。在此制度框架下，中央掌握经济决策权，直接管理经营活动。具体表现为中央机关依靠行政手段实行计划经济，在全国范围内统筹人力、物力和财力。在行政权力划分上，地方政府隶属中央政府，权力来源于中央，不遗余力地执行中央政策。统筹统支的财政政策和计划经济政策都是中央将地方政府职能上移从而实现集权的重要表现。

　　与全能主义国家相对应的是全能型政府，新中国建立的全能型政府其权力有无限性和宽广性的特征。[1] 其一，无限性表现为政治权力机构覆盖

① 　参见张立荣、冷向明：《当代中国政府治理范式的变迁机理与革新进路》，《华中师范大学学报（人文社会科学版）》2007 年第 2 期。

到社会方方面面。其二，宽广性表现为政治权力包揽了家庭领域和个人领域的大部分职能。人民公社制度和单位制是这种全能权威的主要承载者。为了进一步加强政令在人民公社的效能，按照"一大二公"的要求，作为基层政权形式的"乡"与作为农业集体经济组织的"合作社"结合，形成了"政社合一"的独特体制。此时的公社制度表现为在组织上，以营、连、排编制；在生产上，劳力、生产、资料统一调配；在生活上，推行伙食供给制。

上文提到，家国关系是晚清变法中争论最为激烈的一个环节。晚清以后的几十年，是国家主义不断扩张的几十年。但是，真正造就了"必使国民直接于国家"的局面是在新中国成立后。在龙泉县，一个以计划经济制度为主导与以执政党为核心的国家权力高度统一的体制已经形成。国家在高度集中的政治经济体制下实现了全能主义的治理。国家统包统揽了一切社会事务，个人通过对国家、对集体的效忠换取自己的生存资源，国家的意志主导了社会的运行。

高度统一的管控措施不仅使国家权力垄断了所有的经济资源，市场在资源配置中发挥的作用也被大大压缩。这种高度集中的政治经济体制模糊了公民、企业、社会与国家之间的关系。国家在此一时期对社会关系与社会结构进行了大规模的彻底整合。人民公社在龙泉建立起来，原有的血缘、宗族关系受到沉重打击。在龙泉，以单位、人民公社为核心的社会管理制度已经诞生。党在基层社会的组织实现完全覆盖。人的生、老、病、死无不与国家息息相关。

正因为如此，基层社会生活的全部领域，都有可能被国家掌控，任何人的行为都有可能接受以国家政策为标准的评价，并按照国家的要求进行改造。这一国家模式与达玛什卡在其名著《司法和国家权力的多种面孔》

中抽象出来的"能动型国家"相似。①公民个人乃至民间社会都依附于国家。社会问题易被转化为政治性问题。

二、计划经济对民事纠纷的影响

计划经济体制深刻地影响到新中国成立后的前三十年龙泉民众的生活。在计划经济的背景下，经济活动并不活跃，社会纠纷也较少，导致法院受理的案件数量较少，且案件类型比较单一。与这一时期少量、单一的司法需求相适应，龙泉法院机构精简，主业突出，尚未形成庞大的组织结构。这一时期，除了刑事案件人们几乎没有必要去法院。法院主要侧重于处理敌我矛盾而非人民内部矛盾，严厉打击各种危害人民民主专政的刑事犯罪。对于民事纠纷，法院坚持马锡五审判方式，注重深入群众、实地调查，多采用调解、说服、批评教育等方式解决纠纷，试图通过加强对人民群众的思想政治素质教育从根本上解决矛盾。总体来说，这一时期法院主要服务于政治工作，纠纷数量较少。

计划经济独特的权力运行模式影响了基层法院的治理方式。人民法院将工作重心转移到服务政治上来，成为处理政治斗争、镇压反革命、打击犯罪的主战场。在这一时期，龙泉法院重刑轻民、刑民分立的特征明显。刑事审判部门比民事审判部门重要得多。即便存在一些经济纠纷，法院也主要靠群众性、普遍性的知识来解决问题，而非依靠专门性的法律知识。人民法院在"群众路线"的指导下，深入群众了解案件事实和查明真相，还根据不同案情的需要，采取必要的就地审判、巡回审判、人民陪审等审理方式。但是群众路线审判方式的运行一定程度上导致法院无法培养出专门的审判人员，专业化建设迟滞。

---

① 参见［美］米尔伊安·R.达玛什卡：《司法和国家权力的多种面孔》，郑戈译，中国政法大学出版社2015年版，第104—114页。

第三节　社会秩序重构

一、民间力量解体与总体性社会建立

中国传统社会的基层治理原则是"皇权不下县，县下惟宗族"。该治理模式严重阻碍了中央权威在基层的树立。因此新中国成立伊始，中国共产党就利用阶级关系取代以血缘为纽带的人际关系，瓦解中国传统社会的家族、宗族观念，进而构建了以阶级关系为标准的行政社区，取代以血缘宗族关系为核心的基层治理模式。为此，1950 年中央人民政府印发《关于划分农村阶级成分的决定》，着重强调针对村民的阶级划分，指出按照对生产资料的占有关系，划分出地主、富农、中农、贫农、工人等阶级，试图淡化甚至瓦解大家族的血缘纽带关系。

在龙泉，单位和人民公社构成了总体性社会的两个基本单元。① 单位和人民公社作为国家权力的最小行使单位，是我国工农商学兵相结合的基层单位，同时又是社会主义社会结构的基层单位，掌握着生产资料所有权和生活资料分配权。民众日常的休息、娱乐、交流、学习等也一般在单位、公社中开展。由于单位与公社往往具有很强的封闭性，个人被完全固定在某一组织中，继而获得了固定的身份。这些身份不再是家庭给予的，而完全是由单位和公社提供的。单位制下的个人地位由单位的大小、等级高低、内部身份（干部、工人、农民）以及获得福利的多少来决定；在公社中，情况也大抵如此。至此，人们不得不依赖于自己身处的单位和公社，投入单位和公社的集体生产生活中，家庭的诸多职能被边缘化。

---

① 参见应星：《中国社会》，中国人民大学出版社 2015 年版，第 42 页。

二、户籍与人事档案制度

关于户籍制度，传统中国一直存在。新中国成立初期，户籍制度发展到顶峰并沿用至今，它为打击犯罪、保护人民、维护社会稳定、巩固新生政权起到了重要作用。①1951 年，龙泉开始登记户口，并建立迁出、迁入、出生、死亡 4 项变动登记制度。1953 年，全国第一次人口普查开始，借此机会，龙泉县全县开始建立了户口登记制度，城镇发放户口簿。1956 年，结合选举工作，逐户核对全县人口，并普遍建立迁出、迁入、出生、死亡 4 项登记制度；对于农业生产合作社，则由会计担任村户口登记员，负责乡、村户口登记工作。1958 年，《户口登记条例》公布以后，龙泉县的户口登记与户籍管理制度开始走上正规化。

户籍制度进一步固化了新中国成立初期的城乡二元经济社会结构。实际上，从 1957 年粮食供应出现困难开始，龙泉县就出现大量人口外流的情况。大规模的人口流动必然给政府的管理带来巨大压力。由于城市资源的有限性，加上国家优先发展城市与重工业，户籍制度牢牢地锁住了人口的流动。基层社会的衣食住行都受到严格约束，从而维护了一种强压下的"静态"治安。

人事档案登记制度诞生于延安时期，在新中国成立初期，对龙泉的预防与打击犯罪实践起到了重要的作用。以镇压反革命为例，伴随着"杀""关""管"（即被枪毙、关押、管制）的进行，1951 年，国家政治人事档案开始建立，简言之，就是落户籍、划成分、杀关管、揭批斗。对敌伪人员、反动会道门等反动分子进行全面的清查，并制作个人人事档

---

① 实际上，在当下，反对取消户籍制度的一个重要原因是公安机关认为取消户籍制度会妨碍公安机关打击犯罪的工作。但是，针对这一观点有学者利用统计数据提出了反驳，具体参见李建新、丁立军：《"污名化"的流动人口问题》，《社会科学》2009 年第 9 期。

案。人事档案登记表名目繁多，如"伪人员登记表""伪军伪组织人员登记表""专政对象调查登记表"等。这些登记表大多登记个人出身、身份、阶级成分、个人历史与社会关系等，地富反坏右、叛徒、历史反革命、阶级异己分子被打入"黑五类"。

人事档案管理制度加强了单位、人民公社对公民个体的控制，而通过对档案材料的管理与掌控，单位与公社管理、掌控了一个人的生老病死，这无疑加强了个人对于集体的依附性。每个个人都有一份档案，但又不知道自己档案里面存在哪些内容，迫使每一个个人对待自己的行为都谨小慎微，也使得国家对个人的权威始终在场。

三、《婚姻法》的颁布与家庭法秩序革命

1950 年，中央人民政府公布实施了《婚姻法》。这是新中国成立后颁布的第一部基本法律。中央人民政府政务院、司法部、内务部均相继发出检查执行《婚姻法》情况的指示。龙泉政府、司法机关和人民团体在群众中广泛地对《婚姻法》进行了宣传，并组织工作组深入县、区、乡检查《婚姻法》的实施情况。龙泉法院除依法处理一批杀害妇女和妨害婚姻的犯罪案件外，还在宣传《婚姻法》的过程中，采取组织召开区乡扩大会议和调解主任会议的方法，培训骨干，使其担当宣传员；利用讲座、黑板报、座谈会等形式广泛宣传。中国共产党领导的婚姻法宣传运动使龙泉的家庭结构发生了重大变化。

在生产力较落后的传统农业社会中，家庭的首要任务是保证家庭成员的生存。为此，传统家庭不得不承担协调生产和分配的任务，家庭成员之间也必须互帮互助。由于独立的个体一旦脱离家庭就很难存活，家庭领域中的物质资料供给分配和情感维系显得尤为重要，以致于个人对家庭形成依赖，而家庭又因为成员之间的团结变得更具有凝聚力。但是在新中国成立初期，原本相对封闭稳定的家庭领域被阶级划分理论突破，同属于一个

传统大家庭中的成员可能被划分为不同阶级，而同一阶级大家庭则接纳了各式各样的来自不同家族的成员。① 在这一时期，原本亲密无间的家庭成员为了获取国家领域的权威认可和公共利益分配，不得不牺牲私人领域的生产生活和个人情感，投入集体化大生产之中。

新中国成立初期对"家长权"和"宗族"的批判，使得父权日益萎缩，家庭关系逐渐松散。人们将更多的情感和精力投入阶级大家庭中，家族内部的情感维系逐渐松弛。有学者将 20 世纪 50 年代初出现的分家潮定义为直系复合家庭的解体高峰。② 特别是在"文革"期间，家庭成员之间相互揭发，这甚至被认为是进步对落后的鏖战。在如今看来，这些做法颠覆了以往传统社会尊崇的孝悌伦理观，加速了中国传统社会的尊祖、家族一体等观念的解体。传统的家族观念受到挤压，例如在祭祀、修谱等一系列宗族活动被停止后，结婚也逐渐褪去了传统仪式感，成为国家领域的管理范畴。一般性的婚姻案件都充斥着浓厚的阶级斗争色彩，家庭领域向国家领域开放。

不过，应当看到，虽然家庭领域的诸多职能被国家领域所取代，但家庭依然具有不可替代之处。私人生活、繁衍生息依旧在这一场域中进行。即使在新中国成立后的三十年间，家族组织依然起着维系个人生存发展的惯性作用，家庭成员之间依旧保持着相当密切的联系。在龙泉，相当多的合作社组织由家族内部成员组成；即使是跨家族间建立的生产队或公社，在进行利益分配、干部选举等重大事项时，也要得到各家族的认可。事实上，从家族中衍生出的血缘关系自始至终也无法被完全割裂。

相对封闭的公社共同体也从侧面助长了家庭结构的稳定性。人们在固

---

① 参见孔朝霞、赵娜：《阶级话语嵌入与农村价值观念变迁——以北京郊区土改为中心的考察》，《东岳论丛》2017 年第 12 期。

② 参见王跃生：《社会变革与婚姻家庭变动——20 世纪 30—90 年代的冀南农村》，生活·读书·新知三联书店 2006 年版，第 328 页。

定的生产队中生活、生产、分配和消费。在这牢不可破的地缘政治下，血缘纽带依旧紧密相连且不断蔓延。此外，囿于新中国成立初期的生产力水平的限制，国家无法承担家庭的全部职能。因此家庭承担起绝大部分的育儿、养老等重要职能，家庭成员间也需要互相扶助，共享财产，共担消费。在农村地区，宗族势力仍然存在，虽然农民个人的利益主要由公社或生产队集体管理，但是一旦在物质分配、政治选举等过程中发生利益冲突，个人背后的家族势力往往就会发挥作用，甚至可以决定纠纷的最终走向。一些人集政治权威和宗族权威于一身，在矛盾调解、同族互助等事项上有很大的发言权。① 综上所述，家庭领域即使萎缩也不可能被完全取代。

总之，1949 年以后，国家政权继续向龙泉基层延伸。中国共产党通过在乡村先后实施"破"与"立"的一系列社会变革措施，沉重打击了乡村社会的传统治理体系，建立了政治型社会秩序。这一时期，乡村社会的宗法思想和宗族关系网络被摧毁。传统的礼治型社会秩序随之成为无本之木，彻底瓦解。新的基层政权组织，取代传统宗族、宗教、地域等权威成为唯一权威。这一时期共产党领导龙泉民众进行的社会变革引发了社会整体的结构性变动，不仅关涉政治秩序，推翻了封建主义、帝国主义、官僚资本主义的压迫，使人民真正成为国家的主人；而且影响了龙泉乡村的经济发展、文化教育、民族关系、风俗习惯、宗教信仰、治安管理以及生活方式等社会生活的方方面面，其影响的广度、深度空前。

---

① 参见祁建民：《民国以来国家建设过程中的宗族问题》，《中国社会历史评论》2009 年第 10 期。

第六章　龙泉法院：破旧与立新

新中国成立后的前三十年，龙泉法院经历了从人民政府的职能部门向专门的司法机关转变的艰难过程，其组织机构的设立、变更、运行和政治运动密切相关，体现出鲜明的政治色彩。尽管此后龙泉法院在形式上成为独立的机关，但在实质上受到上级司法机关的监督和党的全方位领导。[①]

第一节　龙泉法院建设

1949 年 5 月，龙泉全境解放。龙泉县人民政府设立刑民调解处，负责一般刑事和民事纠纷的处理。1950 年 9 月，龙泉法院建立，隶属浙江省人民法院丽水分院。龙泉法院与县公安局合址办公，院址设在龙泉县政府西首的原国民党警察局房舍处。法院设审判组和秘书组，由龙泉县人民政府副县长马耕兼任法院的首任院长，下辖干警 4 人。同年 12 月，法院成立裁判委员会，县人民法庭及第一至第五共 5 个分庭。1952 年 1 月，丽水专区被撤销。龙泉隶属温州专区，法院由省人民法院温州分院管辖，迁到民国时期龙泉法院旧址即三思桥县工会联合会筹委会址（原为李家祠

[①] 1955 年 11 月，全国人民代表大会常务委员会颁布《关于地方各级人民法院院长人民检察院检察长可否兼任各级人民委员会的组成人员问题的决定》，否定了政府领导兼任法院领导的做法。

堂旧建筑）处办公。1953 年 11 月，法院建立第一、第二巡回法庭；次年，改称八都、道太法庭。1955 年，县法院设立办公室、刑事审判庭和民事审判庭。

一、龙泉法院的设施建设和日常运作

新中国成立初期，龙泉法院可谓"一穷二白"。在我们的调研中，一些老法官回忆说，"20 世纪 50 年代，绝大多数都是在新中国成立前的旧房子里办公，面积狭小，设施简陋，经常跑到公共场所和露天大院里开庭"，"办公室和宿舍有时候会混在一起，两张桌子，四把椅子"。龙泉法院获得县委同意后另迁他处独立办公，其办公环境也并无明显变化。龙泉法院多次向地区中级人民法院和县委请示要求拨款修缮，改善法院办公条件，但是均被以财政困难为由拒绝。

1958 年 5 月，由于法院办公室房屋破旧倒塌，在龙泉县委的支持下，法院利用旧祠堂倒塌的砖瓦建成砖木结构平房三幢，分别作为办公室、法庭、传达室。尽管如此，新环境依旧局促、简陋而阴暗。老法官们回忆说，"土木结构的办公室，在晴天灰尘飞扬、雨天满是泥泞"，"法庭的办公用房阴暗潮湿不说，下雨屋里得放脸盆接水，晚上睡觉床得到处挪"，"当年法院的很多重要档案和案卷没处保管，害怕遭受日晒雨淋，我们就放在瓷瓮里保存"。这种办公条件一直持续到改革开放之初。

"全县房子都困难，不止法院一处"。尽管其他机构也多少面临此类问题，但是法院的庭审空间具有特殊的意义。狭小、局促的办公空间"迫使"司法人员与当事人挤在一起"面对面"交流，好在在民事案件中，法官大多下乡办案；至于刑事案件，法院则往往采取公审公判等形式，减缓了法院办公空间压力。

由于经费紧张，龙泉法院的基础设施建设困难。法院的经费来自县级财政拨款，除用于基础设施建设，还需要维持法院的日常运转，例如办公费、交通费等必要支出。建院之初，法院的经费由县人民政府统一划拨，由财会室掌控并在审核后支付。从 1956 年开始，由县财政科按照年度列项核发，年终结余需要上交。从龙泉法院建立之初到 1981 年，法院从未收取民事诉讼费用，亦未印售民刑诉讼纸，仅对刑事犯罪分子处以罚金，或没收非法所得和追缴赃款赃物。因此，法院一直严格实施"增收减支"计划，精打细算，就连司法人员办公时所需的差旅费、交通费也不予报销。当时交通设施落后，法官巡回下乡办案，一般都需要翻山越岭，"没有交通工具怎么办？就靠两条腿走，带着卷宗，背着干粮，渴了喝点山泉水，累了坐在地上歇歇脚，继续走。天黑了，走到哪儿就在当地的农家借宿一夜。几十里的山路走过，几百里的山路也走过，所以那时的法官就叫泥腿子法官"……

这一时期，法院处于边缘化地位，法院基础设施破败简陋，正常运转经费极端匮乏，这对司法工作带来了一定影响。

二、1952 年司法改革：司法工作人员的改造与革新

基层司法工作的开展依赖于一定的组织机构，但是新中国成立后的前三十年，百废待兴，社会环境极为复杂，资金和人才成为基层司法机关内部机构设置的最大限制。尽管中共中央在 1949 年 2 月 22 日发布《关于废除国民党的六法全书与确定解放区的司法原则的指示》(简称"二月指示")，废除了以国民党"六法全书"为代表的旧法制，但是鉴于司法工作人员紧缺，中央推行"包下来"政策，即包下包括旧政法队伍在内的原国民政府系统工作人员的工作。

然而，将新中国的司法权力全部交由这些留用的旧司法人员具有极大风险。因此，在"二月指示"中，党中央号召司法干部消除旧法统的观念与作风，并明确了司法干部业务学习制度。但是这次思想改造的效果并

不理想，"旧司法人员多数是很少进步的，甚至有些还是反动的"①。显然，要明确新旧法之间的界限、消除"旧法统"的观念与作风，单纯依靠几次思想改造远不可行。1952年，时任政务院政法委主任的董必武和副主任彭真在"三反""五反"运动的基础上，正式提出了司法改革的计划，主张对各级司法机关进行彻底整顿，提高司法人员在政治上、组织上和思想上的纯洁性。

1952年10月，龙泉法院开展司法改革运动，通过法院内部检查与群众外部检举相结合的办法，找出司法人员在政治上、组织上和思想作风上不纯的问题。为了发动群众彻底整顿和改造法院，龙泉法院还组成工作组到区、乡发动群众帮助法院排查问题，进一步在审判人员中划清了新旧法律的思想界限。对比1951年和1953年判决的两起普通案件，我们可以明显看出司法改革给龙泉法院诉讼实践带来的影响。下述1951年王芳芝诉吴兰养的判决书。② 这是司法改革之前的"旧式"司法形成的判决。

浙江省龙泉县人民法院民事判决书

（51）龙法民字第616号

原告：王芳芝，女，15岁，中农，住凤鸣乡第五村，工

被告：吴兰养，男，22岁，中农，住凤鸣乡第五村，农

右列当事人因婚姻纠纷案件，经本院判决如左：

正文

王芳芝吴兰养准予离婚。

---

① 史良：《关于彻底改造和整顿各级人民法院的报告》，《人民日报》1952年8月23日，第1版。

② 《王芳芝诉吴兰养离婚案》，卷宗号：（51）龙法民字第616号，浙江省龙泉市法院藏。

王芳芝在土改中分得田地及私人衣物准许本人自由处理。

事实

王芳芝十五岁时由父母包办与吴兰养订婚，十七岁（一九四九年）强迫结婚，婚后夫妻感情就不好，先是因吴兰养在王芳芝家存有布匹，后来少了一匹，吴兰养就说是王芳芝的母亲偷去了，因此就时常打架，去年十一月间吴兰养又怀疑王芳芝和一个打油工人名叫张玉德轧姘头，以后两人即经常打架。夫妻感情已达不能共同生活程度，生产也受了极大影响，王芳芝为了脱离封建锁链，寻求自由幸福，坚决要求与吴兰养离婚，事经该乡村政府调解数次均未成立，转送来院。

理由

王芳芝与吴兰养结婚，由父母包办，因无爱情作基础，所以婚后夫妻感情始终不和，偶因细故即行打骂，夫妻视同仇敌，终日闷气，贻误生产，屡经乡村政府调解和好无效，吴兰养意欲离婚，但讨回稻谷为离婚条件，这是一种封建落后思想的具体表现，法律不予保护，依据婚姻法精神，王芳芝要求与吴兰养离婚是正当的，应予照准，综上论结，悉为判决如主文。

公元一九五一年十一月八日判决

从形式上看，新中国成立之初民事案件的判决书格式基本延续了国民政府时期的旧式司法风格，保留了主文、事实、理由三部分。这一时期的判决书基本上都是手写，采用竖体格式，从右至左阅读，也不乏有"之乎者也"类表述。司法改革以后，龙泉法院的裁判文书格式发生了明显变化。比如1953年季山样诉叶云彭离婚一案的判决书。[①]

---

① 《季山样诉叶云彭离婚案》，卷宗号：(53)龙法民字第544号，浙江省龙泉市法院藏。

龙泉县人民法院民事判决

（53）龙法民字第 544 号

原告：季山样，男，42 岁，贫农，住城郊大沙乡

被告：叶云彭，女，36 岁，贫农，暂住城内第二行政街

案由：离婚

1. 叶云彭是一个作风不正派、好吃懒做、不大劳动的妇女，曾嫁过丈夫叫张星等五个，季山样是第六个丈夫了。

2. 季山样与叶云彭由王侬侬介绍，在去年古历八月结婚。婚后两三个月双方感情是还好的，后因叶云彭好吃懒做、家务不好好照料、有时连饭也不烧，从去年十一月间后俩人时常打骂，感情日益破裂。

3. 季山样是一个较老实农民，有时开会迟点回家，该叶云彭就指责季山样有妍头，时常无理蛮骂季山样，季山样曾被逼得自杀过，幸被救活。

根据以上事实，季山样与叶云彭夫妻感情已破裂、经常打骂，对生产不利。季山样为了解除终身痛苦，坚决提出要求与叶云彭离婚。根据婚姻法第九条精神，应准予离婚，叶云彭个人衣物等归叶所有。（叶是非农业人口，土改中没分配土地，今季山样自愿照顾叶云彭生活一部分，给谷二百斤市称）

一九五三年十月二十八日

由此可见，1952 年司法改革后，沿用自南京国民政府时期的三段论格式的裁判文书便不再适用。这一时期，判决书出现了油印版，不再是单纯的手写版。虽然此时仍有不少的民事判决书采用竖体格式，但是 1958 年以后，判决书普遍采用横体格式。

除上述格式的变化，我们还可发现判决书的变化。1956 年国家推广《简化汉字方案》之前，判决书写作都是采用繁体汉字。此后，判决书中

开始出现简体字，常见简体与繁体交错使用的情况。1958 年以后，判决书使用的基本都是简化汉字，偶尔会出现个别繁体汉字。并且，随着此起彼伏的改革运动，龙泉法院判决书中的政治用语和军事语言日趋增多。这成为此一时期判决书的鲜明特征。

三、龙泉法院司法人员的构成与来源

在新中国成立初期司法改革过程中，通过划分政治身份与阶级关系，司法机关中的旧有司法人员被悉数清除，与革命斗争相联系的退伍军人进入法院并占据主导地位。司法系统非常重视群众路线和司法人员的政治素质，肇始于晚清法律现代化进程的司法精英化、专业化进程被搁置。与此同时，人民法庭的建设将国家权力渗透到边远的乡村。乡村人民法庭成为国家意志在乡村社会中的物化表现，强化了农民对国家权威的认同和忠诚，巩固了国家政权的合法性基础。

新中国成立以后，"南下干部"、退伍军人构成了龙泉法院的"基干力量"，法院内部的审判人员与领导职务也多由这两类人员担任。考察基层法院的建设情况可见，这一时期司法机关的定位、组织方式与工作职能，在一定程度上类似于军事机关。

表 6.1　龙泉县人民法院院长基本情况表（1950—1968 年）[①]

院长	性别	籍贯	文化程度	出身	任职时间
马耕（兼）	男	山东寿光	中学	中农	1950.07—1953.12
王哲夫	男	江苏邳县	中学	中农	1953.12—1954.11
马存孝	男	山东广饶	小学	贫农	1954.11—1956.06
王衍信	男	山东垦利	小学	贫农	1956.06—1957.06
孙守仁	男	山东高青	小学	贫农	1957.06—1958.01

[①]　浙江省龙泉市人民法院编：《龙泉法院志》，汉语大词典出版社 1996 年版，第 51 页。新中国成立后，皖南、皖北合并为安徽省，盱眙属安徽省滁县专区。1952 年底江苏省成立，为加强洪泽湖管理，盱眙于 1955 年划归江苏省，属淮阴专区。

院长	性别	籍贯	文化程度	出身	任职时间
吴多才	男	安徽盱眙	中学	中农	1958.06—1959.11
王峰	男	山东广饶	中学	中农	1960.04—1968.12

如上表所示，1949 年法院成立时，龙泉法院院长与副院长皆为革命军人，并且大多籍贯为山东，大多是"南下干部"。新中国成立后的前三十年，龙泉法院院长多由山东籍"南下干部"担任。

表 6.2　龙泉县人民法院建院初期人民法庭成员情况表（1951 年 3 月 23 日）

法庭职务	姓名	年龄	籍贯	出身	文化程度	原职务	选任方式	是否兼职
审判长	马耕	31 岁	山东	中农	中学	副县长	政府遴选	兼职
副审判长	刘玉兰	33 岁	山东	中农	小学	公安局局长	政府遴选	兼职
审判员	王子欣	40 岁	山东	中农	小学	县委政委	政府遴选	兼职
审判员	李光辉	32 岁	山东	中农	高小	县委组织部部长	政府遴选	兼职
审判员	李志芳	28 岁	龙泉	贫农	初识	码头工会主任	人民代表会选举	兼职
审判员	徐坤炎	35 岁	江西	地主	大学	龙泉中学校长	人民代表会选举	兼职
审判员	赵陈通	54 岁	龙泉	贫农	初识	街农协主任	人民代表会选举	兼职
审判员	程步云	57 岁	龙泉	地主	中学	福利会委员	开明士绅	兼职
书记员	周永耀	36 岁	龙泉	中农	无	人民法院审判员	政府遴选	兼职

龙泉县人民法庭于 1950 年 12 月 1 日成立，设在龙泉法院内部，表 6.2 为龙泉法院建院初期人民法庭成员情况表。县法院的司法队伍仍以"南下干部"为重要构成，同时补充了先进革命者和相关知识分子。很多司法人员都是工农分子，整体文化水平不高，只经过了短期培训，能够看懂文件和报告，而没有系统学习过法律知识。这一时期，龙泉法院选拔司法人员主要采用上级任命和群众举荐相结合的方式，选任标准和一般干部并没有太大差别，主要考虑是否忠于革命事业，是否能奉公守法并且了解新民主主义的法律精神。具言之，选任司法干部的主要考量因素包括是否忠于中

国共产党，是否坚持人民立场，是否廉洁奉公，是否刻苦负责并决心为新中国的法制建设奋斗等政治素养和个人品质因素；而不主要包含专业法律知识的要求，这忽视了司法工作的特殊性。

受新中国整体文化水平低的环境影响，国家对法官的专业知识和文化水平要求较低。同时，司法服务于政权的理念以及民主集中制度下的司法运作模式，也降低了对司法人员专业文化水平的要求。根据政治素养和个人品质标准选任司法官员，在当时条件下是必要的，而且较大限度地促进了司法功能的发挥。这些司法人员虽然缺乏专业法律知识，搞不清具体的审判程序；但是他们有丰富的社会经验和阅历，也能够在实践中正确把握政府的方针政策。这反而是那些仅在正规法学院校系统学习的知识分子所不能企及的。

第二节　以政治为中心的司法理念

"司法工作必须置于党委的绝对领导之下，必须坚持群众路线，必须加强党的政治工作和思想工作，必须坚持贯彻在生产中保卫生产。"[1] 新中国成立后，司法工作被置于一个相对特殊的位置。一方面，在当时情况下，政治、经济工作比司法工作更为紧迫、重要；另一方面，政治、经济工作的进行有赖于司法工作的支撑。为确保基层司法机关在党的领导下履行职责，完成政治任务，地方党委在思想观念、组织机构等方面对基层司法机关实施全方位的领导和控制，甚至通过案件审批制度等方式直接而具体地领导基层法院工作。同时，在司法系统内部，上级法院也通过听取报告、召开会议、复核案件等方式加强对下级法院的监督。总之，中国的革命和改革实践决定了司法工作服务于政权建设，服务于人民，服务于中心

---

[1]　李林：《在司法工作大跃进中的几点体会》，《法学研究》1958 年第 5 期。

工作，这些理念贯穿新中国的司法制度建设过程，指引司法实践，构成了新中国初期政法工作的基本特征。

一、司法服务于政权建设

司法机关从来就不是孤立办案的，它直接与政治挂钩。新中国成立初期，基层司法机关不论经历了多少外部政治运动和内部变革，始终坚持党的强有力领导。加强党对司法活动的控制，是保证司法工作正确方向和完成政治运动既定目标的最直接、最有效的办法。

"人民法院是人民革命胜利的产物，是人民民主专政的重要武器之一。"[1] 中国共产党是革命的发动者和核心推动力量，司法服务于政权建设，就是要服务于党确立的政治目标，巩固新中国政权，保护人民利益。这一时期，党领导政法工作的具体形式包括"中央法律委员会""政法小组""政法委员会"等。[2] 出于巩固政权的需要，中国共产党将司法工作作为发动人民、团结人民的工具。为实现这一目标，法官不能仅坐在法庭上根据原被告提供的证据判案，而要在领会党和政府大政方针的基础上结合当地风俗习惯、当事人的具体生活情况和案件潜在影响等因素进行断案。这要求法院灵活处理，服务于政权建设。这也决定了司法所处的地位、组织建构以及实践运作模式，导致了司法行政化。

二、司法为民：深入群众，依靠群众

"中国法制现代化进程的一个明显特征就是法律发展与群众运动彼此交织在一起，形成有机的互动关系……群众运动又促进了司法发展。"[3] 正

---

① 建国：《人民法院对人民代表大会负责并报告工作——北京市司法工作实践中的经验》，《法学研究》1955 年第 6 期。

② 参见安秀伟：《人民政法传统的历史生成与法治转型》，《河南社会科学》2016 年第 2 期。

③ 公丕祥：《中国的法制现代化》，中国政法大学出版社 2004 年版，第 491 页。

如 1953 年董必武在第二届全国司法会议上明确指出的："人民司法是巩固人民民主专政的一种武器；人民司法工作者必须站稳人民的立场，全心全意地运用人民司法这个武器。"① 是否为了人民被认为是区别新旧司法思想和作风的标准之一。

司法为民的理念决定了新中国司法的建构与运行必须贯彻群众路线，立足于人民立场，体现人民利益。如果司法为民的理念与程序正当、追求效率等法的一般价值相冲突，则必须以司法为民理念为先。② 因此，司法工作者必须深入乡村，"深入群众，依靠群众，走群众路线办案"，官僚主义式的"坐堂办案"模式则受到了批判。③ 实践中，龙泉法院设立了临时性人民法庭，邀请人民群众参与审判并给予其充分发言权。群众意见可能对案件的判决结果造成影响。此外，免收诉讼费、允许口头起诉、简化诉讼程序、建立巡回审判等制度也都体现了司法为民理念。

三、服务于中心工作

中国向来缺乏法律自治的传统，晚近也并未产生能够制约庞大的利维坦形成的强大市民社会，因此国家轻而易举地驯服了移植自西方的法律技术。从陕甘宁边区开始，法律治理化成为"中国法律的新传统"④。新中国成立以后，革命教化体制强调以革命的姿态来治理纠纷，由此强化了我国法律治理化的"政法传统"。⑤ 强世功曾对法律治理化作过详细的阐述。

---

① 《董必武法学文集》，法律出版社 2001 年版，第 154 页。

② 参见侯猛：《新中国政法话语的流变》，《学术月刊》2020 年第 2 期。

③ 参见刘秀峰、黄石山：《深入群众，依靠群众，走群众路线办案》，《法学研究》1958年第 5 期。

④ 强世功：《法制与治理——国家转型中的法律》，中国政法大学出版社 2003 年版，第123 页；韩伟：《政法传统的司法生成——以陕甘宁边区肖玉璧案为中心》，《河北法学》2014 年第 8 期。

⑤ 参见刘忠：《"党管政法"思想的组织史生成（1949—1958）》，《法学家》2013 年第 2 期。

他认为，法律治理化的政法传统包括司法审判作为直接的政治体现形式和改造社会的工具，以及司法机关的一体化等多个方面。① 法律治理化强调司法活动本身并无独立价值，必须服从于政党与国家治理社会的目标。"司法工作是上层建筑，必须为经济基础——生产服务。"② 在法律治理化的政法传统下，动员所有力量为大局服务的要求使得司法机关的职能分配契合了这一时期的国家治理理念，形成了权力一体化结构。法院被定位为社会改造的工具。基层司法机关为中心工作服务的过程，也是体现司法机关担任国家专政工具与强化该角色定位的过程。

分析档案资料发现，龙泉法院参加政治运动、为中心工作服务的方式多种多样，大概可以总结为直接参加中心工作和通过审判配合中心工作两种形式。

第一，直接参加中心工作，主要包括设立临时工作机构和直接调遣司法人员参加各种运动两种形式。新中国成立后的前三十年，龙泉的运动形式多样，政治运动此起彼伏。根据中心工作的内容和性质，其可以分为涉法型中心工作和非涉法型中心工作。一方面，法院由于承担司法机关职能，多直接参与涉法型中心工作，例如贯彻《婚姻法》运动和土地改革运动等，这些运动有利于巩固新生政权。另一方面，司法机关为中心工作服务，因此法院也直接参与了各种非涉法型中心工作，既包括生产等长期性的工作，也包括抢险救灾等临时性工作。这虽然对法院的本职工作产生了影响，但是在新中国成立后的前三十年的复杂社会形势下，这也成为法院参与社会治理、增强人民对司法权威的认同感的有效途径。

第二，通过审判配合中心工作。新中国成立后的前三十年，历次政治运动和中心工作的开展都会对基层司法机关的审判工作产生影响，其中最

---

① 参见强世功：《法制与治理——国家转型中的法律》，中国政法大学出版社 2003 年版，第 124—130 页。

② 新民县人民法院：《司法工作与生产劳动相结合》，《人民司法》1958 年第 20 期。

主要的影响就是赋予了与中心工作直接相关的案件一定的优先性，这通常体现为案件处理顺序和人员分工上的优先性。党的中心工作是党在特定时期内的工作重点。在不同时期、不同阶段、不同情况下，党的中心工作会发生变化。人民法院在这些运动中，大多被动参与抑或主动参加。

第三节　基层法院的权力运行

一、司法权力集中化，法院地位较低

这一时期，公安机关主导了公检法的运作。[①] 多地流传着"大公安、小法院、可有可无检察院""金公安、银法院、没爹没娘检察院"的说法，公安机关地位优先于法院、检察院并非空穴来风。一方面，从公检法机关设立时间看，1949 年 6 月 5 日，龙泉县人民民主政府（1949 年 7 月 1 日改为龙泉县人民政府）成立；不久后的 7 月 26 日，龙泉县人民公安局就迅速成立了。9 月，龙泉法院成立，而检察院到 1955 年 4 月才设立。另一方面，公安机关在实践中代行法院、检察机关的职权，特别是检察机关职权。[②] 在 1955 年龙泉县检察院建立之前，比较重要的刑事案件与反革命案件往往由公安机关提起诉讼。在 1958 年"大跃进"以后，甚至出现了公安局局长"一长代三长"（公安局局长除履行本职外，还代行检察院检察长、法院院长职权），公安局预审员"一员顶三员"（公安局预审员除履行本职外，还顶替检察院检察员、法院审判员代行职权）的做法。

---

① 参见刘忠：《从公安中心到分工、配合、制约——历史与社会叙事内的刑事诉讼结构》，《法学家》2017 年第 4 期。

② See Sida Liu and Terence C.Halliday，Recursivity in legal change：lawyers and reforms of China's Criminal ProcedureLaw，*Law & Social Inquiry*，Vol.34（2009），pp.911–950.

二、马锡五审判方式的普及

1952 年司法改革以后，马锡五审判方式在龙泉法院被推广适用。1957 年反右斗争开始后，"旧法"思想受到更大规模的批判，马锡五审判方式受到进一步的推崇。[1] 这是当时政治斗争、社会形态等多方面因素共同作用的必然产物。

在民事纠纷中，马锡五审判方式的具体程序如下：在庭审前，主办法官带书记员首先向双方当事人询问基本案情，而后针对争议焦点，到案发地的乡、镇、村、社（组）或单位调查，向地区领导人、负责人、知情人、证人等（涉及婚姻、家庭和赡养案件还要联系当事人的父母或子女）了解案情，并认真细致地整理相关调查材料。待案件事实基本清楚后，法官方进行开庭审理。

马锡五审判方式具有以下特征。首先，强调就地审理。因此相当数量的案件是在当事人所在乡、村、社办公室审理的。其次，法官注重发挥基层组织和民间人士的纠纷解决作用，往往主动邀请乡、村、社三级领导及德高望重的同志参与法庭调解工作。最后，这一审判方式以调查收集证据为重心，存在工作量较大的缺点，但也因此具有案件基本事实清楚，过错责任明确，证据材料扎实、充分的显著优势。这不仅有利于法官在庭审时抓住矛盾焦点，有的放矢地解决当事人纠纷；而且有利于其因势利导地做好调解工作，当庭对过错或责任方进行法制教育，以实现较为理想的处理结果。

三、诉讼程序便利化

诉讼程序便利化是指新中国成立初期的诉讼程序具有环节简略、便利

---

[1] 参见韩波：《民事诉讼模式论：争鸣与选择》，《当代法学》2009 年第 5 期。

群众的特点。这反映了群众路线在司法层面的落实，也是新中国政权初建、司法资源不足的体现。

新中国成立初期，龙泉的诉讼程序基本不拘泥于形式，呈现出简略化的特征，体现在取消诉讼费、允许口头起诉、不限起诉主体等方面。这在一定程度上方便了群众诉讼。具言之，取消诉讼费解决了当事人因没钱而求助无门的困境；允许口头起诉，由司法工作人员代写诉状，则便利了当事人行使起诉、上诉、申请再审的权利，在文盲较多的时代背景下具有重要意义；不限制起诉主体则满足了群众愿望，利于其维护自身权益。在马锡五审判方式广为推行后，司法人员常常深入走访案发地，就地裁判。这进一步贯彻落实了诉讼程序便利化理念，不仅降低了当事人诉讼成本，而且拉近了司法人员与群众的距离，促进了纠纷的解决。

诉讼程序便利化，蕴含了司法为民的理念，但也造成了对程序价值的忽视，导致实践中当事人不重视程序的现象泛滥，例如拒绝接收裁判文书、逾期上诉等。这不仅影响诉讼效率，而且有损司法权威。

四、调解占据主导地位

随着马锡五审判方式的推广，调解逐渐成为龙泉主要的纠纷解决手段。调解不仅包括法庭调解还包括人民调解。由于司法机关人手不足，人民调解组织在一定程度上参与了法庭调解。[①] 法庭调解与人民调解也并非泾渭分明。调解的广泛适用不仅减少了当事人的讼累，还促进了社会秩序的稳定、增强人民内部的团结，从而促进了新的社会风尚的形成。

调解成为主要的纠纷解决方式有以下几个方面的原因：第一，在司法队伍职业化水平低、实体法律规则和诉讼程序规范不完善的时代背景下，

①　参见李坤睿：《审判与调解：新中国成立初期的清理积案与制度选择》，《当代中国史研究》2020 年第 1 期。

法官难以独立、严格依法审判。相比之下，法庭调解灵活性强，并且对法官专业要求不高，能够更高效率地息讼止争。第二，当时国家的重点任务是社会改造、政权建设，而广泛采用调解结案的方式，不仅能够促进纠纷及时解决，还能提高当事方对解纷结果的接受性，降低上诉率和执行难度，更好地做到案结事了，令当事人快速投入社会生产生活中。第三，法庭调解通常由审判员一人主持，不需要组成合议庭，这有利于节约人力资源，实现诉讼经济。第四，采用调解的方式，审判员既可以有效听取双方当事人的意见，又能够凭借权威的身份对双方当事人进行比较充分的思想政治教育和政策宣传。这提高了当事人对自身行为的认识和对国家意识形态的认同。第五，新中国成立后，民事积案较多，为了清理积案，中央出台了一系列政策并采取相关措施以促进调解的推广。例如，《关于人民司法机关迅速清理积案的指示》提出区、村调解；1952年司法改革运动宣传破除旧作风，鼓励法官深入基层，通过集体调解清理积案；1954年政务院发布《人民调解委员会暂行组织通则》，确立人民调解委员会的地位，调解逐步走向制度化；等等。

不可否认的是，这一时期的调解制度仍然存在诸多不足。例如，调解范围较为宽泛，带有明显的运动化色彩；程序规范不足，导致调解和诉讼的界限模糊，对调解主体的监督和约束不够；等等。并且，这一时期的调解主要依靠行政力量推动，行政权力侵入司法领域的现象严重，损害了司法权威。

在新中国政权建设的特殊背景下，龙泉法院结合革命与建设相关经验不断进行探索，最终在20世纪50年代末60年代初形成了一支适应当时审判工作需要的精干审判队伍。但是由于"左"倾和法律虚无主义的影响，这种好的趋势未能延续。"文化大革命"时期，法院被砸烂，法制被践踏，原来行之有效的民事诉讼程序被斥为"旧法观点"，审判程序和制度被取消。这一时期，大量的民事案件无人过问，公民的诉讼权利和实体民事权益均受到严重侵害。1967 年 2 月，在上海"一月风暴"影响下，龙泉县 50 多个"造反派"联合起来夺取了公安局、检察院、法院的领导权。1968 年 4 月 7 日，中国人民解放军对县政法机关实行军事管制，建立中国人民解放军龙泉县公安机关军事管制组，统一行使公安局、检察院、法院三部门职权。在军管组的领导下，干警停止工作，集中学习，搞所谓"砸烂资产阶级反动公、检、法"的内部革命运动。至此，龙泉法院解体。1969 年 1 月，县改革委员会设立"社会治安指挥部"，实行"群众"专政。一批干部、群众被诬为"专政对象"，遭到关押、刑讯。1970 年 4 月中旬，为贯彻执行浙江省革命委员会《关于组织各级公安机关人员到阶级斗争第一线去进行斗、批、改的通知》，肃清资产阶级公检法"流毒"，龙泉县公安机关军管组组织全体政法干警分为 3 组，分别到所谓受害最严重的八都、岱垟、庆元地区，搞"斗、批、改"运动。龙泉司法机关陷入瘫痪状态，受理案件极少。1973 年 1 月，龙泉法院恢复建设，设立刑民审判庭，对外挂牌，正式开展工作。2 月，县法院在工人俱乐部广场召开公判大会，判处 12 名罪犯有期徒刑。同月 10 日，县人民法院向中国共产党龙泉县委呈送《关于机构设置和人员配备的报告》，要求恢复并新建八都、梅岭、庆元、荷地、安仁、城郊人民法庭，经县委批准恢复八都、荷地、庆元、梅岭人民法庭。3 月 1 日，马绍江任龙泉法院院长。县法院接收移交的民事案件 300 多起，刑事案件多起。然而，由于意识形态等多种因素的影响，恢复后的龙泉法院作用依旧有限。①

　　总体而言，新中国成立初期，龙泉法院的内设机构相对较少，组织结构也相对简单。这种制度安排与法院运作的场景有关，政治、经济等因素直接作用于司法场域，共同造就了法院内设机构的初期形态。新中国成立

---

① 参见浙江省龙泉市人民法院编：《龙泉法院志》，汉语大词典出版社 1996 年版，第 16 页。

后的前三十年，国家依托单位实现其对社会的支配和整合。单位是国家治理的最小单位，其内部的组织结构和管理模式具有高度行政化的特征。受单位制的影响，基层法院也具有高度行政化的特征，重刑轻民、刑民分立的特征明显。法院主要侧重于处理敌我矛盾而非人民内部矛盾，严厉打击各种危害人民民主专政的刑事犯罪。对于民事纠纷，法院主要依靠民事调解，坚持马锡五审判方式。但法院主要服务于政治的中心工作，民事诉讼率并不高。

第七章　人民调解制度的产生与发展

新中国成立前，人民调解制度经历了从无到有、从零星实践到初成气候的过程。新中国成立后，龙泉也建立人民调解制度，不仅解决了相当数量的民事纠纷，并且也落实了党的政策，起到了动员民众进行社会改造的作用。

第一节　人民调解制度的生成与演变

一、人民调解产生的现实基础

新中国成立后的前三十年，龙泉的社会生活高度政治化，人口流动极其有限，因而民事纠纷并不经常发生。即使有纠纷，通常也是在严密的组织系统内部以和解的方式解决。

在 1952 年的司法改革运动中，龙泉将司法人员划分为旧司法人员、发现罪恶者、恶习甚深不改者、思想和工作都表现较好的进步分子，并基于这种划分对审判队伍进行了彻底整顿，将不少旧的司法人员调离了原先工作岗位。此后，政府从青年知识分子、其他党政部门、转业革命军人、群众运动中的积极分子等群体中重新选取司法工作人员，充实壮大了司法队伍。的确，司法改革运动以后，法院干部的政治思想素质得到提升。他们勇敢年轻，但是也存在文化程度差、办案不熟练等问题。在这样的背景下，调解便成为解决民事纠纷的第一选择。

同时，法院的宣传教育功能使法官侧重于通过调解解决民事案件。新中国成立后的前三十年法院的任务是：第一，审判刑事案件，惩罚危害国家，破坏社会秩序，侵害国家、团体和个人合法权益的罪犯；第二，审判民事案件，解决各平等主体之间的权益纠纷；第三，运用审判和其他方法，教育群众遵纪守法。其中，第三个任务明确了法院的宣传教育功能。司法工作人员从法院走向田间地头、工矿区和街道，走近农民、工人身边，通过广播、黑板报等方式，在定分止争的同时宣传国家政策。在这一过程中，调解因具有程序简便、群众接受度高的特点成为处理民事案件，对民众开展宣传教育的重要手段。

此外，在立法上，以"六法全书"为代表的旧的法律体系遭到批判，成文法缺失凸显了调解的必要性。与此同时，1954年3月22日，政务院颁布了《人民调解委员会暂行组织通则》，规定了人民调解委员会的性质、任务、组织指导、职权范制、工作原则、工作方法和纪律等。这成为我国人民调解制度发展史上的重要里程碑，促进了人民调解的广泛适用。

二、人民调解制度的形成（1949—1954年）

新中国成立以后，龙泉各地开始有组织、有步骤地建立人民调解组织。1954年3月，《人民调解委员会暂行组织通则》正式确定"人民调解"这一概念，并将人民调解委员会界定为人民群众自我教育、自我批评的群众性组织，要求其在基层政府与基层法院的指导下开展化解纠纷、宣传法令等工作。该通则首次对人民调解制度进行统一规范，标志着我国人民调解制度的发展进入了新的阶段。

1954年，司法部颁布《关于〈人民调解委员会暂行组织通则〉的说明》，进一步明确了人民调解委员会的工作方法与工作制度等问题。根据该文件，人民调解委员会承担以下任务：第一，调解一般的民事纠纷和轻微的刑事案件（情节复杂、影响重大、涉及外侨等的刑民案件均不允许调解，应当直接由人民法院处理）；第二，通过日常调解的方式向人民群众宣传政策与法令；第三，协助法院在本乡（村）或者本派出所范围内了解情况、反映群众意见。同时，该说明认为，人民调解委员会"能及时调解民间纠纷，便利人民的团结和生产，并能使法院减少一些不必经过法庭审理的案件，减轻一些不必要的负担"，因而为人民群众所需要。

在《人民调解委员会暂行组织通则》和相关规范性文件的指导下，龙泉的人民调解工作日益规范化。一方面，在数量上，到1954年底，龙泉的人民调解委员会的数量达到43个，平息了大量民间纠纷。另一方面，在质量上，调解工作有效地服务于社会改造，尤其是在农业、手工业和资本主义工商业的社会主义改造过程中，人民调解委员会起到了化解民间纠纷、维护社会秩序的重要作用。

三、人民调解制度的发展与波折（1954—1966年）

1958年以后，随着"反右派"斗争扩大化，以言代法和"宁左勿右"的错误思想盛行，不少人将政策与法律画上等号。这一时期，根据《宪法》和《人民法院组织法》建立起来的各项审判制度、诉讼程序被打破，人民调解委员会也未能幸免于难。受到"左"的指导思想的影响，龙泉违背《人民调解委员会暂行组织通则》的精神，擅自将人民调解委员会与治保委员会①结合，成立了调处委员会。调处固然包含调解的内容，但与调解的性质并不相同，二者存在着本质区别。例如，调解必须要尊重当事人的意愿，不得处罚或者扣押当事人，而调处委员会拥有广泛的强制权力，可以对当事人采取如教育、责令检讨、赔偿损失、具结悔改甚至是劳动教养等更加严厉的措施。与调解相比，调处的重点并非化解矛盾冲突，而是约

---

① 治保委员会，是为发动群众，协助人民政府防奸、防谍、防盗、防火，肃清反革命活动，以保卫国家和公众治安，规定全国各城市于镇压反革命运动开展后、农村于土地改革完成后而普遍建立的基层组织。

束、处理和改造"大法不犯、小法常犯"的不良分子，在当时"左"倾的思潮与做法影响下，调解纠纷变成了处理纠纷，采用的方式动辄训斥、强迫命令，甚至打压，使调解工作严重地改变了形式。

到 1961 年下半年，龙泉开始注意对调解组织的整顿，重新建立了 30 个调解委员会、180 个调解小组。这一时期的龙泉重视总结调解经验，强调培训调解干部、加强调解纪律、提高调解质量，使调解工作更适于解决"大跃进"时期、经济困难时期遗留的大量民间纠纷，促进了国民经济的恢复和发展。

四、"十年期间"的人民调解制度

1966 年，公检法机关因为被诬为资产阶级专政的工具而被彻底砸烂，人民调解组织也因被贬为"阶级调和工具"而解散。1973 年 1 月，龙泉法院恢复建设；同月，城关镇调解委员会恢复，下属的 20 个生产大队和 9 个居民区均成立调解小组。但是，受意识形态的影响，恢复后的人民调解制度作用依旧有限。

第二节　人民调解的基本内容

一、人民调解组织的建立

人民调解委员会作为群众性的调解组织，在人民公社管理委员会和人民法庭的领导下进行工作，是人民群众运用批评与自我批评，进行自我教育，解决人民内部问题的机构。这一时期，根据国家政策，龙泉农村以乡为单位，有领导、有计划地逐步建立调解组织，在人民法院和基层政府领导下调解民间纠纷。1954 年，龙泉整顿调整调解委员会 43 个，对民事纠纷采取"正面了解，侧面调查"的方式，对复杂疑难案件，邀请先进分子、公证人参与调解。如调解无效，则制成案件移送法院或镇政府办理。人民调解使得法院受案相对减少，龙泉法院得以集中力量消化积案和办理重大案件，这推动了龙泉的中心工作和农业生产的发展。

二、人民调解被纳入社会管理体系

龙泉推行大规模的土地改革运动，极大地提高了农民的生产积极性。在1953年过渡时期总路线颁布后，农村互助合作运动成为农业社会主义改造的主要途径。此后，互助组逐步发展成为初级合作社和高级合作社。在合作社运动中发生了不少分配劳动工具的纠纷，调解委员会就是为了解决这些纠纷而建立的。这一时期，调解委员会的成员及时深入生产一线解决合作社成员之间的纠纷，并向群众进行政策、法律宣传，不仅提高了群众的守法观念，还促进了革命、健康、朝气蓬勃的社会道德风尚的形成。

1956年，随着农业合作社的广泛建立，龙泉法院以社为单位建立调解小组，受乡调解委员会领导。1957年，鉴于人民内部矛盾大量显露，法院经过试点，将乡社调解委员会改建为具有一定处罚权的"调处委员会"，发动社员订立"三爱三遵"公约（爱祖国、爱劳动、爱护公共财产，遵守国家政策法令、公共秩序、社会公德），要求农村中一些大法不犯、小法常犯的人进行群众性的自我教育、自我监督、自我约束。这在一定程度上限制了个人主义，改变了旧的风俗习惯，促进了社会秩序的安定，树立了劳动光荣思想，有力地推动了生产。

总体来看，人民调解在社会管理体系中发挥了以下作用：一是激发了群众的社会主义积极性，促进了生产。二是提高了广大群众的社会主义觉悟。三是使许多疑难纠纷获得解决。人民调解在政治凝聚、道德净化、社会动员等方面发挥了重要作用，逐渐成为执政党进行社会治理的重要手段。①

三、人民调解组织与法院密切合作

1950 年司法会议后，龙泉法院逐渐明确了调解工作是审判工作的重要组成部分。法院不仅负责本院的调解工作，还经常指导和管理区街调解工作。这提高了法院的威信，密切了法院与群众的联系，为审判工作的群众路线创造了条件，同时还减少了诉讼量，减轻了法院的审判压力。这一时期，人民调解组织与法院密切合作，发挥巡回审判优势，人民调解员积极参与到法院调解与巡回审判之中，与法院共同解决民事纠纷，其中，在以下年份颇具特色。

1962 年，龙泉法院采取法庭巡回审理的方式清理积案。在这一过程中，法官与当地的调解委员、人民陪审员共同开展调解工作，并通过开展政策、法律指导，抽调调解员参与审判等方式，提高调解委员会处理纠纷的能力。

1964 年 8 月至 10 月，根据浙江省第 12 次司法会议关于依靠群众、依靠调解组织处理一般刑民案件的精神，龙泉建立了将刑民案件给调解组织的试点。随后，浙江省高级人民法院工作组和龙泉法院一起对结案进行了查卷和重点回访，发现试点存在诸多问题，例如法院将应由其处理的案件转给调解组织，引发了群众的不满；调解组织把握不准政策原则，案件处理不当；调解干部能力有限，多次调解不成又交还法庭；等等。浙江省高院讨论决定停止执行案件"下放"，控制交案范围，对当事人已诉至法院，又已立案的，不再交给调解组织调解。浙江省高院批评了将一般刑民案件推给调解组织、放任不管的做法，要求法官走出机关，携卷下乡，依靠群众和调解组织查清案情，听取贫下中农意见，把工作置于群众监督

---

① 参见刘正强：《人民调解：国家治理语境下的政治重构》，《学术月刊》2014 年第 10 期。

之下。

1963 年 12 月下旬至 1964 年 1 月上旬，龙泉法院在当地党委领导下，在 5 个公社结合社教运动举办调解干部训练班，讲解民事纠纷与阶级斗争的关系及调解工作的意义等。1965 年，龙泉法院总结调解工作经验，向县委汇报，后即有数十家工厂建立了调解组织。

1966 年，龙泉在社教运动中，采取工作队、公社干部、大队干部和知情群众四结合的方法，组织了一支 217 人的队伍，发动群众揭露纠纷，由群众民主推选参加纠纷处理的代表，集中学习、调解，解决各种生产权益纠纷 205 起。在党委领导下，依靠群众解决人民内部纠纷的局面逐步形成。

比如吴明喜诉吴辉和房产纠纷案，就是由大队与法院共同调解的。①

当事人：吴明喜，男，40 岁，贫民，职业木工，查田公社大坂垟大队人。

当事人：吴辉和，又名吴辉茂、玉华，男，29 岁，贫民，职业理发，庆元公社东门大队人。

上列当事人双方系兄弟关系，因房屋产生纠纷。经多次调解和查证发现，在土改前，其父吴宝求有五个儿子，除吴辉和随父母外，其他四个儿子均分居。土改时，其房产各发有土地证。吴明喜提出：吴辉和的房产也属他所有。1959 年经大队召集，兄弟协商订立合约，规定按证营业。而后吴明喜将合约撕毁，这种做法是错误的。本院根据吴明喜的要求又进行了查证，各自房产事实清楚。本院会同公社、大队于 1965 年 5 月 9 日召集双方协商，决定如下：

---

① 《吴明喜诉吴辉和房产纠纷案》，卷宗号：(65) 龙法民字第 075 号，浙江省龙泉市法院藏。

1. 坐落于大坂垟"福裕堂"。吴明喜和吴德欢房产四至：东厅堂，西墙，南坑，北墙；吴辉和房产四至：东门路，西厅堂，南马弄，北墙。各自按证营业，今后互相不得干涉。

2. 吴辉和把坐落大坂垟西廊房屋两□□自愿送给兄弟所有，今后不得反悔。

3. 坐落于大坂垟"福裕堂"内有东西横厢房两间，其四至：东墙（门墙），西马弄，南横厢墙，北马弄（明喜、辉和）。系兄弟五人共同所有，今后处理时，必须经兄弟五人协商决定。

以上系双方协商决定，希遵照执行，不得违反。

参加人员：大坂垟大队周李扬、叶宗隆、吴明广

关系人：吴同堂、吴德棣、张磊奎

龙泉法院：傅文强、卢熊海

有的案件则是法院委托人民调解组织处理。比如刘凤阳诉李根秀离婚案中，龙泉法院去函桐溪乡人民政府调解委员会。①

桐溪乡人民政府夏贵同志：

本院于去年十二月二十一日的来信，料想你们已经收到。关于你乡上□村刘凤阳与李根秀离婚问题转给你们处理，现在你们有否处理好？如果没有处理好，现请抓紧时间解决；如果真的解决不了，请了解以下几条：

1. 男方有无多处妇女关系？

2. 刘李夫妻一贯感情如何？

3. 李在家劳动怎样？

---

① 《刘凤阳诉李根秀离婚案》，卷宗号：(66)龙法民字第267号，浙江省龙泉市法院藏。

以上三条希望你们了解好，将处理结果以及处理意见告诉本院以便处理。

四、人民调解的社会功能

人民调解最基本、最重要的作用就是解决纠纷。新中国成立后的前三十年，人民调解确实化解了大量的民事纠纷和轻微刑事案件，充分展现了非诉讼纠纷解决机制的优势。但与此同时，教育民众、推进社会改造也是人民调解的重要社会功能。比如社员王宗招等偷挖竹笋案。[1] 在该案中，当事人除接受严肃批评教育外，需向社员大会作深刻的检讨，"斗私批修"，保证今后不再发生类似行为。

　　三溪公社西坑大队社员王宗招、季春玲等 24 人，于 1965 年 4 月 20 日至 22 日把南窑公社白角大队、岱垟公社木岱口大队坐落在大坪垟等山的毛竹偷挖了 600 余株，严重破坏毛竹生长。为了保护山林，维护集体所有制，批判资本主义倾向，双方公社、大队非常重视，支持召开了教育大会，指出破坏山林的严重错误，对王宗招等人进行了严肃的批评教育，并作出如下处理：

　　1. 王宗招等 24 人偷挖竹笋犯了严重的错误，应接受严肃的批评教育，今后不得重犯。王宗招、季春玲、李兴亚带头入山偷挖竹笋，除接受严肃批评教育外，需向社员大会作深刻的检讨，"斗私批修"，保证今后不再发生类似行为。

　　2. 王宗招等 24 人根据偷挖竹笋的不同情况，赔偿给白角大队、木岱口大队人民币 180 元，限期在 1965 年 5 月 15 日前由西坑大队负责收齐交给南窑公社。白角大队与木岱口大队对各得赔偿数字已自行

---

① 《王宗招等偷挖竹笋案》，卷宗号：(65) 龙法民字第 145 号，浙江省龙泉市法院藏。

作了协商。

3. 季逢甲赔款由季春玲代付，刘子杰赔款由李兴亚代付。

以上协议在双方公社、大队干部主持参与下，当事人表示保证执行。

主持参加协议人：

南窖公社：李大建、谢元福、宋晓坤

三溪公社：叶如炎、王清瑞、项先根、季宗华、丁元桢

县保卫组：周美英、华朴实

一九六五年四月二十九日

人民调解组织在调解民间各类纠纷的过程中，以法律法规、国家政策等为依据，通过有指向性地为当事人答疑解惑，宣传了国家政策法规。例如，1950 年 5 月 1 日《婚姻法》颁布实施后，龙泉各级组织开始把贯彻实施《婚姻法》、摧毁封建制度、解放妇女作为主要任务。人民调解组织在基层党组织与政府的领导下，通过化解纠纷的方式主动宣传和贯彻《婚姻法》，破除封建专制陈规陋习，提倡婚姻自由，男女平等，有机统一了法律效果和社会效果，推动了基层法制的发展。

第三节　人民调解的特征

一、调解主体的变化

新中国成立后，政治条件成为调解人员的选任标准之一。新生政权在村、社之中成立党组织并任用村干部、社干部，实现了国家政权对乡村社会的基本覆盖。1954 年《人民调解委员会暂行组织通则》规定，人民中凡是政治面貌清楚、为人公正、联系群众和热心调解工作者均可当选调解

委员会的成员。此处将"人民"作为限定词，将地、富、反、坏等阶级排除候选行列，意味着阶级成分成为选任人民调解主持者的限定条件。后来，资产阶级、部分小资产阶级以及右派分子也被踢出"人民"的范畴。1951年爱国公约运动前后，调解人员主要由本地的生产队长、党支部组成成员、妇女主任等基层干部兼职。1958年至1960年"大跃进"时期，承担调解工作人员的政治条件更为严苛，调解委员大多需要具备党员、团员、中农、贫农的身份。

二、调解依据的转变

新中国成立后的前三十年，带有社会主义意识形态的调解与明清时期以及民国时期的调解有根本区别。这一时期的人民调解具有浓厚的政治色彩，成为共产党动员群众改造旧社会、增强团结的工具，也构成了党领导群众、落实群众路线的重要组成部分。比如，龙泉县岩樟公社郑庄大队诉遂昌县龙洋公社黄塔大队山林纠纷案。① 在这一起案件的调解中，调解的依据就是党的政策。

案由：山林纠纷

争执要点：坐落遂昌县龙洋公社黄塔大队，土名上寮坑楼梯岭山场一处，因山界不清发生争执。双方通过一起学习党的政策，学习毛主席语录，在提高认识，统一思想的基础上，双方本着有利团结的愿望，经协商同意达成协议如下：

黄塔大队上寮坑山场其四至：东至山顶；南至□□基降；透下□□基；西至坑，透下降；北至降，透上尖。

---

① 《龙泉县岩樟公社郑庄大队诉遂昌县龙洋公社黄塔大队山林纠纷案》，卷宗号：(66) 龙法民字第 123 号，浙江省龙泉市法院藏。

上寮坑山界：郑庄大队南岗，黄塔大队北岗道上尖分界。

郑庄大队于一九六四年在该山上砍下林木九十一根，应归还黄塔大队所有，由黄塔大队付给郑庄大队砍伐，背运工资一百元整（此款已当场付清）。

龙泉县岩樟公社郑庄大队代表：曲常洲、王嘉川、管和根

龙泉县岩樟公社代表：王龙龙

遂昌县龙洋公社黄塔大队代表：林申远、钱汉、林根养

遂昌县龙洋公社代表：尚昌宜

并且，人民调解组织由群众性自治组织转变成为具有行政色彩的机构。由乡、社干部兼任的调解委员倾向于使用行政手段。遵循国家的政策法令成为解决纠纷的一项重要原则。这避免了调解委员成为"无原则的和事佬"，但是难免具有强制性、欠缺灵活性的缺点。

三、调解的权威性较高

新中国成立后的前三十年，人民调解解决的纠纷数量甚至大大超过了龙泉法院一审民事判决的案件数量。除受到熟人社会调解文化的影响外，更为重要的是人民调解的权威性较高。这一时期，人民调解组织紧密依附于享有高度权威的国家政权组织，人民调解员也多由具有较高政治地位者担任，这都促进了人民调解权威性的提高。

首先，人民调解组织紧密依附于各级人民政府。新中国成立初期，乡村基层调解委员会是基层人民委员会的组成部分。人民公社具有"政社合一"的特征。社员们不仅在经济上依附于公社，在政治也上紧紧依靠公社，公社具有较高的权威性。公社中的各生产队、生产大队都建立起调解委员会。调解委员会依附于公社，权威性较高。

其次，人民调解员的政治地位较高。民国时期的调解主体主要是家族

亲友或者当地德高望重者；新中国成立初期的调解主体则主要是政治积极分子或者干部。基于共产主义信仰，他们更重视政治教化。1952年司法改革后，地方旧司法人员被清理，调解队伍中的绝大部分调解员由政治上纯洁可靠、立场坚定的干部担任。在农村公社与城镇单位中，干部作为国家政策、法令的代言人，集说服与制裁职能于一身，拥有制度权威性。龙泉的人民调解组织，"多数是由工人、贫下中农老党员及一部分热心调解工作，并在群众中有较高威信的青年组成，其中有相当部分是妇女。绝大多数立场坚定，爱憎分明，关心国家和集体利益，热心为群众服务，遇到纠纷，能认真负责耐心细致地做好化解工作"①。这些人投身调解工作促进了调解权威的高涨。

四、调解的目的在于改造社会，塑造新人

新中国成立后的前三十年的人民调解具有特殊背景。土地改革和随后的农业集体化，冲击了几千年来的土地私有制度，打破了套在农民身上的枷锁，改变了龙泉农村旧有的生产关系，由互助团体和初级生产合作社组成的新联盟开始形成。1958年人民公社化运动再一次对社会结构进行强有力整合，"政社合一"的新体制将基层政权与经济组织紧密结合在一起，国家对基层农村的控制力达到空前程度。与此同时，以爱国主义为最高表现形式的集体主义成为压倒一切的主导思想。集体主义精神的核心是无私奉献，要求社员爱护公有财产胜过私有财产，要求社员自觉劳动。

人民调解制度在特定的历史环境下蓬勃发展，在积极推进纠纷解决、基层法制建设、社会管理的同时，也被视为宣传共产主义行为规范和改造群众的最佳替代者。毛泽东关于两类矛盾和正确运用两种处理矛盾的方法理论，即对待敌我矛盾必须用专政的方法，对待人民内部矛盾则是用批评

---

① 浙江省龙泉市人民法院编：《龙泉法院志》，汉语大词典出版社1996年版，第53页。

改造的理论，在龙泉的司法实践中占据了指导地位。因此，这一时期龙泉的人民调解特别注意对日常生活的思想改造，强调在"灵魂深处闹革命"，在纠纷解决过程中实现"人是可以改造的"这一目标。

与此同时，我们还要看到，人民调解委员在处理纠纷时大多优先适用政策和法律，习惯使用批评教育、公开羞辱、经济制裁乃至强迫劳动等行政手段解决问题。① 在"大跃进"时期，调解组织解决纠纷、减少讼累的核心功能已经严重弱化，逐渐被政治宣传、动员和行政功能所取代，其解决纠纷的核心功能被淡化。②

---

① 参见魏程琳、齐海滨：《中国调解研究新范式——以政治治理论为基础》，《法律科学》2015 年第 6 期。
② 参见王丹丹：《法律制度的功能及其异化——人民调解制度演变史》，《政法论坛》2016 年第 6 期。

第八章　新中国成立后的前三十年
龙泉法院的民事审判实践

审判是基层司法机关的本职工作，也是其完成政治任务的主要方式。新中国成立后的前三十年，阶级立场、群众路线等是龙泉法院进行审判工作必须遵循的原则。它集中体现在审判组织、审判方式、案件事实调查、庭审实践、裁判依据等方面。这一时期，龙泉法院为了便利群众诉讼、减轻当事人讼累，简化了民事诉讼程序，采用了例如允许口头起诉，不收诉讼费、缮状费及其他一切费用等措施。同时，在"实行调查研究、调解为主"方针的指导下，法官深入农村、就地办案，在认定案件事实方面尽可能地追求客观真实，并追求简便、易行、迅速的诉讼办法。除此之外，法官主要依靠法律、政策，更重要的是依靠政治标准进行调解、裁判，案件的审理过程也体现了阶级性、群众性等特征。

第一节　民事审判的基本原则与制度

一、阶级立场

司法机关是人民民主专政的工具，具有鲜明的阶级性。新中国成立后的前三十年，在阶级斗争的常态化的背景下，阶级立场成为法院审理案件时必须考虑的因素。具体而言，法官在处理案件时需要从阶级立场出发，针对不同政治属性的案件，分别采用不同的态度与处理方法。龙泉法院的工作报告也多次强调，要以阶级立场衡量案件的实质，即要分清内外，针对敌人的破坏行动要及时镇压，对于人民内部矛盾，则需要以增强团结和有利发展生产为原则进行处理。基于此，调解、判决等结案方式被赋予政治意义，其适用情况成为评价司法机关是否完成政治任务和贯彻群众路线的重要标准。结案方式与案件类型直接相关，民事案件与轻微刑事案件大多通过调解结案，反革命案件与重大刑事案件则大多通过判决结案。此外，移转至其他党政机关、撤销案件等亦属常见的结案方式。

调解是基层司法机关解决纠纷、联系群众的重要方式。新中国成立后的前三十年，民事案件和轻微刑事案件多以调解的方式结案。调解的适用具有以下限制：首先，从政治角度来看，调解大多适用于解决人民内部矛盾，起到防止矛盾激化的作用；其次，在法律角度上，调解主要适用于案件事实和法律适用都较为简单的民事案件和轻微的刑事案件。为了更好地实现调解目标，司法人员需要根据具体案情对当事人动之以情，晓之以理；同时，在处理婚姻、土地等相对特殊的案件时，司法人员重视充分发动群众，通过联系当地具有一定权威的干部等参与调解工作，以提高调解效率。

新中国成立后的前三十年虽有"重调解，轻判决"的倾向，但是判决也是重要的结案方式之一。在龙泉，反革命案件、重大刑事案件以及因法定原因不能或者不宜调解的民事案件，由法院以判决的方式结案。其中，针对无重大分歧的民事案件和轻微刑事案件，法院大多当庭宣判；而针对较为特殊的反革命案件、重大刑事案件以及涉林等案件，则需要由院长提交审判委员会决定，或者法院先行处理后再请示相关政府部门作出处理意见。

二、群众路线

群众路线作为中国共产党的政治和组织路线，被认为是新旧思想和作风相区别的标准，成为龙泉法院开展工作的重要原则。人民司法的核心要义是群众路线，即维护群众的合法正当权益。在 1952 年司法改革时，就案办案、脱离群众、程序繁琐等旧司法作风受到批判，法院以为人民服务为根本方向，更新了审判方式和作风，进一步落实了司法便民原则。

司法改革运动后，龙泉贯彻落实群众路线方针的做法具体多样，包括人民陪审、调解、公开审判、就地审判、巡回审判、逐级负责、处理群众来信等制度，马锡五审判方式也因此在一定程度上得到了继承和弘扬。这主要体现在以下几个方面：首先，龙泉法院可自行告诉或根据群众的揭发检举启动诉讼机制，而不再是被动涉诉。其次，法院邀请群众参与审判：在预审阶段，乡村干部挑选数名积极分子作为审判员组成法庭并随时开庭，再选三四个农村积极分子作陪审员，给予其充分的发言权；在公审阶段，龙泉法院往往采取群众诉苦、说理斗争的方式。最后，龙泉法院开展巡回审理、就地办案，追求简便、易行、迅速地为群众排难解纷的目标。

巡回审理、就地办案是龙泉法院审判工作贯彻群众路线的重要方式。这一时期，法院有计划地下乡办案，由审判员、书记员分片包干，就地调查、就地询问、就地审理。1960 年以后，办案法官与群众"三同"（同吃、同住、同劳动），在田间地头、场地等场所，利用生产队空闲时间，进行调查询问，就地处理纠纷。龙泉法院还多次开展下乡走访活动，以巩固调解或审判的效果，同时考察法院裁判结果执行情况。尤其是针对情况复杂且经过调解委员会多次调解的民事纠纷，例如婚姻、家务纠纷，办案人员会有计划、有重点地走访，以期能够有效巩固审判效果，避免再起纠葛。

值得注意的是，这一时期，巡回审判与就地审判作为传承于革命根据地时期的解纷方式，被赋予政治功能，但一般只适用于民事案件与轻微刑事案件。而对于影响较大且有教育意义的反革命案件与重大刑事案件，龙泉法院往往出于法纪宣传等目的，在犯罪地以群众大会或者群众代表大会等形式进行公开审判。

三、人民陪审员制度

陪审制度是我国政法传统的重要组成部分，是群众路线在司法领域的延伸。[①] 审判组织作为审判职能的具体执行者，其形式对审判方式、过程、结果等均会产生实质性影响。新中国成立后的前三十年，龙泉法院的审判组织形式经历了由独任制主导到独任制与合议制并行的发展过程。尽管 1951 年《人民法院暂行组织条例》规定重要或者疑难案件应合议审判，但囿于司法人员紧缺，龙泉法院受理的案件都是由一名审判员审理，而不考虑案件类型和案件是否重要、疑难等因素。从 1951 年《人民法院暂行组织条例》公布到 1954 年《宪法》正式确立人民陪审员制度前，龙泉民事案件的审理几乎没有人民陪审员的参与，刑事案件也不例外。1954 年人民陪审员制度正式确立之后，龙泉法院开始采用独任制与合议制并行的民事审判组织形式。

关于这一时期龙泉法院对人民陪审员制度的实践，有以下三个问题需要说明。首先，关于人民陪审员的遴选，主要存在两种选举方式：一是按照地区划分，由选民大会选出人民陪审员，在法院审理当地案件或到当地开庭时参与庭审；二是按照案件的性质，由群众团体指派人民陪审员参加庭审。并且，人民陪审员的遴选具有严格的政治标准，入选的大多系党员、先进分子、烈属等。其次，在人民陪审员的权利义务方面，分析龙泉法院的合议庭笔录、庭审笔录、访谈资料等档案发现，人民陪审员在形式上享有与审判员同等的权利，可以与审判员同席而坐、当庭提问并享有案件表决权；但实际上，人民陪审员享有的是同等的参与权和不同等的表决权，即当人民陪审员与审判员的意见产生分歧时，实质上是审判员作最终

[①]　参见于晓虹、王翔：《政法传统中的人民陪审：制度变迁与发展逻辑》，《学术月刊》2021 年第 7 期。

决定。最后，在适用人民陪审员的案件类型方面，1954 年《人民法院组织法》规定简单的民事案件无须人民陪审员参与审理。在龙泉，人民陪审员制度主要适用于疑难案件或者社会影响较大的民事案件。虽然这一时期人民陪审员制度的运行不甚规范，施行效果与预期存在差距，但是其一定程度上改变了龙泉法院的审判组织结构，并且增强了人民群众参与国家管理的责任感和成就感。

在龙泉法院的司法实践中，独任制审判方式一般适用于简单的民事案件和轻微的刑事案件。其中，简单的民事案件包括：第一，婆媳纠纷、妯娌纠纷、夫妻口角引起的民事纠纷；第二，一般的婚约纠纷、返还物品纠纷；第三，双方对事实无争议，且金额不大的返还货款、买卖纠纷；第四，欠租、调整租金额的房产租赁纠纷；第五，凡属事实清楚、情节简单，可由审判员独任审判的其他类型的纠纷，如合伙，给付医药费、抚养费，返还用品，赔偿损失费等。轻微的刑事案件则包括：第一，情节并不恶劣、社会影响不大，且不涉及离婚问题的通奸案件；第二，情节不恶劣、后果并不严重的伤害、殴打、侮辱案件；第三，情节轻微、数量不大且属初犯的赌博、偷窃案件。

四、公开审判制度

1950 年，龙泉法院审判工作遵循"密切联系群众，倾听人民呼声"的原则，置审判于人民的监督之下，为公开审判奠定了基础。1951 年，法院正式实施公开审判制度，除关系到国家机密和对社会有不良影响的案件外均实行公开审判，在庭审中允许群众旁听，群众在不妨碍审判秩序的情况下，享有一定的发言权。1950 年，《中华人民共和国诉讼程序试行通则（草案）》颁布，对不实行公开审判的案件规定为：关系到国家机密和社会不良影响以及个人隐私的案件不实行公开审判。

这一时期，马锡五审判方式被广泛应用。马锡五审判方式被理解为审判公开原则在司法中的具体体现，群众路线与公开审判紧密结合，具有巡回审判、就地审判、公审与陪审、下乡调查、实地研究、注重调解等特色。这种审判方式的精髓在于司法的人民性：（1）司法目的上所追求的不是简单裁判，而是为群众化解矛盾纷争，实现法律效果与社会效果的统一；（2）在司法过程中强调人民群众参与调解、审判，正义让人们看得见；（3）在司法判决上，注重民意、引导民意，而不是附和民意；（4）在司法效果上，通过司法行为送法下乡，规范人民群众的生产和生活，突出教育功能；（5）在司法形式上，强调便民、利民，一切为群众着想。在实践中，马锡五审判方式的政治职能的光芒遮蔽了司法审判的本来面目。

第二节　民事庭审实践

一、起诉

起诉是开启诉讼程序的钥匙，起诉书不仅向法官展示了基本的案件事实，还寄托了当事人对公正裁判的期待。新中国成立后的前三十年，民事起诉书包括了口诉书、控诉书。一般情形下，在民事纠纷发生后，当事人首先向村干部控告，村干部随后召集双方当事人进行询问并对知情人展开调查，在此基础上进行处理。若当事人同意村干部的处理意见，则和解息诉；若当事人不服，要求上告，则由村开具介绍信，介绍至区政府（设乡之后则可能是乡，也有可能越过乡直接介绍至区），甚至直接介绍至县政府。下文从形式和内容两个方面对起诉书和介绍信作出讨论。

（一）起诉书

第一，口诉书。

口诉指当事人将自己的诉求以口头方式表达出来，由倾听者进行同步记录。考察档案资料发现，口诉书的使用频率并不高。从具体内容来看，在 1950 年至 1953 年间，有些口诉书的格式与写作较为复杂，与民国时期的龙泉法院起诉书格式有些许类似，比如 1951 年的吴德华诉叶邦离婚案的口诉状。①

　　　具状人：吴德华，年二十六岁，住城郊第二村八组

　　　被告：叶邦，住址同右

　　　为不愿忍受虐待痛苦、反对买卖婚姻，恳请传案询问依法准予离婚，早得自由事，缘被告叶邦从前在伪政府时充当侦缉队官僚，串同李世文压迫，向氏父母欺骗说嫁，未得本人同意，以父母许嫁与被告叶邦为妻约有七年。岂知被告年长氏龄计有十五年之多，氏早欲离婚，因为被告势力高大，要他不得。该被告叶邦充当侦缉队，原来为人厉害，手段滑稽奸恶异常，时打时骂，氏受虐待之苦不能细述，自知反革命分子，结识邻人及村干虐待氏之荼毒，外善内恶，使人不明。兹幸解放妇女痛苦、提高妇女自由，感恩不书。查被告从前娶氏为妻未得本人同意，年龄不符、政策不合。况氏受胯下之辱、忍无可忍，坚决反对买卖婚姻，不愿为奴婢之苦，更不愿与反革命分子及判徒刑、受刑事处分之人为妻。详查被告因贼案分赃受贿判与徒刑，自应翻冤恳请钧院依法准予离婚，使氏得见自由而见青天之光。

　　　谨状

　　　　　　　　　　　　　　　　　　　　　龙泉县人民法院公鉴

　　　　　　　　　　　　　　　　　　　　公元一九五一年九月三日

　　　　　　　　　　　　　　　　　　　　　　　具状人：吴德华

　　　　　　　　　　　　　　　　　　　　代叙人：王后哲（住南城）

---

① 《吴德华诉叶邦离婚案》，卷宗号：(51) 龙法民字第 259 号，浙江省龙泉市法院藏。

有的则较为简单，比如发生于 1952 年的刘玉英诉季道辉离婚案。①

审判员同志：

我叫刘玉英，今年三十岁，丽水人，家庭成分：工人，现在龙泉西街，龙泉中学里。我在一九四四年与反动军官季道辉结婚。结婚时我思想落后，只想过舒服的生活，做太太，因此不知道他的罪恶。一九四九年浙江解放时，他跟反动军队逃到福建去了，至今不知死活。解放后，我在毛主席和共产党的不断教育下觉悟了，认识了他的罪恶。他贪污，剥削人民，过着无耻的生活，是人民的敌人，我要坚决地和他离婚。过去我怕离婚会给人讥笑，思想很封建，现在听到新婚姻法，才知道这是错误的。我坚决申请和他离婚，请你们帮助我，批准我。

此呈

龙泉县人民法院

声请人：刘玉英，住址西大寺龙泉中学

1953 年之后，口述书的内容逐步简化，仅包含了原告与被告的基本信息。比如 1960 年的李云琴诉何荣离婚案。②

龙泉县人民委员会

对何荣的反革命罪行我表示万分痛恨。我是革命干部，今天坚决要划清敌我界限，站稳革命立场，终身为共产主义事业奋斗到底，特提出坚决要与何荣解除婚约。

---

① 《刘玉英诉季道辉离婚案》，卷宗号：(52) 龙法民字第 011 号，浙江省龙泉市法院藏。
② 《李云琴诉何荣离婚案》，卷宗号：(60) 龙法民字第 031 号，浙江省龙泉市法院藏。

最后，要求人民法院迅速判决解除婚约，真是感激不尽。

报告者：城北公社卫生所李云琴

1960 年 6 月 16 日

在龙泉的偏远乡村，大部分居民的文化水平较低，且不乏文盲、残疾人等。他们普遍欠缺书写完整起诉书的能力，因此由当事人口述，由法院工作人员详细记录的口诉形式，极大地便利了当事人诉讼。

第二，声请状。

声请状，又名申请状，其抬头大多是"民事诉状"或者"民事声请状"，具体内容包括：原告与被告的姓名、纠纷案由、诉讼理由和诉讼请求。从声请状的演变过程来看，1953 年至 1958 年，起诉书大多较为规范，例如1953 年吴淑姬诉彭炳麟典屋纠纷一案。①

民事声请状

声请人：吴淑姬，年 60 岁，贫民成分，住义泉社巷 13 号

对方人：彭炳麟，住童神巷 3 号

案由：典屋纠纷

事实和理由：我们贫苦人在旧社会是受尽压迫和剥削的。当反动统治的民国卅四年十月时，由于子女尚幼，无法谋生，极受贫困的痛苦，于是将自有坐落槐坡杜巷弄头房屋三间典给对方人使用。当时收其典价伪币贰万伍千元，订定典期六年（典期要到 1951 年）。可是到 1949 年解放了，在党和毛主席英明正确领导下，我们得到了翻身，至期曾向对方人取赎。可是对方人以无法折价推三诿四。同时我家解

---

① 《吴淑姬诉彭炳麟典屋纠纷案》，卷宗号：(53) 龙法民字第 468 号，浙江省龙泉市法院藏。

放后，于生活上尚未改善，无力取赎，一直延缓到现在。目前因子女长大，人口增加，现住的屋不够使用了，所以向对方取赎自用。对方亦不是没有住处的，他却利用我这屋，租给人家，坐收屋租，已有好多钱收入了。

要求

根据政策法令和实际情况折算币值，把屋予以赎回自用。

此致

龙泉人民法院　公鉴

此后，起诉书采用书信的形式，写作较为简单。"文革"时期，书信形式的起诉书抬头为毛主席的语录，例如"调查就像'十月怀胎'，而解决问题就像'一朝分娩'，调查就是解决问题"。1976 年后，起诉书的抬头则不再具有明显的"文革"烙印。

（二）介绍信

新中国成立后的前三十年，介绍信一直在龙泉的司法实践中扮演重要的角色。介绍信涉及数量庞大的机构部门，在一定程度上展现了龙泉基层治理单位的变迁。

1949 年至 1954 年期间，介绍信的适用在总体上并没有形成一套固定的流程，且这一文件形式并未被命名为介绍信。开介绍信的人主要是区公所的负责人，例如区长或者当地的村干部，内容则是其对案情的陈述和对案件的分析，又可分为提出具体意见和不出具具体意见两种情形。区政府出具介绍信的原因主要是调解无效或一方拒不调解。以婚姻案件为例，1950 年《婚姻法》第 17 条规定，男女一方坚决要求离婚的，由区人民政府进行调解；调解无效时，转报人民法院处理。即政府只有在调解无效时，才会出具介绍信将离婚案件介绍至法院，该案才会进入诉讼程序。比如林俊望诉李桂香离婚诉讼一案①，介绍信的具体内容如下：

龙泉县人民政府法院党员同志：

　　兹有我大队林俊望同志系贵县八都乡山汉口村人，因家有未婚妻李桂香与吴前羽私生一子，已由贵院处理过。但目前双方感情日渐分离，由此提出解除婚约。今已获得女方完全同意，有双方信件为证。经我大队研究，根据婚姻法原则并双方意见完全一致离婚，故我们同意其解除婚约，特此函告。由贵院进行调解判处为盼。

此致

人民法院台鉴

　　法院在接到介绍信后，不会仅根据介绍信对案件进行判断，而是会询问当事人以确保案件事实的真实性，实践中，可能作出与介绍信意见不同的处理结果。例如，1962年，龙泉人民公社管理委员会和大队治保主任联合出具的一封介绍信，详细陈述了某妇女因感情纠纷而伤害其丈夫生殖器的过程，并附有医院的诊断证明，他们给出了认定其构成故意杀人、应当予以严惩的参考意见。法院仔细调查之后，认定双方感情确已破裂，予以调解离婚，并对女方行为进行了严厉批评，但是并未采纳介绍信的处理意见。

　　1955年至1966年间，出现了由乡镇长、乡人民委员会、乡人民公社管理委员会以及生产大队管理委员会开具介绍信的情形。这一时期介绍信的内容主要以案件事实和参考意见为主，且频繁出现了"经调解无效"字样。这一时期，大部分案件都是经过大队和公社的分级调解后才被呈至法院的。村干部和公社干部的调解固然促进了定分止争、家庭和睦，但是也

----

① 《林俊望诉李桂香离婚案》，卷宗号：(63) 龙法民字第107号，浙江省龙泉市法院藏。

在一定程度上干预了公民的诉讼权利的行使。考察发现，大队和公社通常会在介绍信之后附上调解情况加以说明，以供法院参考。其中，当事人的检查书作为调解说明的重要内容，往往也随之附上。

1966年至1978年间，介绍信的出具和接收主体发生了变化，生产大队管理委员会变成了生产大队革命委员会，人民公社管理委员会变成了人民公社革命委员会；法院则被解放军公检法机关军事管制小组接管，同时革命委员会保卫组也承担着审判职能。这一时期的介绍信更为简洁，并且颇具时代特色。例如，人民公社革命委员会在其1969年出具的一封介绍信中写道："双方离婚纠纷可经由斗私批修解决，但妇女坚持离异，故介绍给你院，望酌情处理。"这表明人民公社革命委员会将更多的精力投放到了革命运动之中，而丧失了调解纠纷的热情。除此之外，相关案卷表明，尽管这一时期法院已经被取缔，但其继任者在一些案件的审理中仍然遵循了先前的审理程序。

总之，这一时期，龙泉的起诉书虽然形式不一，但其功能并未发生变化，起诉书仍然充当着司法机关与民众之间的桥梁。档案显示，此时的民事起诉书存在内容繁琐、对情理的叙述较多、援引法律较少等问题，并且，诉状中的口语化表达较多。

二、庭审实践

庭审笔录是在诉讼活动过程中，审判人员为了准确调查案件事实，向案件当事人或者证人和其他与案件相关的人员进行询问、核实过程中形成的书面记录。龙泉档案中的调查笔录反映了这一时期的庭审实践。调查笔录不仅包括开庭审理前法官对案件当事人、其他与案件相关人员进行调查询问的笔录，还包括对法院庭审过程的记录，展现了民事诉讼活动中从庭前证据调查到纠纷解决的全过程，一定程度上反映出法官处理民事纠纷的立场、当事人观念意识的变化等问题。这一时期的民事庭审实践主要体现为以下几个方面。

（一）调查取证

毛泽东曾言，没有调查就没有发言权。这是当时龙泉法院的办案人员援引率最高的警句之一。可见，在当时的案件审理过程中，最重要的环节并不是法律适用，而是案件事实的认定。而这又以事实发现和调查为基础，其中案件调查还被赋予了政治价值。如龙泉法院工作报告中所言，"调查取证一定要一气呵成，不能拖延结案，避免引起人民群众的不满，降低了政府威信"。实践中，调查取证表现在以下几个方面：

其一，在新中国成立后的前三十年，被动调查不符合也不适用于当时的司法环境，相反，积极主动开展案件调查才是司法人员应有的态度和工作方式，例如亲自下乡调查。这一时期的法官更偏爱证据调查，而不局限于当事人呈现的证据。以1952年6月的司法改革运动为界限，案件调查经历了两个阶段。

第一个阶段，案件调查以法庭调查为主。在民事案件中，法官多选择"坐堂问案"的调查方式，即将当事人、证人传唤到法庭，在庭上进行询问调查，很少亲自下乡调查。当案情复杂，或有其他必要的特殊情况时，法官则致函村干部，要求其代为调查并复函。不过，针对重大刑事案件，法官仍然以下乡调查为主要调查方式。在1952年的司法改革运动中，"坐堂问案"被严厉批评。龙泉法院的司法人员也对这种调查方式进行了深刻的检讨，认为这种方式存在容易造成误判、脱离群众、背离司法民主原则等危害。

第二个阶段，案件调查转变为以实地调查为主。在司法改革运动中，法官不再只是在法庭进行审判，还会在与双方当事人分别谈话后，亲自到现场去调查；或者到双方当事人的住所或工作地点，与其领导进行谈话。在农村，当事人领导通常包括党支部正副书记、生产队的干部；在城区，当事人领导一般是单位负责人。除此之外，法官还会主动与群众交谈，如当事人的邻居等。因此，这一时期调查笔录的数量和篇幅均大幅度增加。这一时期的调查取证还具有广泛彻底的特点，具体体现在调查的方法、地点、内容、对象等多方面。

其二，在调查主体与对象上。调查主体包括审判人员（人民陪审员制度实施后还包括人民陪审员），各区、所负责人，派出所等单位的领导干部以及退休法官、军属等。相比之下，调查对象更加广泛、多元，不仅包括案件知情人，还包括调查地点周围的群众。新中国成立后的前三十年，龙泉社会关系简单，对当事人所在地的群众进行访谈是审判员查明当事人的指证是否属实的重要方式。其中，区、所负责人等领导干部既是调查的主体，也是法官首要调查的对象，但是为了避免"单纯的干部路线"而由此引发的冤假错案，法官不会将干部作为唯一的调查对象。

其三，在调查方法上，法官会根据案情的需要，综合运用法庭调查、实地调查、协助调查公函等诸多方式。其中，协助调查公函主要适用于争议标的不在当地、当事人非本地人或不在当地的情况。例如在何秀琴诉季忠勇离婚纠纷一案。① 法官致函乡政府调查取证，具体内容如下：

城关镇人民政府：

你们的工作很忙吧。关于你乡二村何秀琴与季忠勇的离婚问题，女方坚决要求离婚，男方本院已传二次，都未到院。我们对该案的情况不够了解，希你们结合中心工作了解以下情况：

1. 何秀琴与陈振华有无通奸关系？

2. 何秀琴与季忠勇自结婚后的感情一贯如何？

3. 季与同村妇女项淑云是否有通奸关系？

---

① 《何秀琴诉季忠勇离婚案》，卷宗号：(53) 龙法民字第 660 号，浙江省龙泉市法院藏。

以上三点希抓紧了解寄院，以便进行处理。

　　此致

敬礼！

龙泉人民法院

　　该案由于季忠勇拒不到案，法院难以查清案件事实，所以去函给乡政府，要求其了解案件情况，具体包括何秀琴和季忠勇是否存在不正当的男女关系以及双方感情如何等问题。

　　其四，在调查范围上，法官还会调查包括当事人住所、村公所、田间等所有有助于查清案件事实的地点。

　　其五，在调查内容上，从一般到个别分别为：第一，当地的情况，包括民风习俗、生产生活等情况；第二，当事人的个人情况，重点内容包括当事人的人品、工作表现、政治背景等；第三，当事人家庭状况，在民事案件中，法官尤其关注当事人的实际经济情况、家庭关系等；第四，个案的具体情况，包括案件的时间、地点、人物、起因、经过、结果，以及人民群众的意见等。

（二）巡回审判，就地审判

　　巡回审判与就地审判盛行于 20 世纪 50 年代末到 80 年代初。这一时期，多数案件都有座谈会。阅读档案还发现，司法人员解决民事纠纷具有"四重"的共性：重意见、重劝解、重调查、重说教。其中，意见不仅包括当事人的意见，还包括当事人亲属特别是当事人父母的意见、大队或公社的意见，甚至其他群众的意见。除此之外，司法机关解决民事纠纷时态度较为谨慎，程序意识较为淡薄，只有在多次调解未果的情况下才可能准许离婚。

　　就龙泉法院而言，巡回审判和就地审判主要适用于民事案件，而不适用于重大刑事案件和反革命案件。具体的实践操作有三种：其一，法官深入各个村去调解处理，这是龙泉法院最普遍的做法。其二，法院的领导干部以传讯的方式调解处理。其三，对多个案件进行集中调解处理，即法官针对当地影响较大、案发率较高（大多为婚姻、土地等案件）或案发地接近且性质相似的案件，发动干部与群众一起参加审判。上述三种方式都强调法官走访或者委托领导干部走访。在巡回审理中，法官会事先做好调查、取证、研究工作，并提前通知当事人和人民群众到场；到达案发地后，法官则通过介绍案情和政策法规，发动人民群众进行教育规劝和调解。例如，王云诉何聚文离婚案，该案调解笔录如下。①

声请人陈述

我是廿岁给何聚文当小老婆的。我家很穷，他骗我说送我到杭州读书，我才同意的。我俩感情是不好的，时常吵架。我很早就想离婚，但在反动政府时期，他有势力，我不敢提出。现在他是个反革命分子，家里生活又很困难，我想给人家做工生活，人家都说我是地主不要我，现在我坚决要求与何聚文脱离小老婆关系。我什么东西都不要，只要带我私人的衣物就行。

被声请人陈述

王云是我大老婆的干妹妹，她丈夫已经死了。我大老婆生病时，她来我家扶持病人。后来我大老婆病危，愿王云给我当小老婆。我俩人感情还好，她没有生小孩。她现在要求与我脱离小老婆关系，我也同意。

调解结果

1. 王云与何聚文双方自愿脱离小老婆关系；

2. 王云的私人衣物归本人自由处理。

---

① 《王云诉何聚文离婚案》，卷宗号：(51) 龙法民字第 656 号，浙江省龙泉市法院藏。

以上笔录经双方了解承认无异。

有的案件则是调解不成，法院作出了判决，比如陈中华诉王玉兰离婚案。[①] 该案法庭调解过程如下：

> 问：他现在要与你离婚，你是否同意？
>
> 答：他现在突然提出离婚是必然有另外原因的。我俩感情是好的，我现在也认识到新潮流，又不依赖他，又不妨碍他工作。群众都说我肯劳动，对家影响很好。我父亲是反革命，他的父亲也是反革命。大人的不好，不能影响到我们的，只要自己能劳动，认识到劳动改造自己，从刻苦中争取前途就可以。我又不会妨碍他，离婚我是不同意的。他说我思想跟他不一致，那他正好教育我，何必要离婚。

该案当事人陈中华以与妻子思想不一致为由，要求离婚。龙泉法院在对双方进行调解的过程中，询问了王玉兰的意见。王玉兰认为双方感情尚好，陈中华提出离婚一定另有缘由；并且表示自己的思想觉悟已经提高了，陈中华如果认为双方思想水平存在差异，可以对自己进行教育和引导，而不需要离婚。最终法院判决不予离婚。

（三）法庭调解贯彻始终

此一时期，法庭调解十分普遍。尤其是在婚姻纠纷中，司法人员除了查证感情状况、矛盾原因、子女与财产外，还会附带性地加入劝解性的话语。1955 年之后，这类劝解性的调解更加普遍。但到"文革"时期，诉讼调解则出现了新的变化。受到政治意识的影响，司法人员以及之后的军管小组成员、保卫组成员，在诉讼审理过程中会不自觉地带入政治考量，这明显超出了应有的案件审理范围。审判人员在审理时往往重点询问当事

---

① 《陈中华诉王玉兰离婚案》，卷宗号：(51) 龙法民字第 151 号，浙江省龙泉市法院藏。

人是否有过历史问题、是何成分、是否戴过"帽子"等。政治运动不仅对司法人员的审理产生了巨大的影响，还对群众的民事权益造成了难以避免的损害。

整理调查笔录我们发现，从 20 世纪 60 年代开始，许多纠纷都是法院通过多次调解解决的，这种情况在 1960 年至 1966 年间尤其突出。这一时期，法院经常召集多方人士开展座谈会，对当事人进行思想教育工作，以促进当事人调解和好。如果离婚诉讼发生在军人和工人之间，调查的范围甚至可能更广，如男女双方所在单位的领导，包括部队首长、政治大队的政委书记以及农药厂车间主任等。干部领导的广泛参与是这一时期座谈会的共同特征。无疑，领导干部对当事人起到了约束和监督的作用，有效帮助了司法人员解决和处理案件。档案显示，不仅生产队政治队长、副队长等可以参加座谈会，甚至当事人的亲戚也可以参加，体现出当时司法人员为解决纠纷所作的努力。

第三节　庭审结案方式

新中国成立后的前三十年，龙泉法院主要有调解、判决等结案方式，并且呈现出"重调解，轻判决"的特征。下面将针对调解及判决这两种主要结案方式展开阐述。

一、调解

新中国成立后的前三十年，龙泉法院调解结案的实践具有以下特征。

第一，法院的调解结案仍然以查明案件经过为条件。尽管相较于判决，调解更加注重当事人合意，但为贯彻司法公正理念、保障人民权益，法院仍然需要在完成证据审查等一系列程序后再进行调解。

　　第二，在调解文书方面，若调解成功，法院则将协议内容载于司法文书，并赋之以法律效力；若调解失败，法院则以判决结案。1954 年之前的调解书形式较为简单，比如王云诉何聚文离婚案的调解书。①

当事人	声请人	被声请人	声 请 人 陈 述	
姓名	王云	何聚文	我是廿岁给何聚文当小老婆的。我家很穷，他骗我说送我到杭州读书，我才同意的。我俩感情是不好的，时常吵架。我很早就想离婚，但在反动政府时期，他有势力，我不敢提出。现在他是个反革命分子，家里生活又很困难，我想给人家做工生活，人家都说我是地主不要我，现在我坚决要求与何聚文脱离小老婆关系。我什么东西都不要，只要带我私人的衣物就行。	龙泉县人民法院调解笔录（51）法民字第 656 号
性别	女	男		
年龄	57	64		
成分	地主	地主		
籍贯	龙泉	同		
职业	家务			
住址	草城东三行政街	在押		

图 8.1　王云诉何聚文离婚案调解笔录

---

① 《王云诉何聚文离婚案》，卷宗号：（51）龙法民字第 656 号，浙江省龙泉市法院藏。

直至 1954 年《人民法院组织法》发布后，人民司法日益正规化，具有固定格式的调解书才逐渐完善并开始流行起来，但是调解书的形式依旧简单，多以填字表格形式出现。比如，金良姝诉吴茂武离婚案。①

龙泉县人民法院调解书

（62）龙法民字第 29 号

案由：婚姻纠纷

原告人：<u>金良姝</u> 性别 <u>女</u> 年 <u>岁</u> <u>成分</u>，住址城镇东六居民

被告人：<u>吴茂武</u> 性别 <u>男</u> 年 <u>27 岁</u> <u>成分</u>，住址城镇

争执要点：原被告人于 1957 年 4 月结婚，婚后夫妻感情尚好，育有一女。后因被告人犯□□□先后二次被送劳动教养，夫妻感情发生了根本变化。原告人提出坚决要求离婚，被告人同意离婚，遂达成协议如下：

调解结果：①原告要求离婚，被告同意离婚，法院准予离婚，今后男婚女嫁互不干涉。②双方只育一女孩由女方抚养，待男方返回后自行协商解决。③双方财产各归自有。④以上笔录遵照执行。

第三，法院在"遵循自愿原则、着重调解"的基础上，总结出一系列行之有效的调解策略。首先，根据案情的不同，选择性地适用"情—理—法"进行调解。即对于抚养、赡养等一般家事纠纷，法院通常对当事人"动

---

① 《金良姝诉吴茂武离婚案》，卷宗号：（62）龙法民字第 29 号，浙江省龙泉市法院藏。

之以情"，来促进达成调解；对于除此之外的其他纠纷，则"晓之以理"；若上述两种方法均无法达成目标，则"喻之以法"。其次，采用"面对面"的调解方式。即通过座谈会等促进纠纷当事人面对面交流。最后，注重联系群众和有关干部。在婚姻、继承等家事纠纷中，法院通常吸收人民群众，尤其是案件当事人的亲戚朋友参与调解，并且联系基层干部等对双方当事人进行思想工作，以促进调解工作的进行。

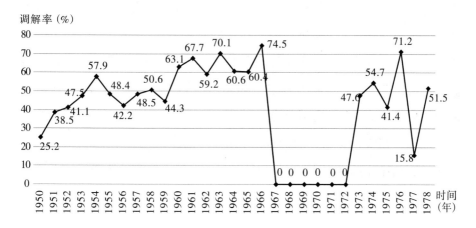

图 8.2　1950—1978 年龙泉法院民事案件调解率演变图

　　这一时期，调解结案的离婚案件占全部离婚案件的 80% 左右。不过，法庭调解结案的案件数量多、比重大，并不意味着当时的民事审判属于调解法制。就离婚案件而言，首先，在《婚姻法》颁布实施的前几年，绝大多数民事案件都是以判决结案的，因此法庭调解并非一开始就占支配地位的，比如龙泉法院 1951 年的民事调解率只有 38.5%，只要是案件违背《婚姻法》精神的，大多以判决离婚结案。其次，尽管判决的数量随年份有所波动，但判决作为重要的结案方式之一始终存在。判决适用于案情复杂的案件，在这些案件中，法官考虑的因素和投入的精力都更多。

二、判决

虽然相较于调解结案，判决结案的数量较少，但在 1951 年与 1952 年，受到"清理积案"政策的影响，判决书较为多见。此后，1958 年毛泽东提出"调查研究，就地解决，调解为主"的方针，龙泉的民事案件处理改为"调解为主"。在龙泉的具体司法实践中，判决多是适用于几种情形。第一，当事人拒绝调解。由于调解建立在自愿原则基础上，当一方或者双方拒绝调解时，法院则不能调解结案，应依法作出判决。第二，当事人虽然进入调解流程，但无法达成调解协议。调解是利益调整的过程，若当事人的诉求无法通过调解满足，调解往往以失败告终。第三，在少数案件中，为了方便案件执行或是考虑案件长期效果，法院会主动选择判决结案。例如，当案情重大，引起社会舆论，调解结案可能无法平息群众情绪时，法院往往选择判决结案。下面为 1963 年的一起毁林开荒案件的判决书。①

龙泉县人民法院民事判决书

（63）龙法民字第 16 号

原告：游枫公社。

被告：陈基郁，男，年 75 岁，贫农成分，农民出身，住八都区宝溪公社高山大队。

被告：陈世茂，男，年 64 岁，贫农成分，农民出身，住同上。

被告：陈世德，男，年 69 岁，贫农成分，农民出身，住同上。

被告：陈世清，男，年 69 岁，贫农成分，农民出身，住同上。

---

① 《游枫公社诉陈基郁等人毁林开荒案》，卷宗号：（63）龙法民字第 16 号，浙江省龙泉市法院藏。

上列被告人因毁林扩种一案，业经本院审理完结，现查明：

被告陈基郁、陈世德、陈世茂、陈世清等四人，自 1961 年以来擅自用山种粮，去福建省浦城县游枫公社坑尾大队管理的五里排、苦甲坑□□二处国有山中，进行毁林扩种，毁坏山林面积约 20 余亩，损坏各种木材达 300 余株，毛竹 50 多株，直接破坏了林业生态。

上述事实经本院调查审理确实，本院认为被告陈基郁等四人坚持单干，毁坏国有山林，损坏了大批木材，直接破坏了林业生态，给国家建设、山区人民生活带来了很大的损失。本院为了保护国家资财，巩固集体经济发展林业生态，特依法判决如下：

1. 坐落浦城县游枫公社坑尾大队五里排苦甲坑等二处山林，原系浦城县游枫公社的国有山林，仍然归浦城县游枫公社所有，浦城县游枫公社坑尾大队管理。

2. 被告陈基郁等四人毁坏山林应予赔偿 360 元，其中陈基郁赔偿 200 元，陈世茂 80 元，陈世清 40 元，陈世德 40 元，缴给游枫公社。

3. 被告陈基郁等四人凡是在苦甲坑、五里排毁林扩种的□□，根据谁种谁造的原则，应在 63 年 3 月中旬以前□□还山，并制止单干种粮。如果高山大队在搞好水田生产的前提下需要在该山已开部分集体种粮，应与游枫公社自行协商议定。

4. 被告等人于 1962 年在该山扩种粮食，除按照当地社员一般生活水平留取口粮外，多余部分应归生产队集体所有，统一分配，并由陈基郁交出粮食 617 升，陈世德 150 升，陈世茂 893 升。

如不服本判决，可于在接到判决的第二天起，10 天内向本院提起上诉状一式三份，上诉于温州地区中级人民法院。

三、裁定

裁定是指审判机关在诉讼过程中，就诉讼程序问题或部分实体问题所作的处理决定。这一时期的裁定书较为少见，这里以 20 世纪 60 年代与 70 年代两起案件的裁定书为例进行说明。

第一起为王金连诉季水根房屋典当案，其裁定书如下。①

龙泉县人民法院民事裁定书

（65）龙法民字第 24 号

原告人：王金连，女，48 岁，贫农成分，家务出身，现住龙泉县城关镇西平街敬老院。

被告人：季水根，男，手工业成分，现住龙泉县城关镇五显庙 39号。

本院于 1965 年 3 月 31 日审理了王金连诉季水根房屋典当纠纷一案，查明：

原告人王金连在土改时分来房屋两间半，坐落在龙泉城镇西平街 246 号。1955 年 11 月间，原告王金连丈夫吴继根（已病死）因生活没有出路，负债累累，申请出卖房屋，经城关镇委、查川乡人委以及第七街政府批准，以人民币三十元出卖给季根芝（病亡，季水根父亲），并写有卖契为证。事隔十年，原告人王金连，以"房屋不是出卖，而是典当"为理由，要求赎回。

以上情况，经本院深入社队，通过群众座谈，证据确实。本院认为：凡是依法准许买卖的房屋，经过正当合法手续确定了房屋买卖关

---

① 《王金连诉季水根房屋典当案》，卷宗号：（65）龙法民字第 24 号，浙江省龙泉市法院藏。

系的，应保护双方的权利，一方不能反悔解除买卖契约。为此，原告诉状无理，应予驳回。

下面为 1971 年的一份民事裁定。①

毛主席语录

我们应当相信群众，我们应当相信党。这是两条根本的原理。如果你怀疑这两条原理，那就什么事情也做不成了。

浙江省龙泉县革命委员会人民保卫组
中国人民解放军浙江省龙泉县公安机关军事管制组
关于毛芳菊诉刘朝护婚姻纠纷裁定书
浙龙革保／龙公军管（71）4 号

毛芳菊，女，26 岁，家庭出身富农，本人学生，现住安仁区建浙公社上兴大队。

刘朝护，男，28 岁，家庭出身贫农，本人农民，现住安仁区义和公社下田大队。

一九六四年，毛芳菊曾提出不同意与刘朝护结婚，后在母亲劝说下勉强结婚。婚后夫妻感情一般，已生一女一男。由于婚姻基础不好，从一九七○年八月以来，双方产生了思想隔阂，曾多次争吵、打架，致使夫妻感情破裂。女方于一九七零年十二月提出坚决与男方离婚，经大队、公社做了大量的和好工作、教育调解无效。于一九七一年五月二十日，经义和公社革委会研究"准予毛芳菊与刘朝护离婚"。男方不服公社的调解，提起上诉。经就地调查，认为事实清楚，义和

---

① 《毛芳菊诉刘朝护婚姻纠纷案》，卷宗号：浙龙革保／龙公军管（71）4 号，浙江省龙泉市法院藏。

公社革委会给予毛芳菊与刘朝护离婚是正确的，应予维持。

一九七一年十月四日

关于上诉，这一时期提起上诉的案件数量极少，且大多以维持原判告终，比如 1959 年杨火英诉马秀山婚姻纠纷案。①

浙江省温州地区中级人民法院民事判决书
（59）民上字第 34 号

原告：杨火英，女，28 岁，中农成分，浙江省龙泉县人，现在浙江省第八地□□队工作。

被告：马秀山，男，40 岁，贫农成分，系山东人，现在龙泉县马□□开电灯。

上列当事人为婚姻纠纷一案，原告杨火英不服龙泉县人民法院（58）民字第 78 号民事判决书，提起上诉。现经本院审理，查明：

原告于 1951 年由李秀英等同志介绍与被告认识，经过二年的恋爱过程，在 1953 年结婚。婚后夫妻感情尚好，并生有三个小孩。以后原被告均在生活作风上犯了不同程度的错误。为此，双方闹得不团结。1956 年原告曾向龙泉法院提出要求离婚，后经教育和好。1958 年 5 月被告人犯了严重的错误，被开除回家，同年 8 月间原告再次提出离婚。

根据上述事实，本院认为原被告婚后夫妻感情尚好，后夫妻之间均不忠实，双方都乱搞男女关系，影响夫妻感情和睦，经教育后已团结和好。现在原告仅因被告犯了错误被开除回家，而提起离婚，没有从过去夫妻感情好的方面去看，更没有为子女利益着想。为此，原审

---

① 《杨火英诉马秀山婚姻纠纷案》，卷宗号：（59）民上字第 34 号，浙江省龙泉市法院藏。

根据原被告的夫妻感情是可以和好的，同时为了有利于子女利益，依据中华人民共和国婚姻法第 17 条之规定，依法判决不准原告杨火英与被告马秀山离婚是正确的。

据此，判决如下：

维持原判，上诉撤回。

此为终审判决，当事人不得再行上诉。

本件证明与原本无误

审判者　张凌俊

审判员　朱道好

审判员　廖　星

1959 年 6 月 29 日

当事人不服龙泉、温州两级法院判决，于是再次提出诉讼。这起案件由此成为这一时期极为罕见的诉至浙江省高院裁判的案件。

浙江省高级人民法院（函）

（60）浙法民申字第 6 号

龙泉县人民法院：

杨火英为与马秀山离婚案不服一、二审判决向我院提出申诉，坚决要求离婚。我院经调查审查研究后认为：杨火英与马秀山夫妻和好的可能性不大。此次经本院驳回后，你院□□函请她的工作单位协助做些说服工作，并要了解马秀山的改造情况。如果经过一定时间马的改造转变不大，杨的思想说服工作无效，你院可作新案受理，重新研究处理。

一九六〇年二月十八日

抄送：温州地区中级人民法院

第四节 裁判依据与判决影响因素

一、判决依据：政策、法律与群众意见

从龙泉法院实践来看，新中国成立后的前三十年，民事审判依据是一个相对宽泛的概念，既包括法律，更包括国家发布的政策方针，以及人民群众参与司法审判所体现出的民意，整体呈现出"以政策与法律为主、群众意见为辅"的格局。

（一）政策

新中国成立后的前三十年，我国法制建设整体发展缓慢，法律规范的作用十分有限。党和政府发布的一系列巩固新政权的政策，在司法审判中的作用要大于法律规范。这一时期的龙泉民事审判主要依据是政策、纲领和法令法规。

相较于法律规范，政策的一大优势在于其灵活性。一方面，政策的内容可以根据具体社会环境变化，更具针对性；另一方面，其发布不需要经过一系列繁琐程序，更具效率性。但是，我们在肯定政策优势的同时，也必须承认其广泛适用在很大程度上减损了法律的预期功能与司法的公信力。

（二）法律

新中国成立后，我国颁布了一系列法律规范，为当时社会纠纷的解决提供了依据。例如，1950 年《婚姻法》作为新中国第一部基本法，为婚姻纠纷的处理提供了裁判依据，也为处理现役革命军人的婚姻问题，离婚后财产和生活问题，包办、买卖婚姻和借婚姻索取财物等问题提供了重要指引。再如，1950 年及 1953 年先后颁布的《新区农村债务纠纷处理办法》《关于解放前银钱业未清偿存款给付办法》，成为法院审理债务纠纷的主要法律依据；1950 年通过的《土地改革法》以及 1962 年通

过的《农村人民公社工作条例修正草案》则为法院审理土地纠纷提供了法律依据。

　　新中国成立后的前三十年，法律规范在司法审判中的地位较低，属于法院审判依据的补充形式。在此期间，除 1950 年颁布的《婚姻法》《土地改革法》外，其余法律渊源主要表现为条例、办法等，并且多为原则性规定，类似于政策，可操作性较低。① 在具体的司法援引中，法官大多进行模糊援引，即并不指明具体引用的法律条文，而泛指某一法律规范，并依据该规范的法律精神作出判决。例如，在陈玉英诉季永景离婚案中，法院判决写道："陈玉英为了解除封建枷锁，争取自由幸福，安心为人民服务，坚决要求与季永景离婚，事属有理，依据婚姻法精神，应予照准。"② 在丁秀云诉赵善庭离婚案中，法院判决写道："依据婚姻法精神，丁秀云与赵善庭离婚是正当的，应予照准。"③

　　在新中国成立后的前三十年，国家颁布的有些法律规范只具有法律的形式，规范内容则过于原则化，因此其解决纠纷的能力十分有限。另外，司法体制的不完善、不健全也为法律工具主义提供了空间和借口。

　　（三）群众意见

　　"审判工作贯彻群众路线对提高办案质量有着十分重要的意义。"④ 龙泉法院建立之初，沿用国民党时期"官僚式"的办案方式，在处理案件时轻视证据调查。司法改革运动以后，整治工作作风，联系群众、听取群众意见成为司法工作的有效手段。人民陪审员制度建立后，群众意见在司法

① 参见武树臣：《从"阶级本位·政策法"时代到"国、民本位·混合法"时代——中国法律文化六十年》，《法学杂志》2009 年第 9 期。

② 《陈玉英诉季永景离婚案》，卷宗号：(52) 龙法民字第 179 号，浙江省龙泉市法院藏。

③ 《丁秀云诉赵善庭离婚案》，卷宗号：(51) 龙法民字第 616 号，浙江省龙泉市法院藏。

④ 曾振华：《贯彻群众路线提高办案质量》，《人民司法》1958 年第 20 期。

审判中发挥的作用愈发明显。

在具体的司法工作中，法官注重开展实地调研，走到田间地头，了解纠纷的真实情况；并积极邀请群众参与审判工作，在听取群众意见的基础上作出判决。① 群众意见之所以能够在司法审判中发挥重要作用，一个重要原因在于群众路线的要求。群众路线是党的根本工作路线。新中国成立后，基层法院通过司法实践消弭群众与国家之间的隔阂，瓦解传统中国的"国家—社会"二元结构，在这个过程中，法院需要打破礼治秩序，吸收广大人民群众参与到司法工作中，以促进国家权力的下沉。在案件审理中吸收群众意见，也体现为人民服务的宗旨和便民利民的司法理念，这是对马锡五审判方式的传承与创新。

二、阶级成分：影响案件审理的重要因素

新中国成立后，对民众进行成分划分即阶级划分，是龙泉社会的一次重要改变。在新中国成立后的很长一段时间里，法院是被改造的对象，但同时也是促进社会改造的主体。例如，法院通过适用《婚姻法》完成改造旧社会、开展阶级斗争的任务，具体表现为，在离婚纠纷中当事人成分可能影响判决结果。试举几个案例予以说明。

案例一：程素敏诉朱贵离婚案，该案判决书写道：②

> 被告人朱贵流氓出身，曾任伪军警多年，狂嫖烂赌，不务正业，家庭困难毫不顾及，对其妻程素敏一贯虐待。解放后朱贵不但不痛改前非，反敢共谋合伙偷盗，被政府教育十月，释放后仍继续打骂其

---

① 参见胡现岭：《建国初期新区人民法庭之司法导向刍议——以豫东扶沟、商水县为例》，《山西档案》2016 年第 2 期。

② 《程素敏诉朱贵离婚案》，卷宗号：(51) 龙法民字第 079 号，浙江省龙泉市法院藏。

妻。程素敏为了脱离苦海，追求自由幸福，向本院声请要求与朱离婚。法院连传两次，朱因自知理亏，拒不到案，意图拖延时间，阻挠婚姻自由。兹认定程素敏之诉有理由，根据新婚姻法男女婚姻自由原则，声请与朱贵离婚，应予照准。

案例二：马桂兰诉丁永昌离婚案，该案判决书写道：①

马桂兰在反动统治时，希望享乐生活，受反革命分子丁永昌之骗，诱与为妻。解放后，丁将马遣送回原籍湖南，自己随伪政府逃跑，生死未明。马以其原有配偶，不愿同居，于去年返回丽水娘家，嗣与伊妹同来龙泉，寄居在初级中学。今为脱离反动军人，提出离婚要求。综上述论，爰为判决如主文。

上述两个案例中，原告均以对方系反革命分子为由提出离婚，龙泉法院对此均予以了肯定和确认。夫妻感情破裂、破除封建婚姻制度枷锁以及划清与反革命分子的界限，是实践中法官判决离婚的三个主要依据。通常情况下，这三个方面并不是割裂的，法官在进行判决时会综合考虑。例如，马桂兰诉丁永昌离婚案，该案判决离婚的理由就提到"坚决要划清敌我界限""站稳革命立场，终身为共产主义事业奋斗到底，特提出坚决要与丁解除婚约"，包括了夫妻感情破裂和破除封建枷锁两个方面，法院作出了离婚判决。

下面再对离婚诉讼的当事人的成分进行讨论。

---

① 《马桂兰诉丁永昌离婚案》，卷宗号：(51)龙法民字第616号，浙江省龙泉市法院藏。

表 8.1　1950—1956 年龙泉离婚诉讼当事人的成分分布表

	贫农		中农		富农		地主		反革命分子	
	原告	被告	原告	被告	原告	被告	原告	被告	原告	被告
人数（人）	82	76	63	39	1	5	30	30	0	39
占比（%）	22.5	20.8	17.3	10.7	0.3	1.4	8.2	8.2	0	10.7
人数（人）	158		102		6		60		39	
占比（%）	43.3		27.9		1.6		16.4		10.7	

　　如表 8.1 所示，1950—1956 年龙泉离婚诉讼当事人中，贫农有 158 人，占比为 43.3%；中农有 102 人，占比为 27.9%；富农有 6 人，占比为 1.6%；反革命分子有 39 人，占比为 10.7%。由此可以看出：第一，新中国成立初期，离婚案件的当事人绝大多数是贫农和中农，共 260 人，占比为 71.2%。究其原因，一方面，贫农和中农在总人口中占比较大；另一方面，劳动人民在成为社会的主人翁后，产生了强烈的摆脱封建束缚、追求幸福美满婚姻的需求。第二，反革命分子通常以被告人的身份出现在离婚诉讼中。新中国成立初期，中国共产党领导人认为国民党统治的社会基础仍然存在，因此在婚姻家庭生活领域，反革命分子的配偶纷纷提起离婚诉讼，要求坚决与对方划清界限，所以反革命分子往往是离婚诉讼的被告。

　　法院将阶级划分运用到了审判中，以"敌我之分"作出判决，因此当事人的阶级情况可能影响裁判结果。[1] 例如，若一方当事人为地主，另一方为农民，则地主一方败诉的可能性较大。其中，"农民"是被阶级化了的农民，仅包含中农、贫农、雇农和其他革命群众。在法院裁判中，"农民"的阶级地位优于地主和富农。

　　此外，这一时期的判决书革命色彩较重，革命话语体系以绝对的优势占据着主导地位。尤其是在婚姻纠纷中，官方通过革命话语对传统的、落

———————

① 参见王先明：《地主：阶级概念的建构与现代中国历史的展开》，《清华大学学报（哲学社会科学版）》2021 年第 1 期。

后的婚姻制度进行批判，借此奠定新制度的合法性基础，展现变革者的正当性。① 在这种对比下，新制度的优势越发明显，对官方所倡导的理念贯彻也更彻底。

具体而言，官方通常运用"摧残人性的陈规陋俗""封建婚姻"等语句对旧婚姻制度进行批判，运用"水深火热"形容妇女在旧社会婚姻家庭中的生活状态，运用"民主和睦、团结生产"等话语宣传《婚姻法》；同时，运用"人民群众觉悟提高"的话语来解释婚姻纠纷案件激增的现象，而运用"《婚姻法》贯彻落实不到位"等类似话语来解释婚姻纠纷中自杀等恶性事件的缘由。

革命传统很大程度上奠定了司法的底色。龙泉法院在纠纷解决过程中的话语实践呈现出以下两种基调：一是以彻底摧毁旧婚姻制度为根本目的。法院在处理婚姻纠纷的过程中，反复强调旧婚姻制度的弊端，并宣扬新婚姻制度，以期消除陈规陋俗。在社会变革的背景下，司法人员的工作能力与宣传能力存在较大关联，即好的司法人员能够将纠纷解决与宣传和贯彻《婚姻法》相结合，通过司法途径向群众灌输民主和睦的新婚姻理念。因此，法院在纠纷解决中多使用"封建婚姻""陈规陋俗""民主和睦"等类似革命话语。二是着重保护妇女权益，注重提高妇女社会地位，促进社会生产。中国共产党始终将妇女工作当作群众路线的一部分，希望凝聚妇女力量到革命中去。在旧婚姻制度中，女性遭受的迫害最为严重，因此在纠纷解决中，法官除了帮助女性脱离封建婚姻的束缚外，还会最大限度地为其保障平等自由等合法权益。故在这一时期的话语实践中，"解放妇女""为妇女撑腰""促进社会生产"等类似话语多出现在纠纷解决中。

---

① 参见萨其荣桂：《旧俗、革命与感情——20 世纪 50 年代中国婚姻纠纷解决的话语实践》，《湖北民族学院学报（哲学社会科学版）》2019 年第 5 期。

第五节　民事纠纷的种类与数量

　　1950 年至 1978 年，龙泉法院的民事审判曲折发展，如图 8.3 所示，呈现出阶段性的特征，集中表现在收结案的升降，案件类型的增减，审判原则、制度的更迭等方面，这从侧面反映了龙泉社会经济生活的变迁。

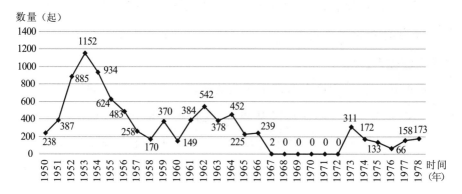

图 8.3　1950—1978 年龙泉法院民事案件审结数量变化图

一、民事案件的数量

（一）1949 年至 1953 年

　　这一阶段龙泉法院收结民事案件的数量迅速上升，其中，婚姻案件数量较多（绝大多数为离婚案件，也有少量婚约等其他婚姻案件）。1949 年，龙泉法院的数据缺失，1950 年龙泉法院所收婚姻案件数量为 70 起，1951 年升至 267 起。此外，房屋、土地、债务、劳资、工商业等纠纷占有一定比例。

　　形成上述特点的原因有以下几个方面：1. 随着贯彻《婚姻法》运动的深入，广大妇女纷纷要求挣脱封建婚姻的枷锁。2. 新中国成立之初，群众不了解政策法令，有的人认为人民内部所欠的老债可以不还，房屋可以白住，因此债权人不敢讨债，房东不敢收房租。不过，经过司法改革运动和政策法令的宣传，人民群众纷纷要求保护自身权益。这一阶段，龙泉法院初步实践并逐渐形成了民事审判的一系列原则和制度。

（二）1954 年至 1956 年

这一阶段法院收结案件数量大幅度下降。龙泉法院 1954 年收案 934 起，1956 年收案 483 起。债务、劳资、工商业等纠纷逐渐减少，尤其是劳资纠纷和工商业纠纷，已渐趋消失；农村赡养纠纷和人身损害赔偿纠纷数量增加；个体农民间的纠纷减少，出现了一方或双方当事人为农业合作社的土地、山林、水利等有关农业生产的纠纷。这一时期，出现了农民为退出农业合作社而向法院集体请愿的纠纷。法院在及时向党委反映纠纷动态的同时，不再"等案上门"，主动派出业务骨干赴现场平息纠纷，以防止事态扩大。法院在调查案件事实的基础上，按照处理两类不同性质矛盾的原则，分别处理：对牵涉财产争执、损害赔偿、轻微伤害的纠纷，由法院调处；对牵涉社内经济政策、粮食分配、政群关系的，则建议有关部门解决。

形成上述特点的原因有以下几个方面。（1）封建婚姻制度被推翻，婚姻自由观念深入人心，产生婚姻纠纷的一个重要根源已不存在；同时，法院审理婚姻案件的程序、判决离婚的条件较之前严格，龙泉的离婚率随之降低。（2）国家对私营工商业进行了社会主义改造并逐步取得胜利。（3）农村开始实行农业合作化，但是由于农民具有个体劳动的习惯，加之部分农业合作社干部和财务管理人存在贪污、不民主等问题，一些农民要求退社。同时，随着生产关系的变化，个体农民间的土地、水利纠纷减少，而合作社与农民，尤其是与退社户间的纠纷增加，公社之间针对山林、水利、土地、耕牛等生产资料的纠纷也有所增加。（4）部分农民认为在合作化背景下，由于土地和耕牛等都交给了合作社，对老人的赡养责任就应由社承担。这导致农村中赡养纠纷数量增加，而城市则无此种变化。

另外，在农民个人利益与集体利益发生矛盾时，有的社员干部态度粗暴，指挥群众参与打架，导致人身损害赔偿纠纷增多。

（三）1957年至1960年

尽管这一阶段的收案数量有所起伏，但是较前一阶段显著下降，例如1957年龙泉法院收案258起，1960年收案149起。在这一阶段，前两个阶段所存在的劳资、工商业纠纷已完全消失，因要求退社而引起的纠纷也已不存在。在案件类型上，婚姻纠纷占有绝大的比例，债务、赔偿、赡养、房屋等纠纷寥寥无几。

促成上述特征的因素大致是：随着人民公社的普遍建立和社会主义教育运动、全民整风运动的广泛开展，人民群众社会主义觉悟有所提高。国家在公有制的计划经济条件下进行社会主义建设。这一阶段的纠纷明显少见。同时，该阶段龙泉法院在民事审判活动中开展了"大跃进"。龙泉召开群众大会，开展"鸣放辩论"，揭发批判不良行为；建立集训班，晚上集中学习，集中睡觉，白天分散监督劳动；整顿健全调处小组，修订"三爱三遵"公约，提高了群众的社会主义觉悟，树立了新的道德风尚，基本上实现了安全和无诉讼社。各地出现了一批无诉讼的生产队、居委会、工矿企业和学校。

（四）1961年至1966年"文化大革命"前

这一阶段的特点是：法院收结案件数量先是大幅上升，后有所下降。1961年龙泉法院收案384起，1962年收542起，1966年收239起。这一阶段，婚姻案件和房屋案件的数量增长显著。1960年，龙泉法院收婚姻案件120起，房屋案件3起；1961年，分别升至308起和15起；1962年又分别升至386起和22起。

促成上述特点的主要因素是：一是在"调整、巩固、充实、提高"八字方针和《农村人民公社工作条例(草案)》(简称"农业六十条")的指导下，农村进行整风整社，纠正前几年的"一平二调"，集体所有制和社员个人所有权的观念进一步确立，过去潜伏的纠纷陆续暴露出来。二是农村包办买卖婚姻、早婚的现象，以及城镇贪图享受，喜新厌旧的现象抬头；与此同时，在"三年困难时期"，存在让幼女与人订婚、结婚或将幼女送给别人做童养媳，以换取钱粮的现象。随着生活境况的好转，当事人陆续要求解决相关纠纷。三是有的地方山林政策不落实，山权与山界不清，由于前几年山林破坏严重，有些遗留问题没有处理好，山林纠纷明显增多。该阶段龙泉法院在阶级斗争理论指导下，依靠群众开展民事审判，通过组织学习毛泽东主席的著作解决民事纠纷。

（五）1966 年"文革"开始至 1972 年法院被军事管制

该阶段，法院收结的案件数量显著下降，同时公民的民事权益遭到了肆意侵犯。1966 年龙泉法院收案 239 起，但 1967 年只收案 2 起，其余年份甚至没有受理案件。"文革"对公民主张民事权益和法院审理民事案件造成了严重干扰，该阶段法院不再开展民事审判工作，该项职权由县革命委员会人民保卫组行使。

（六）1973 年至 1978 年

这一阶段案件数量波动较大，该阶段法院以"党的基本路线"（指毛泽东 1962 年提出的以阶级斗争为纲的无产阶级专政下继续革命的路线）作为开展民事审判的总纲。"文革"期间法院民事审判基本上被取消，日常民事纠纷得不到及时处理，给人民群众的生产、生活带来了严重的影响。1973 年，龙泉法院恢复工作。这一年，法院对积压案件进行排队清理，并首先抓紧办理了一批影响"批林整风"以及可能导致矛盾激化和直接影响社会秩序、妨害生产的案件，在一定程度上缓解了社会矛盾。这一阶段的民事纠纷，除离婚案继续占首位外，房屋案也比较突出。1973 年，龙泉法院共收案 311 起。此后，收案数量波动较大，至 1978 年收案数量为 173 起。

出现上述特点的原因大致有以下几个方面：（1）前几年法院被接管，

未能开展民事审判，大量民事纠纷积压下来，一俟法院恢复，当事人便纷纷诉至法院，但"文革"尚在进行，公民的民事权益难以得到保护。后三年"文革"刚结束，实际上仍延续以阶级斗争为纲的"左"的路线。(2)"文革"中，公民的房屋等财产遭受侵犯的现象严重。(3)法院刚恢复不久，民事审判人员不足，工作效率也不高，例如，一个离婚案件往往经过数年调解仍未结案。

二、民事案件的类型

（一）离婚诉讼

1950年至1967年龙泉法院审结的离婚案件数量始终占所审结民事案件数量的首位，除1950年审结的离婚案件数量占总结案数量的29.4%，1951年至1967年法院审结离婚案件数量占总结案数的比例均较大，其中，比例最高的年份是1963年，为88.4%，最低的是1955年，为22.1%。1973年龙泉法院恢复后至1978年，龙泉法院审结的离婚案件数量仍处于各类案件之首。

新中国成立初期，龙泉存在大量诸如包办婚姻、买卖婚姻、早婚、童养媳、典妻租妻、重婚纳妾、一子挑二房等落后的婚姻习俗。夫妻缺少

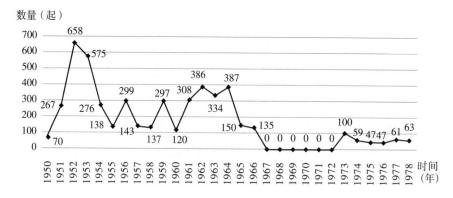

图8.4　1950—1978年龙泉法院审理离婚案件数量变化

感情，虐待妇女，甚至导致人命案，残害女婴和非婚生子女的现象并不鲜见。1950年《婚姻法》明确规定："废除包办强迫、男尊女卑、漠视子女利益的封建主义婚姻制度。实行男女婚姻自由、一夫一妻、男女权利平等、保护妇女和子女合法权益的新民主主义婚姻制度。"基于此，龙泉的广大群众，特别是妇女纷纷要求婚姻自由，法院受理的婚姻案件数量迅速上升。1950年龙泉法院审结离婚案件70起，1951年审结267起。其中，绝大部分案件是女方要求离婚或解除婚约；男方请求离婚者甚少，更多的是请求夫妻同居。此后，龙泉进一步宣传了新的婚姻政策和理念，提高了民众对《婚姻法》的认可，很多妇女要求摆脱旧的婚姻枷锁，离婚案件大量增加。新的婚姻家庭关系、道德标准逐渐建立起来，为新社会的各项政治活动和建设活动提供了保障。

1953年至1960年间，龙泉离婚案件的数量不断波动。其中，1956年龙泉法院审结的离婚案件为299起，比1953年的575起减少48.0%；1960年最少，为120起，比1953年减少79.1%。这一时期，随着社会的变革和《婚姻法》的宣传贯彻，封建婚姻制度已经被摧毁，包办强迫、虐待妇女的现象几乎绝迹，自主婚姻已占主导地位。因此，婚姻案件的性质和内容发生了显著的变化，草率结婚、轻率离婚，婚后一方生活作风不正等成为离婚纠纷的主要原因。对于离婚案件，龙泉法院的态度严肃且慎重，一般坚持说服教育，通过进行一次或多次调解，尽量促使和好；对那些再三调解无效、夫妻感情确已破裂的，判决准予离婚，反之则不准离婚。实践中，龙泉法院还经常借助其他社会力量帮助促使当事人和好。

1961年起，龙泉婚姻案件数量上升。当年，龙泉法院审结离婚案件308起，比1960年的120起增加了156.7%；1962年审结386起，比1961年增加25.3%。这一时期的离婚案件大多属于困难时期和多次政治运动的遗留问题，多为劳改犯、劳教人员的家属，右派人员的家属，或因精简职工、压缩城镇人口而被迫回乡人员的家属以感情不洽或划清界限为由申请离婚。对于这些离婚案件，龙泉法院从巩固和改善婚姻家庭关系、保护子女利益的角度出发进行处理：对当事人感情尚未完全破裂，尚有和好可能的，动员各方力量进行调解，促进和好；对一方存有错误思想，喜新厌旧的，则对其批评教育，或判决不准离婚；对包办、买卖等不合理婚姻，一方坚决要求离婚，婚后又无感情的，则准予离婚。

1966年"文革"开始后，由于审判活动受到干扰，婚姻案件数量减少。1968年至1972年，龙泉法院被接管，不再审理婚姻案件。1973年龙泉法院恢复后，审理积案，避免了因婚姻纠纷引起的社会矛盾激化。这一时期，随着知识青年上山下乡运动的开展，有关知识青年的婚姻纠纷数量增加。部分知青为逃避支农支边而草率结婚，或不愿待在农村，为倒流回城镇而提出离婚。对于知青离婚案件，龙泉法院受到知青上山下乡政策的影响，一般采取慎重的态度，进行耐心说服教育、劝解和好。但是对于女方因缺乏社会经验、受骗结婚，婚后坚决要求离婚的，或虽已领取结婚证，但尚未同居，经调解无效的，一般准予离婚。

"文化大革命"十年中，离婚案件多与政治因素有关，主要有以下几种情况：（1）一方被揪斗，其配偶提出离婚。对此，龙泉法院根据矛盾的不同性质进行区别处理：对属于人民内部矛盾的，法院发动当事人所在单位组织进行说服教育，原则上不准离婚；但对于一方具有重大政治历史问题，且夫妻感情确已破裂的，则准予离婚。（2）双方因政治观点相同而结婚，婚后感情不好，提出离婚。针对这类案件，龙泉法院对双方开展思想政治工作，促使和好；对感情确已破裂，无法和好的，准予离婚。（3）"四类分子"的家属担心迁送农村会影响子女升学、支工等，以"政治上划清界限"为由，提出离婚。在这类案件中，法院对一方曾检举揭发配偶，要求划清界限，且夫妻感情不好的，一般予以支持；对夫妻感情尚好，一方试图摆脱"四类分子"家属帽子而提出离婚的，则从有利于改造出发，原则上不予支持。4.劳改人员、刑满释放人员的家属提出离婚。对此，法院则会综合考虑罪行性质、刑期长短、夫妻感情等因素，进行分别处理。

（二）山林土地纠纷

新中国成立初期，龙泉农村山林土地纠纷较多。1950年至1957年，龙泉法院共审结土地案件203起（包括1949年旧存案），其中1950年至1953年审结173起。1958年起，山林土地纠纷的数量一度锐减，至1963年前后，案件数量再度增加。1963年龙泉法院审结土地纠纷41起，1964年龙泉法院审结35起。

1950年，龙泉法院成立后，数量最多的山林土地纠纷就是土地租佃案件。该年，龙泉法院审结土地租佃案件51起。从1950年底起，龙泉农村实行土地改革，大部分土地纠纷由土改工作组和农民协会解决。因此，1951年法院受理的土地案件数量减少。随着查田定产工作的深入，多年来悬而未决的纠纷以及土改遗留问题纷纷暴露出来，要求法院解决。在1973年龙泉法院恢复前，1952年是新中国成立以后龙泉法院审理山林土地案件最多的一年。该年，龙泉法院审结86起，比1950年（该年审结的土地纠纷案仅次于1952年）的51起多68.6%。

1956年底，龙泉的农业社会主义改造基本完成后，农村中除坟地、宅基地外，土地归集体所有。因此土地、山林、水利纠纷的性质、内容发生了变化，个体农民间的纠纷显著减少，不过，社与社、社与社员间的纠纷大量增加。公社化后，农村进行土地平整，划插花田，社与社，队与队有所调整，部分社队要求归还已被划出的土地，产生土地纠纷；各地社员为了响应政府号召，积极完成茶叶任务，向野山荒山进军，越过社界以至县界，引发了纠纷。

此一时期，由山林、土地、水利等引起的群众性纠纷更多。龙泉法院认为，很多山林、土地、水利等财产权益纠纷，都是由损人利己、损公利私，侵犯社会主义全民所有制和集体所有制的自发资本主义倾向和封建宗法观念引起的。因此，对于这些案件，龙泉法院一般运用阶级观点和阶级分析的方法进行审理：在查明案情、区分矛盾性质的基础上，对于其认为属阶级敌人利用民事纠纷进行复辟活动的，发动群众予以揭露和打击；对群众性纠纷，则由各部门配合，及时进行平息。

1963 年 11 月，浙江省委书记在全省民事审判工作会议中指示："山林、水利、土地纠纷一般不应放在法院，这些问题不能单纯采用审判解决，今后山林纠纷应由林业部门处理，水利纠纷应由水利部门处理，土地纠纷应由农业部门处理，因纠纷而哄闹、殴斗的由公安部门参与处理，因殴斗打死打伤人，需要刑事处分的，才由法院处理。"中共中央、国务院（1963）636 号《关于加强人民来信来访工作的通知》也规定了同样的分工。就山林、水利、土地纠纷，作了如下规定：属于同一公社内大队与大队之间发生的纠纷，由公社负责，协商解决；属于区内公社与公社之间发生的纠纷，由区负责，协商解决；牵涉县与县、区与区之间的纠纷，一般由有关区、公社主动联系，协商解决；解决不了的，将具体情况报县，由县组织有关部门帮助解决。比如下面这起案件，为龙泉县王庄公社武溪大队与云和县赤石公社之间的诉讼。①

龙泉
云和　　县人民法院民事联合调解书

（64）龙法民字第 139 号

（64）云法民字第 118 号

龙泉县王庄公社武溪大队代表：刘张子、项美良。

云和县赤石公社建林大队代表：项朝易、王世福。

---

① 《龙泉县王庄公社诉云和县赤石公社山林纠纷案》，卷宗号：（64）龙法民字第 139 号，浙江省龙泉市法院藏。

案由：土地纠纷。

坐落武溪大队对面下麻山土地五片，约十亩左右，原系龙泉县武溪大队陈礼贤、王大德、王志还三户所有。合作化前后有部分土地租给云和县建林大队耕种，尚有部分土地因武溪大队劳力缺乏而荒废，也被建林大队种去。1962 年武溪大队提出归还以上土地，而建林大队不同意，双方因此发生争执。现遣两县代表进行协商，达成协议如下：

1. 陈礼贤、王大德两户共四片土地，虽然建林大队种过，但土地所有权应归武溪大队（其土地四至按土地证为凭）。

2. 王志还户土地一片，1952 年已当给建林大队王志祥户。据此，土地所有权应归还建林大队。但该地旁边所垦茶树，仍归武溪大队王志还、建林大队王志祥二人采摘。

3. 该调解系双方代表协商，达成协议，与判决享有同等效力，双方应遵照执行，不得违反。

龙泉县武溪大队代表：刘张子、项美良

云和县建林大队代表：项朝易、王世福

龙泉县王庄公社代表：□陈根

云和县赤石公社代表：杨景安

龙泉县人民法院代表：王富聪

云和县人民法院代表：诸葛生

1964 年 7 月 9 日

该案中两个公社争执的山林在两县交界，这块山林存在历史性纠纷，解放后，经过土地改革，仍争执不休。1953 年，省政府派员会同两县政府作了一次处理。以后十多年间，没有发生大的争执。1963 年下半年起，又起争议。1964 年龙泉法院与云和法院联合调解，妥善解决了这一历史性山林纠纷。

1973年龙泉法院恢复后，由于公社体制调整，新划界址不清、不合理、手续不全，溪江、河流的自然变迁，以及土改、合作化、公社化遗留的问题，集体与集体、集体与国家之间的土地、山林、水利纠纷数量上升。对于出现的大规模群众性纠纷，龙泉法院在党委统一领导下，会同有关部门作了调处。依靠党委领导，统一组织力量，法院密切配合，成为解决群众性民事纠纷的基本方式。

（三）房屋产权纠纷

1950年至1978年，龙泉法院共审结房屋案件436起，占同期总结案数8885起的4.9%。"文革"之前，1953年，龙泉审结的房屋案件最多；1959年至1961年、1964年及1965年的房屋案件则较少甚至没有。"文革"期间，1968年至1973年龙泉审结的房屋案件均为0起。"文革"后，1977年至1978年，龙泉法院审结的房屋案件数量开始增加，1978年增至50起。

新中国成立伊始，龙泉的房屋纠纷较多，且多为租赁、迁让及回赎纠纷。在城镇，群众误认为城市的房屋政策与农村的土地政策一样。房东害怕自己与地主一样要被清算与斗争，担心房屋被没收与分配，因此大幅度降低房租；而房客自认为是被剥削者，虽然房租已经很低，仍长期拖欠，从而引发租赁纠纷。部分房东以放弃欠租或减租做让步，请求房客迁让出屋，而房客以收入低微、无力缴租为由拒绝迁让，由此引发迁让纠纷。除此之外，部分出典者要求回赎已超过回赎期限数年甚至数十年的典当物，因而发生典当纠纷。对于这些纠纷，龙泉法院根据"承认一般私人所有的房产的所有权，并保护这种产权所有人的正当合法经营"的政策，保护自由协议约定的正当房屋租赁关系和典当关系。在农村，由于实行土改，群众对房屋政策产生了误解，出现了大量房主不敢收房租、房屋典当人不敢赎回的现象，一时间房屋纠纷减少。但是随着政策的贯彻，悬而未决的房屋纠纷逐渐暴露出来，当事人纷纷要求法院审理解决。

1953 年，房屋案件数量增多，后即回落，1954 年至 1956 年案件数量趋于稳定。1957 年房屋租赁纠纷较为突出。这一时期，房租较低（例如可住 5 人的房屋，只租 4 角钱一月），且部分房客长期不缴租金，很多房东因得不到合理利润而选择出卖房屋。随着频繁的所有权变动，房屋租赁纠纷数量增多。除此之外，由于城市基础设施建设的扩大和新的企业机构的建立，部分民房被拆除；加之受到 1956 年强台风的影响，很多民房倒塌，民房资源趋于紧张，在一定程度上也导致了房屋纠纷数量的增多。

在"大跃进"和人民公社化运动中，由于大刮"共产风"，部分社员的私房被平调。但当事人慑于当时的政治环境，未主张权利。因此在人民公社化运动期间，房屋纠纷的数量锐减。此后，随着《农村人民公社工作条例（修正草案）》和有关政策法令的贯彻落实，社员权利观念意识增强，受"共产风"的影响而埋藏起来的纠纷陆续暴露出来，典赎、所有权、租赁等纠纷的数量增多。

1963 年城镇房屋社会主义改造前夕，龙泉存在大量的出租房屋，但财政部门严格控制房屋过户，不许出卖房屋。部分房主私下出卖或出典房屋，约定先收钱，后换契。当换契不成时，买主反悔，酿成纠纷。除此之外，还存在房主以房客修理费过多要求收屋引发的纠纷，或房主针对租给集体单位的房屋，要求增租或收回的纠纷。针对这些案件，龙泉法院会同有关部门，运用阶级观点和阶级分析的方法进行处理。

"文革"期间，公民房屋被侵犯的现象屡见不鲜。粉碎"四人帮"后，这种混乱局面逐渐得到了扭转。不过，由于长期受"左"倾思想影响，龙泉法院在处理国家、集体、公民个人财产权益纠纷时，往往过于强调保护国家集体利益，而忽视了对公民个人正当权益的保护。

（四）债务纠纷

新中国成立初期，龙泉法院审理了一定数量的债务案件。其中，1950年至1953年共审结262起，占同期审结民事案件2662起的9.8％。1954年始，债务案件的数量明显下降，于1958年左右降至最低，后略有上升，但数量不大。1954年至1967年，龙泉法院审结债务案件192起，占同期审结民事案件总数5210起的3.7％。"文革"期间，龙泉法院一度被接管，人保组也基本上未审理债务纠纷。1973年法院恢复后，继续审理债务案件。但1973年至1978年，龙泉法院仅审结债务案件2起，占同期所收民事案件1013起的0.2％。

在新中国成立初期，法院审理的债务案件主要是解放前发生的借贷纠纷。新中国成立以后，随着经济的恢复和工商业的活跃，买卖欠账、物品支付等纠纷逐渐增多。同时，由于国家实行借贷自由，利息由双方议定，政府不加干涉的政策，民间借贷活跃，新的借贷纠纷也随之增加。

对于新中国成立以前产生的各种旧债，龙泉法院根据1950年10月20日政务院公布的《新区农村债务纠纷处理办法》的规定，进行了如下处理：（1）农民及其他劳动人民欠地主的债务，一律废除。（2）农民及其他劳动人民欠富农的债务，付利几倍于本金的，停利还本；付利已二倍于本金的，本利停付；付利不足本金一倍的，承认富农的债权继续有效。（3）凡货物买卖及工商业往来欠账（包括地主富农兼营的工商业货物买卖与往来欠账），仍按照双方原约定处理。（4）农民所欠农民的债务及其他一般借贷关系，均继续有效。（5）劳动人民之间的债务，斟酌债务人的经济状况决定，如债务人的经济状况很好，不打折扣；如状况不好，适当打折扣；如状况很不好，则打很大折扣或免予偿还。（6）以中华民国政府发行的货币以及黄金、银元计算的债务折合人民币偿还。（7）实物债务以同种类实物偿付，或按偿付时的同种类实物价格折付人民币。

除此之外，龙泉法院还根据司法部、最高人民法院的批复，处理了一批富农、地主、资本家在新中国成立以前产生的债务：（1）对于解放前富农欠地主的债务，龙泉法院根据国家政策进行处理，若地主的全部财产足以退押，一般废除富农所欠地主的债务；若地主全部财产不足以退押，则富农偿还所欠债务的一部或全部。① （2）对于解放前工商业资本家欠地主的债务，龙泉法院根据 1954 年 9 月 22 日最高人民法院《关于资本家与地主及资本家之间旧债问题的批复》进行处理，如地主欠农民或农会的押金等债务，则用该项债权抵偿；如农民或农会未追讨对地主的债务，则一般不受理资本家欠地主的债务。（3）对于资本家之间的债务，如有确切证据证明债务人有偿还能力，则偿还一部分或全部；如证据不足而债务人不承认欠债，或债务人确已无力偿还，则不予受理。（4）对于解放前地主欠农民及其他劳动人民的债务，龙泉法院根据 1955 年 10 月 15 日最高人民法院《关于资本家欠地主的债务与地主欠劳动人民的债务如何处理的批复》进行处理，如地主在土改中仅分得维持其家庭生活的土地房屋，而无其他财产，一般不再追偿；如地主在城市有工商业或其他财产，土改时未变动，则予追偿。

对于新中国成立以后产生的债务纠纷，龙泉法院根据《关于新区农村债务纠纷处理办法》和最高人民法院的有关处理意见进行处理：对一般借贷关系（包括地主为借出者），承认当事人自由设定的契约有效；私人借贷利率一般不应超过三分，但民间自由借贷利率即便超过三分，只要是双方自愿，无其他非法情况，法院一般不加干涉。另外，对于企业在私营时期遗留下来有关公私之间和劳资之间的债务问题，龙泉法院根据 1956 年

① 关于减租退押运动相关讨论参见曹树基、李婉琨、郑彬彬：《江津县减租退押运动研究》，《清华大学学报（哲学社会科学版）》2013 年第 4 期；黄柘淞：《江津县退押运动再研究——与曹树基教授等讨论》，《清华大学学报（哲学社会科学版）》2017 年第 2 期；娄敏：《再论江津县退押运动的几个问题——对〈江津县退押运动再研究〉一文的学术回应》，《中共党史研究》2017 年第 11 期；张杨：《川西地区退押运动研究（1937—1951）》，《清华大学学报（哲学社会科学版）》2020 年第 5 期。

3月30日国务院《关于私营企业实行公私合营的时候对债务等问题的处理原则的指示》，本着从宽处理的精神，尽量予以解决。

（五）继承纠纷

新中国成立以后，国家保护公民的遗产继承权。"五四宪法"规定，"保护公民的私有财产的继承权"；《婚姻法》不仅以法律形式废除了封建宗祧继承制度，确定了男女继承权平等，还规定"夫妻有互相继承遗产的权利""父母子女有互相继承遗产的权利"。

新中国成立之初，多种经济成分并存，公民既享有生活资料所有权，又享有生产资料所有权，因此可供继承的财产较多，继承纠纷也时有发生。1950年至1957年，龙泉法院共审结继承案件72起，其中1950年和1953年审结得最多。但是从1956年开始，随着一系列运动和改造的开展，私人财产的范围逐渐缩小，继承纠纷的数量也开始减少。1956年底，国家基本完成了生产资料所有制的社会主义改造，公民私有的生产资料变为集体所有；1957年以后，在"大跃进"和人民公社化运动中，"一平二调"的"共产风"盛行，社员的一些私人财产被无偿收归公社所有；1958年，在城镇私房社会主义改造中，超起点的出租私房由国家经租；1960年后，公私合营的工商业企业和国家经租的私房转为全民所有。[1] 至此，可供继承的遗产范围缩小，公民的继承意识也比较薄弱。1959年至1962年，龙泉法院收案中基本没有继承案件。后来，"大跃进"和"一平二调"等错误倾向被纠正，公民财产所有权被重新明确后，继承纠纷才陆续产生。1963年至1967年，龙泉法院共审结5起继承案件。但是，"文革"中，继承权被视为不劳而获的资产阶级剥削特权和资本主义尾巴而受到批判，"七五宪法"取消了关于保护公民继承权的规定。尽管如此，1973年法院恢复后，仍审理了少量继承案件。

---

[1] 参见赵胜：《上海城市私房的社会主义改造》，《当代中国史研究》2010年第5期。

小　结

新中国的成立完成了对社会秩序的全面整合，龙泉进入了一个新的发展变革时期。新中国在全能主义国家的政治结构下形成了一种国家全面管制社会的政治型社会秩序。虽然这种社会控制模式成功维持了社会秩序的刚性稳定，国家权力得到了空前的强化，但社会发展及社会自主治理的活力却受到了压制。国家政策的不断调整和变化、基层社会权力结构的改造与革命、政治运动的频繁交替、旧法统的废除而带来的法律制度变革及法律体系相当不完备的状态等都对龙泉的民事纠纷解决机制产生了深远影响。我们可以把新中国成立后前三十年的民事纠纷解决模式称为政治型纠纷解决模式。这一时期的民事纠纷解决模式有以下几个特征。

一、解纷主体：以政治权威为核心

新中国成立后，传统的解纷主体如宗族、士绅等被视为落后反动的力量被摧毁，取而代之的则是延伸到乡村的基层政权及其干部。传统社会中复杂多元的社会关系被简化为"人民—国家""社员—干部"的关系。伴随着私有产权的基本消灭，土地、债务、继承、分家等纠纷逐渐减少甚至绝迹。在新的制度安排下，虽然存在诸如民众与生产队工分议定、工作分配等相关的纠纷，但总的来说，在全能政府的控制之下，民众的自主性降低，人际关系更多限于组织内部，公开矛盾也相对减少。这一时期最为常见的民事案件是离婚诉讼，纠纷也相对简单。在总体性社会，民事纠纷数量有限且在绝大多数情况下会自行消解或者通过单位、公社的内部纠纷解决机制消解。单位、公社对内部纠纷的解决实际上是国家解决纠纷的重要环节，它的地位和作用与法院解决纠纷并无明确不同，并且在实践中发挥着更为重要的作用。

1952年司法改革以后，司法机关完成了破旧立新，法院的工作也体现出以下特征：一、实行专政与保护民主是法院根本任务中统一的不可分割的两个方面；二、司法工作必须为国家政治任务服务，由于国家在不同历史时期有不同的政治任务，司法机关便理所应当地服务于中心工作；三、法院不单纯是惩罚机关，还肩负着教育人民、改造社会的任务。新旧时代的递嬗是如此迅猛剧烈而又壁垒分明，相比于旧政权及其旧法统下的司法模式，新的司法形态的变化主要包括：1.话语表达方式发生更替，即革命化、平民化的语言风格取代了专业法律概念及术语；2.法院积极介入社会改造、国家治理之中，司法工作的全部重心集中在一定时期党和国家的中心任务上，中心工作的成效成为检验司法工作的最高标准；3.预设审判立场，即法院从"中立司法"走向"人民司法"，强调阶级分析的审判思维，以阶级身份作为裁判结果的重要标尺；4.审判方式发生转换，即警惕审判实践中任何仪式化与程序化的迹象，并斥之为繁文缛节和官僚习气，进而强调方便民众诉讼的简约化审判风格。

由于法律并非民众生活所必需，公众对于法院的纠纷解决功能也没有太多的期待和需求。在这个阶段的纠纷解决体系中，尤其是民事纠纷解决体系中，法院在某种程度上是可有可无的。基层法院只不过是国家解纷机制的一个环节，只是国家机器的一个部分。法院治理纠纷的范围十分有限，大多是通过审判刑事案件来打击犯罪，仅负责解决十分有限的民事纠纷（主要为婚姻家庭纠纷）。故而，就治理范围而言，法院奉行的是一种"有限主义"，即司法仅介入特定的、有限的案件范围。法院的治理能力处于本书考察时段中的最低水平。

二、解纷依据：以政策为主导

新中国成立以后，国家通过一次次的政治运动和政治教育对个体进行改造，重塑人们的价值观念，规范人们的日常行为。这一时期，政策代替了法律。除了"阶级斗争为纲"的错误指导思想外，另一个重要原因便是革命战争年代形成的传统所带来的影响。同时，成文法的数量不足，不少领域尚无明确的法律规则，也未构建系统而严谨的法律体系，以至于不少纠纷的解决只能依据政策或情理。由于政策大多是原则性、指导性的规定，在适用过程中具有很大的弹性。这虽然有利于适应变化的形势，但也损害了法律的稳定性和连续性。尽管新政权建立后，国家制定颁布了一定数量的民事法令以及大量带有法律性质的政策，特别是土地、婚姻这两个民事纠纷较多的领域。但是这一阶段的法律不过是政策的一种表达方式罢了，"法律仍不是真正的行为规则，真正的行为规则是政策，法律是政策的附庸"①。政策在司法中发挥的作用越来越大，势必会挤压法律的适用空间。司法失去法律的约束，导致"人治"日益膨胀，最后终于走向"无法无天"的境地。

不过与此同时，也应当看到，传统民间规则始终在发挥重要作用。1949 年到 1978 年间，新政权从外至内地推动了地方村庄社会基本结构的转型，即由礼治型社会秩序转向政治型社会秩序，但是，这一转变不仅存在"变"的一面，也存在"不变"的一面。在龙泉，传统社会的印记仍随处可见，龙泉边区仍然保留了"前现代"的特征。即使在"反封建""破四旧"的革命风暴来临时，长幼有序、重男轻女、祖先信仰、婚丧嫁娶、报答祖荫等观念一直是龙泉村庄的劳动群众朴素而又深刻的人生信仰和精神依托。这一时期，尽管在"革命"道德的抨击下，传统的道德体系有所减弱并转入"地下"，但是传统道德伦理规则发挥作用的空间一直存在。革命道德的确会在某些层面上对村民的信仰产生影响，但民众信仰的内核并未

---

① 蔡定剑、刘丹：《从政策社会到法治社会——兼论政策对法制建设的消极影响》，《中外法学》1999 年第 2 期。

发生实质性变革，它在很大程度上影响了此一时期民事纠纷的解决。当政治运动的发展脱离了农村社会的客观条件，与传统习俗以及群众的初衷相差太远时，随着革命精神领袖的谢世，革命的话语便戛然而止。

三、解纷方式：以人民调解为核心

此一时期，基层政权拥有绝对的统治权威。村干部在村民当中享有很高的地位，其权力不容质疑。政府权威是第一位的。纠纷的解决更多的是依靠调解而不是法律，并且，此一阶段的人民调解与传统调解存在巨大差别。人民调解除发挥纠纷解决功能，还被作为贯彻党的政策、动员人民支持社会主义建设以及实现社会管理的工具使用。在诉讼解决过程中，政府以积极的姿态介入，视司法为教育民众、改造社会的手段，从而大大加强了对乡土社会的渗透与控制程度，所以，黄宗智用"调处"这一概念来强调这一时期调解方式的行政性与强制性，以区分传统的以妥协性为特点的"调解"。[①]

同时，政治型民事审判模式简化了诉讼程序。新中国成立后，作为社会治理工具的民事诉讼制度也呈现出"半正式极简主义治理"（Semiformal Minimalist Governance）的特点。这种简约化既是否定"旧中国民事诉讼法的剥削阶级属性"及其形式化的需要，也是便于当事人诉讼及便于法院审理案件的需要。不过，这一时期法院的治理程度较为深入，在纠纷解决过程中，法院不仅关注纠纷本身，更注重梳理纠纷背后的社会关系。在一般的纠纷解决过程中，法官更大程度上充当着调解人员的角色。在司法上，通过简化诉讼程序、降低诉讼费用等方式，大幅度降低民众解决纠纷的成本，司法的"可接近性"达到前所未有的程度。法官不仅运用政策的

---

① 参见黄宗智：《过去和现在：中国民事法律实践的探索》，法律出版社 2009 年版，第36—37 页。

指导，道德和意识形态的劝解，而且还借助了各方面的力量施加压力，从而促成纠纷的解决。这种纠纷治理模式的特点就在于强调纠纷的实际解决，而不是仅关注当事人权利的划分。面对有限的民事纠纷，法院力求"小而深"地解决问题。整体而言，法院通过纠纷治理达到了良好的社会治理效果。

同时，此一阶段，民事审判并未受到重视，大量的资源往刑事审判倾斜。这有以下两个方面的原因：第一，以小农经济为主的经济基础仍未改变。此一时期，民事纠纷的类型较少，民事法律关系相对简单，审判时法官无须以复杂的、高度抽象的、体系化的现代民法为依据，也无须清楚地裁决当事人的权利义务归属。相反，斟情酌理地平息纷争，妥善地维持各方利益平衡，修补因纠纷而出现裂痕的社会关系，更受民众欢迎。第二，在民事审判中，判决并非严格依照法律条文，法官根据政策、民众意见甚至情理断案的现象时常发生。正式的审判越来越少，而人民调解占据主导，民众乃至司法工作人员对现代法律内涵的程序精神和形式正义表现出相当的漠然甚至抵触。

四、政治型纠纷解决模式的意义

新中国成立后，民事诉讼在新的历史起点上，随着新中国社会主义法制建设而新植初发。尽管旧法传统已经崩溃，但为了彻底"驯服司法"，新政权仍然自上而下地发动了一场带有浓厚政治色彩的"司法改革"运动。正是通过疾风骤雨的运动式治理，新式的司法机关才得以在全国范围内正式确立，政治型纠纷解决模式才得以确立。政治型纠纷解决模式的首要任务在于实现政治目标——为新中国政治、经济及社会方面的政策服务，为阶级斗争的需要及保护人民利益服务。

毋庸讳言，这一时期的法制建设是艰难的，但是制度初创，初步探索了中国特色的多元化民事纠纷解决机制，也开启了中国民事诉讼制度独立发展的道路。为此后民事纠纷解决机制的完善提供了基础。尽管从后来的发展状况来看，如果能够更多吸收旧法中的合理因素，也许会使法制的发展少走一些弯路、多积累一些经验，但我们似乎并不能因此过分苛责那些在重大历史变革的风口浪尖而又急于创造人间奇迹的人们。而此后人民司法制度的曲折历程也表明，新中国成立初期的民事纠纷解决机制在权力技术上尚停留在较为初步和粗糙的阶段，有待进一步形成更精致、完善的治理方式。直到改革开放以后，执政党逐渐从具体琐碎的一般司法事务中抽离出来，以更加宏观的角度去对待司法工作，更注重从意识形态的角度来引导法院的政策取向、服务宗旨和中心任务，司法建设才真正走出动荡与束缚，逐渐成熟和定型。

下 篇

法治型纠纷解决模式的变革与挑战

　　改革开放后，国家权力有限退出基层，由国家作为单一治理主体的格局发生变化。以社会重建与成长为核心的社会转型推动了国家治理方式的演进。在龙泉，政治型社会秩序开始向法治型社会秩序转变。这一时期，在民事解纷主体上，逐步实现了一核多元的协同治理；在解纷依据上，法律规则日渐占据主导地位；在解纷方式上，基层治理、人民调解与法院审判发生重大变化。龙泉的纠纷解决模式的法治化特征愈发明显。不过，尽管改革开放后的基层民事纠纷解决模式越来越显示出"法治化""多元化"的趋势，但此一转型过程也存在着极为复杂的面向。

第九章　法治型社会秩序的演进

1978 年 12 月，党的十一届三中全会在北京召开，揭开了改革开放的序幕。改革首先发生在经济领域，随着市场经济体制改革的不断推进，政治民主化进程也不断加快，推动了我国法治领域的变革。[①] 改革开放四十多年来，龙泉人民凭借一股逢山开路、遇水架桥的闯劲，努力克服地域、环境等的限制，用勤劳、勇敢和智慧书写着改革开放的时代篇章。

第一节　经济制度转轨

1976 年"文化大革命"结束，经历了此起彼伏的群众运动之后，龙泉深陷贫困与落后的处境。这个时期，"穷则思变"很好地解释了改革发生的必然性。在龙泉农村，承包责任制的探索首先开始于林业。1980 年冬天，在龙泉边远山区，部分村庄出现了群众自发承包到户的现象。1981年，龙泉开始实行林业经济体制改革，在茶丰乡进行山林定权发证试点，由点到面，确定山林归属。次年冬天，龙泉集体所有山林全部改为责任山、统管山与自留山三种形式。此后，龙泉开始着手推行各种形式的农业生产责任制。

1983 年，龙泉农村家庭联产承包责任制的全面铺开，使得被长期禁

---

① 参见张文显：《论中国式法治现代化新道路》，《中国法学》2022 年第 1 期。

锢的农村经济结构瞬间释放出巨大的能量。1985 年春天，龙泉的粮食统购改为合同订购，放开了农副产品价格。龙泉农村几次开展"致富大讨论"，进行产业结构调整，掀起了当地办厂、经商、发展特产业与养殖业的高潮。

党的十一届三中全会以后，龙泉开始进行国有企业改革。贯彻"调整、改革、整顿、提高"的方针，实行"统一计划，分级管理"，坚持以计划经济为主、市场调节为辅的原则，根据"大的方面管好，小的方面放开搞活"精神，国家控制的计划品种、数量逐步减少。自 1978 年恢复个体工商户以来至 1988 年，龙泉全县登记发照的个体工商户已经有 6730 户。

经济体制改革的一个明确方针就是通过"放权"来搞活经济。对外贸易领域的改革也是如此，中央逐步将权力下放至地方。基于这一背景，浙江省展开了传统外贸体制改革和对外贸易口岸建设。1979 年 6 月，丽水地区成立了对外贸易公司，与该地区的对外贸易局合署办公，产品主要发往杭州、上海、广东、福建、山东、江苏等地的口岸公司。同年，浙江省轻工业品进出口公司派员赴龙泉考察，决定出资对县外贸公司进行扩建。县里决定在九姑山下、灯光球场往北划出一块地供外贸局和外贸公司建造一座集办公、仓库、员工宿舍于一体的房子。此后，国家对经济计划的管理工作也由微观管理转变为宏观指导，逐步扩大了生产者和经营者的自主权。从 1978 年到 1988 年短短 10 年间，私营经济获得了快速发展。1990 年 12 月 26 日，经国务院批准，撤销龙泉县设立龙泉市（县级）。1991 年 2 月 4 日，龙泉市挂牌成立，仍属丽水地区行政公署，由丽水市代管。

从 1993 年党的十四届三中全会到 2001 年加入世界贸易组织（WTO）的数年间，我国确立了建立社会主义市场经济体制的改革目标，市场在资源配置中发挥的作用愈发明显，龙泉的国有企业也在转换经营机制过程中向现代企业制度的改革方向迈进。2001 年 12 月 11 日，中国正式加入WTO，成为其第 143 个成员。加入 WTO 以后，中国原有的经济结构和社会秩序受到了巨大的影响。① 进入 21 世纪，龙泉市进一步放开搞活，坚持"引进来"和"走出去"相结合，充分利用国内国际两个市场、两种资源，构建更具活力、更加开放的经济体系，大力推进经济体制改革。经济结构的改革与放开，不仅繁荣了市场经济，而且使得人民生活水平大大提高，思想观念得到了更新。

市场经济体制强调市场的自我调节作用。这就要求一定程度的社会自治，国家不能再像以前那样随意主宰经济社会的发展，而是应当服从于经济规律，受到社会发展现实的制约。同时，市场经济体制必然需要法律的保障，因为建立与健全法治才能保证市场经济的公平与民主的实现。法治所要求的公平、效率与市场经济体制所追求的公平、效率具有一致性。伴随着市场的逐步放开，国家本位主义开始消解。②

第二节　基层治理转型

一、基层治理转型的图景

改革开放以来，我国的经济体制发生了根本性变革——从计划经济体制转变为市场经济体制。这一时期，龙泉出现了大规模的社会分化，区域分化、阶层分化、组织分化、观念分化日益凸显，民众需求也逐渐多元化。这一变革深刻影响了我国的社会管理体制，传统的单位、人民公社管理体制逐渐转变为现代社会治理体制。在城市，基层治理组织由封闭僵化

---

① 参见李春玲：《改革开放的孩子们：中国新生代与中国发展新时代》，《社会学研究》2019 年第 3 期。

② 在刑法上，一个典型例证就是 1997 年《刑法》修改取消了反革命罪、投机倒把罪、流氓罪等罪名。

的单位制转变为开放流动的社区制。① 社区制强调居民参与，这一治理模式的开启标志着龙泉正式踏上了社区建设的探索之路。在农村，基层管理制度则从人民公社体制转变为了"乡政村治"模式，② 即村民自治。"政社一体"逐渐解体，龙泉开始从封闭走向开放。"村民自治"首次出现于1982 年《宪法》中，是乡村治理体制适应社会发展的成果。国家将权力下放，让广大农民直接行使自己的民主权利，极大地提升了村民自治意识与自治能力。村民自治标志着村民真正逐渐开始成为农村社会治理的主体。

1987 年，《村民委员会组织法（试行）》正式颁布，明确实行农村村民自治，发展农村基层民主，开启了我国基层治理的新篇章。1998 年，全国人民代表大会常务委员会对《村民委员会组织法》进行了修改，该法第 4 条规定改为"乡、民族乡、镇的人民政府对村民委员会的工作给予指导、支持和帮助，但是不得干预依法属于村民自治范围内的事项"，更大程度地尊重了村委会的自治权。同时根据该法第 4 条，乡镇政府与村委会的关系也由从前的"领导与被领导"的关系转变为"指导与被指导"的关系，村委会自主性增强。③

这一时期"乡政村治"的治理结构形成了。基层政权是国家政权的最末一端，对所属的乡村承担行政管理职能，行政职能是其日常的活动事务。村民委员会是村民的自治组织，拥有自治权是村民委员会的权能。"乡政村治"体现了行政权与自治权的分离，形成了乡政村治模式。乡政村治模式的应然特征是：乡镇政府作为国家基层政权，依法行政；村民委员会

---

① 参见何海兵：《我国城市基层社会管理体制的变迁从单位制、街居制到社区制》，《管理世界》2003 年第 6 期。

② 参见周庆智：《改革与转型：中国基层治理四十年》，《政治学研究》2019 年第 1 期。

③ 参见金太军：《"乡政村治"格局下的村民自治——乡镇政府与村委会之间的制约关系分析》，《社会主义研究》2000 年第 4 期。

作为村民自治组织，依法自治。乡镇政府与村之间的关系在法律上不是行政上的上下级和直接的"领导关系"，而是"指导关系"。但同时也要看到乡政村治模式的另一面：由于对政治稳定的强调使得加强行政权力控制的任务不断得到强化，乡镇政府在上级目标责任书的压力下，口头上把村民委员会看作群众性自治组织，但实际上或者将其看成渐向政权过渡的基层组织，或者将其看作半自治、半政权的基层组织。在实际运作过程中就出现了强化其行政功能、弱化其自治功能的现象。乡镇政府与村之间表现出了上下级的行政关系，甚至导致了村委会行政化。

二、龙泉基层治理转型的困境

四十多年的改革开放促使龙泉乡村社会取得突飞猛进的发展，但治理成效显著的背后也存在诸多治理困境。农村生产要素市场化流动速度加快，农民参与分享城市收益的路径越来越广阔，农村与城市的联系更加紧密。随着农村改革的深入推进，越来越多的市场力量参与到乡村治理过程之中，使得乡村治理的主体、客体及环境等方面开始发生变化，农村原有的格局处于变化与流动之中。随着农村社会经济结构的变迁，乡村治理过程中的群体分化已经产生，精英群体与普众群体在乡村治理中的行为表现及价值追求开始差异化呈现，乡村精英寻求经济利益最大化，普通大众对土地更加眷恋。务工群体与务农群体参与乡村治理的态度也存在明显的区别，务工群体整体表现为对乡村社会事务的默然冷对，留守务农群体整体表现为对乡村公共事务的坚守。

龙泉多数村庄在发展过程中出现不同程度的衰败，基层治理面临不少困难。在新时代，龙泉的乡村治理困境主要表现为乡村治理主体乏力，难以产生治理合力；乡村治理资源消减，难以有效提供乡村治理的基础平台；乡村治理绩效徘徊不前，老百姓获得感不强；乡村利益格局持续分化，农村非均衡发展问题严重；等等。基层治理困境的产生与"大国家、小社会"的社会形态紧密相关。从国家建构的现实运作逻辑看，国家是推动乡村治理向前发展的动力引擎，但基层社会的活力还显不足，基层社会的自治空间相对比较狭窄，而且，基层治理面临人、财、物缺失的现实难题，影响其治理水平。具体展开表现为以下几个方面：

（一）治理主体"多元化"与"不均衡"并存

基层治理体系现代化意味着对传统的、行政主导的一元式权威治理模式进行变革，主张在基层治理过程中建立一个多元主体协商、合作、互补的治理体系。这一体系不仅包含基层党组织和基层政府等核心公共权威组织，也包含事实上参与乡村治理过程的内生或外来的村民自治组织、社会组织、市场组织、民间权威及广大人民群众等主体与力量。实现不同治理要素的良性互动，发挥多维主体在乡村治理中的综合效用，健全自治、法治、德治相结合的乡村治理体系，形成更具包容性的乡村建设合力。目前，社会组织和村民个体逐渐成为基层公共事务的参与者和治理者，但社会和市场的力量还不够强大，参与社会治理的广度和深度仍需拓展。

改革开放后，基层治理组织形式由封闭僵化的单位制转向开放流动的社区制。[1] 社区制强调居民参与，管理与服务相结合，但受行政体制惯性的影响，依旧无法完全摆脱单位制与街居制时期的一些影响，因而基层治理在向社区制转变时极易陷入行政化困境。这不仅使得社区自治空间被迫缩减，而且增加了政府的工作压力。与此同时，社区参与个体化、组织程度低、组织发展慢等弊端逐渐显现，社会工作有时难以在复杂的街区权力关系体系下开展。由此可知，对城区基层治理而言，弱化行政化限制、激发社区自治活力、满足民众需求是重中之重。[2]

---

[1] 参见何海兵：《我国城市基层社会管理体制的变迁从单位制、街居制到社区制》，《管理世界》2003 年第 6 期。
[2] 参见高其才：《走向乡村善治——健全党组织领导的自治、法治、德治相结合的乡村治理体系研究》，《山东大学学报（哲学社会科学版）》2021 年第 5 期。

（二）治理制度"常态化"与"贯彻难"同在

现代化治理的推进要靠制度来保障，中央政策是在充分考虑基本国情、地方差异等因素的基础上，从战略性规划、整体性布局的高度进行的顶层设计。它具有稳固、持续、常态化的特征，能够在实践中充分发挥制度优势，提升现代化治理实效。然而，基层治理同时面临以下问题：压力型体制背景下，处于权力末梢的基层政府常常面临权小责大、自主性匮乏的困扰；人手少，任务重，加班加点成为基层工作常态；面临财权上收、事权下沉的双重挤压，基层用于提供公共产品与服务的财力"捉襟见肘"；形式主义有时泛滥，很难让民众真正满意。

（三）治理方式"法治"任重道远

现代国家治理强调民主与法治，它是人民普遍追求社会正义的体现，是基层治理的根本要求。改革开放开启了中国民主与法治建设的新篇章。新时期中国在社会主义民主政治和全面依法治国方面取得了巨大成就，尤其是在基层社会，以村民（居民）自治为重要内容的基层群众自治制度已经成为我国的一项基本政治制度。这一制度的建立与实施有效增强了基层群众的民主意识，使其能够独立自主地参与基层治理的各项事务。同时，随着国家法律制度的健全与法律条文的完善，"法治"的种子逐渐播撒到乡村、社区之中，法治思想深入人心。然而同时，受传统行政化管理的浸染，基层民主实践还是以政府动员为主，群众参与的主动性较低。[1] 在龙泉，基层群众并未透彻理解法治的内涵，实现基层治理民主化与法治化的任务依旧艰巨。

（四）治理技术"信息化"与"老办法"共用

改革开放后，信息技术逐渐在我国工业化与城市化建设中兴起，并

---

[1]　参见冯献、李瑾：《乡村治理现代化水平评价》，《华南农业大学学报（社会科学版）》2022 年第 3 期。

迅速融入社会发展的方方面面，经济发展、社会治理、生活工作及学习娱乐等领域无一不伴随着信息技术的影子。因此，将其引入基层治理领域成为必然选择。信息技术以其自身独特的优势，打破了基层治理的时间空间局限，在回应民众需求、提高治理透明度、便利民众监督等方面发挥着重要作用，使基层治理效率达到了前所未有的高度。就龙泉来看，从推行电子政务到建立门户网站，再到治理信息即时化，基层治理信息化程度不断提高，取得了不少成就。但是，目前基层治理信息化仍然处于初步发展阶段，在龙泉许多农村和偏僻地区，现代化治理手段并未普及，数字鸿沟日益扩大，基层治理的"老办法"仍占主导地位。[①] 城乡区域之间信息技术的发展层次、技术设施的配备和信息数据的交互存在较大差异。

（五）治理格局"一体化"与"区隔化"并存

改革开放以来，经济体制改革、户籍制度改革、农村税费改革等举措促使城乡之间人口与资源流动更加频繁，封闭化和二元化的城乡关系逐步走向开放化和一体化。具体表现为大量农民进城落户、城市资本下乡，城乡关系更加密切。但是，城乡治理一体化的进程并非一帆风顺，也难以一蹴而就，目前仍然存在许多障碍，比如户籍没有完全放开、大量农村资本尚未盘活、二元结构体制残余等。将社会治理区分为城市治理与乡村治理，并在两个方面实行不同的制度，这与国家治理现代化的要求南辕北辙。社会治理"区隔化"会导致经济效率降低、社会平等缺失以及社会稳定程度减弱。虽然现在城乡教育、医疗、社保之类的基础公共设施基本实现全覆盖，但是推进城乡基本公共服务均等化仍然任重而道远。

---

① 参见王亚华、李星光：《数字技术赋能乡村治理的制度分析与理论启示》，《中国农村经济》2022 年第 8 期。

第三节 乡村巨变与家庭变革

一、乡村巨变

在改革大浪的推动之下，龙泉农民在职业上也出现了巨大的分化。新中国成立初期的单一农业劳动者开始分化为农业劳动者、农民工、乡镇集体企业职工、个体户和私营企业主等。可以说，职业分工是农村社会结构分化的直接体现，这一分化使得农村社会成员之间的利益冲突逐渐加大。但是伴随着社会流动性的增强以及社会分化的出现，农村逐渐由"熟人社会"向"半熟人社会"过渡。①

巨大的变革使民众生产生活产生了新的形态，传统的生存法则与处世方式发生了翻天覆地的改变。每个个体都在努力调整以适应这场变革带来的多方面的变化，其中，受到影响最大的是9亿多中国农民群体。不少村里人背井离乡去大城市打工赚钱，前往城市务工和经商，形成了中国在规模上史无前例的城乡人口流动。在此背景下，龙泉农村社会正在经历结构和制度层面的剧变，"乡土中国"开始蜕变。以此视角来看，中国已经发生的转型是历史性的，且具有不可逆性，即已由过去以农为本、以土为生、以村而治、根植于土的"乡土中国"，转变为乡土变故土、告别过密化农业、乡村变故乡、城乡互动的"城乡中国"。

第七次全国人口普查数据显示，2020年龙泉市流动人口总量43259人中，外出人口24944人，其中外出半年以上的16727人；外来人口18315人，其中离开其户口登记地半年以上的18149人。全市外出人口是外来人口的1.36倍。外出务工的农民，他们早已经跨越低矮的篱笆墙，

---

① 参见丁波：《乡村振兴背景下农村空间变迁及乡村治理变革》，《云南民族大学学报（哲学社会科学版）》2019年第6期。

被市场经济的大浪所裹挟、整合到了更大的社会分工之中。村落传统正在改变，村庄的公共权威逐渐衰弱，乡村社会的一切正在被重塑。①

在传统乡村社会，个体是"他所有的先辈与他尚未出生的后代的化身。他因祖先而存在，他的后代只能通过他而存在"②。因此，个体是依靠家庭而存在的。在纠纷产生时，维持集体稳定的使命感驱使集体利用血缘关系和亲属关系的巨大网络来解决纠纷，以维护熟人社会的传统法则、伦理规范与道德期待。纠纷的解决不关注个案中个体的权利义务，而是更着眼于长期性的社会集体关系的安全与稳定。此种情况下，代表家族、宗族、集体利益的家长在纠纷解决方面必然拥有最高的权威和绝对的话语权。而现在，城乡流动打破了原有的秩序，对差序格局带来了巨大的冲击。持续且极大规模的城乡流动，使得原有的家族观念、风俗习惯以及交往法则被逐一打破。随着商品经济与市场规则进入乡村，私有财产的观念被广泛接受，逐渐打破了传统乡村以血缘、亲缘和地缘为纽带的人际交往规则。在这一背景下，利益逐渐取代血缘关系成为个体社会交往的首要考量因素。乡村社会正在向个体松散集合状态转变，乡土纠纷也逐渐转变为经济纠纷。这一转变，使得传统的规范体系逐渐失效，乡土纠纷也被纳入法律框架之中。

二、家庭结构变革

（一）家长权威削弱

"家"是中国人传统生存观念中最基础的结构，家庭既是生活单位也是农业生产单位。传统乡村社会中的家庭几乎承担了一切社会功能，包括

---

① 参见董磊明、陈柏峰、聂良波：《结构混乱与迎法下乡》，《中国社会科学》2008 年第 5 期；董磊明：《宋村的调解：巨变时代的权威与秩序》，法律出版社 2008 年版。

② Baker，Hugh H.D.R.，*Chinese Family and Kinship*，New York: Columbia University Press，1979, pp.26–27.

农业生产、抚养教育子女、宗教活动、消费、文化娱乐活动等。① 家庭是构成乡村社会的基础，家庭的稳定也是家族存续和乡村社会稳定的基础。因此，传统中国乡村社会的特征是"家本位"②。家长在家庭内部具有压倒性的权威，是农业生产活动的组织者、管理者、监督者，拥有对生产工具和其他家庭财产的占用、使用、收益、支配和处分等主要权利。家长通过组织、管理和监督家庭成员从事农业生产以及分配生产收入巩固其权威地位。家庭纠纷发生时，家长通常是最直接、最高效、最权威的协调者、处理者。由于生产生活均需家庭维系，其他家庭成员无法脱离家庭所有的土地和生产工具而独立生存，家长提供的纠纷解决方案具有权威性。③

　　现代社会，随着住房、教育、医疗、婚娶等方面的支出不断增加，农业生产所得已经难以负担生活需要，这迫使农民外出务工以增加经济收入。打工收入逐渐成为农村家庭的主要经济来源。这种追求提高收入和降低生活成本的城乡分居的生活方式打破了传统"大家庭"聚居模式，两地甚至多地分居成为当代农村家庭居住的现状。同时，受年龄限制，前往城市务工的往往是年富力强的男性与青年女性，年长者、年幼者多留守家中务农和接受教育。家长不再具有最高话语权与最终决定权，父权对外出务工的晚辈个体不再具有控制力。④ 就经济方面而言，当今外出务工的年轻人获得的劳动报酬远高于父辈的农业收入，子辈对家庭经济的贡献远高于从前。在文化方面，外出务工使得晚辈有机会接触更多的外来思想，他们的人生观、世界观、价值观发生了巨大的改变。打工也使得晚辈在财产所有权方

---

① 参见彭希哲、胡湛：《当代中国家庭变迁与家庭政策重构》，《中国社会科学》2015年第12期。

② 参见魏建、赵钱龙：《中国乡村利益共同体的变迁及其影响》，《学习与探索》2008年第2期。

③ 参见贺雪峰：《半熟人社会》，《开放时代》2002年第1期。

④ 参见阎云翔：《私人生活的变革——一个中国村庄里的爱情、家庭与亲密关系（1949—1999）》，上海书店出版社2009年版，第54—63页。

面的意识提高，以至于他们开始对家长绝对话语权进行反叛。在这一背景下，传统纠纷解决机制逐渐改变。当下乡村家事纠纷实践中，遵循传统规则，完全依照长辈或家长的意见作为纠纷解决方案的案例已经十分少见。

（二）女性地位提高

乡村家事纠纷在性别特征上也发生了巨大的转变，突出表现为妻子、儿媳家庭地位的提高。在传统乡村社会中，妇女不仅要参与农业生产活动，也要打理家庭日常生活，从事照料老人、子女等繁杂的家务劳动，但由于其贡献无法被量化，传统中国并不认可其对家庭的经济贡献。同时，受儒家传统纲常思想的制约，妇女在乡村家庭生活中不具有独立地位。现如今，由于女性在轻纺、制造业、加工业、服务业等行业中具备灵巧、细致等优势，其获得了更多的就业机会和经济收入，对家庭经济的贡献也大幅增加。[1] 同时，在家务劳动贡献方面，《民法典》第1088条对离婚家务补偿作出了明文规定，女性对家庭的贡献被进一步肯定。除经济方面的原因外，女性受教育程度的提高与思想的解放，也使得其具有了争取话语权的意识。受此影响，妇女在家庭中的地位和话语权大幅提升，其在家事纠纷解决中的地位也变得十分重要。

（三）代际权力体系变化

受妇女地位提升影响，家庭代际权力体系也发生了巨大变化，传统乡村社会以父子、兄弟关系等男性亲缘关系为核心的"大家庭"模式被分割为以夫妻关系为核心的"小家庭"模式。在以前的乡村，大部分家事纠纷的起因与最终结果均为"分家"。传统划分财产的方式为"一次性分家"，即兄弟之间一次性分割家庭财产，不再进行后续的分割，分灶与分家同时进行。传统分家时间一般选择在所有兄弟均成年、成家之后。传统中国对

---

[1] 参见郑丹丹、狄金华：《女性家庭权力、夫妻关系与家庭代际资源分配》，《社会学研究》2017年第1期。

分家采取的也是消极态度，分家现象较为少见。

但是，随着流动性的增强，分家现象愈发频繁，传统的分家方式也被以结婚为标志的逐个分家的新型分家方式所取代：每个儿子结婚时，即使其后还有未婚的兄弟，也从家庭财产中分离出一部分作为新婚夫妻共同生活的经济基础。这种分家方式会导致家庭财产发生连续的切割和转移。如今，随着购置房屋等生活成本的提高，为增加家庭财产以对抗财务风险，新婚夫妻往往希望通过嫁妆和彩礼等方式，获得来自双方父母的直接资金支持。在经历了子辈的多次分家以后，家庭中父母和尚未婚配的子辈可支配财产不断减少，由此导致父子与兄弟间财产纠纷层出不穷。这是当下乡村家庭中存在的重要问题。

在传统家庭财产分割纠纷中，即使确实存在分配不公的问题，为了维护大家庭的整体利益和稳定，大家依然能够基于家长权威而避免冲突加剧。但是，基于前述原因，城乡流动已经大幅改变了乡村家庭原有的代际权力体系。因此，当家庭内部在财产分割上产生冲突时，已婚的子女趋向于为维护自己小家庭的利益和对抗可能的经济风险，而向父母索要更多的家庭财产。

三、纠纷解决机制变革

新中国成立后，通过实行土地改革，中国乡村社会进入了集体化时代。土地、牲畜和大型生产工具被收归村集体所有，生产单位由旧有的家族、村落转为集体经济组织——生产队，生产队的队长接替了过去的村长、族长的地位，成为生产活动的统筹者和组织协调者。因此，纠纷解决的中间人开始变为村干部、党员和积极分子。乡村纠纷解决，尤其是调解，被附上了无产阶级的政治色彩。调解成为解决人民内部矛盾的主要方式。在这种生产生活高度集体化和意识形态充分统一的情况下，纠纷当事人不得不服从生产队长和上级组织的安排。

随着改革开放的深化，中国乡村进入了"去集体化"时代。① 在商品经济和市场经济的影响下，传统乡村秩序被打破。土地和生产资料由个人或小家庭独立使用，收益也由其单独享有。乡村的价值体系不再以传统道德伦理与辈分法则为核心，财富地位与经济能力开始成为考量农民实力的核心要素，拥有更强经济实力的农民在乡村中获得了更多的话语权。这一点在乡村纠纷解决机制上尤为突出，面对纠纷时，村民趋向于寻求具有经济实力的村民协助解决。有实力主导乡村经济振兴的具有经济实力的村民在维持乡村秩序中发挥的作用更为重要。②

综上，我国乡村纠纷解决机制发生了巨大变化。在集体化时代，生产大队协调统筹生产资料，处理矛盾纠纷，提出合理的解决方案。然而，在现今的离土时代，巨大的城乡流动使纠纷解决失去了原有的组织基础。整齐划一的中国农村不复存在了，中国乡村呈现出高度的碎片化。村民之间交往和联系的减少，彼此的陌生，使人情、面子等机制在调解中的作用下降，村民利益和思想观念的多元化，不但诱发了新的纠纷，而且也增加了调解的难度。调解难度增大、成功率降低，表明当前中国乡村纠纷的解决机制弱化。

由是观之，"离土"是现今中国乡土社会最显著的特征。③ 前所未见的城乡大流动完全改变了中国传统乡村秩序，差序格局被打破，个体迅速独立并获得发展。传统习俗和生存规则的割裂，迫使个体重新探寻自身的身份与关系定位。利益成为人们的价值取向。在家事纠纷方面，长辈权威遭

---

① 参见周飞舟：《从"汲取型"政权到"悬浮型"政权：税费改革对于国家与农民关系之影响》，《社会学研究》2006 年第 3 期。

② 参见赵光勇：《经济嵌入与乡村治理——来自浙江农村的思考》，《浙江学刊》2014 年第 3 期。

③ 参见贺雪峰：《新乡土中国》，北京大学出版社 2013 年版；杨华：《陌生的熟人——理解 21 世纪乡土中国》，广西师范大学出版社 2021 年版；杨华：《县乡中国——县域治理现代化》，中国人民大学出版社 2022 年版。

到挑战，晚辈地位随着经济地位的提升而大幅提升；同时妻子开始获得话语权，在家事纠纷中占据更显著的地位。传统乡村纠纷解决机制失去了其赖以生存的社会基础，乡村纠纷解决机制日益被空置，从"实质性解决"沦为"形式性解决"；现代法律制度与规范因其滞后性未被广泛适用于乡村纠纷解决。因此，当前乡村纠纷及其解决机制呈现出一种较为混乱、失序的状态。中国社会转型打破了传统乡村自我治理的生活逻辑，却并未给乡村社会提供有效的解决纠纷方案，这是当前中国乡村社会生活存在的一个显著问题。

总之，经历了一百多年来的革命洗礼，以及随后市场经济的大浪冲刷，费孝通在《乡土中国》提到的乡土本色、差序格局、血缘关系、私德、家族、无讼、无为政治及长老统治等已经遭到了极大破坏。董磊明曾用"结构混乱"一词分析转型时期乡村社会的巨大蜕变，道出了巨大变迁中村庄变革的真实样态。乡土规则、礼俗规范等无形的规则依旧在规范着农民的生活，同时，现代社会中的各项法律与制度等新式规则正逐步渗透至乡村社会。传统价值观念与新式规则两者之间的合力，塑造了当前乡土社会不规则和多元化的特征。①

第四节　民事立法的发展

一、民事立法重启与《民法典》

新中国成立初期，百废待兴，社会主义法制建设尚在摸索中，两次制定民法典的尝试均告失败，此后，民事立法成果更是在集体主义浪潮中消失殆尽。1978 年十一届三中全会的召开，标志着我国法制建设重新起航。

---

① 参见陈柏峰、董磊明：《治理论还是法治论——当代中国乡村司法的理论建构》，《法学研究》2010 年第 5 期。

1979 年 11 月，全国人大常委会法制委员会组成了民法起草小组，开始了第三次民法起草工作。重启民事立法活动。由于缺乏民事实践经验，1982 年 6 月，中央领导提出了"先搞单行法，根据现实需要，哪个成熟了，就先制定哪个"的立法指导思想。① 1986 年《民法通则》应运而生。《民法通则》通过规定民事行为的基本原则、民事活动的基本范畴，为构造现代市场机制打下了重要制度基础。《民法通则》为市场经济发展提供了基本的保障。

1998 年全国人大常委会编制的立法纲要明确提出民法典制定的"三步走"路线图，《物权法》作为其中最重要的部分，是完善民法体系的关键环节。2004 年"保护私有财产"入宪，宣告民事立法得到了进一步发展。伴随着国家治理模式的现代化转型，民事法律体系不断完备，民事立法迎来了新的春天。《物权法》《公司法》《侵权责任法》等一系列民商事立法的颁布实施，为市场经济运行提供了法律指引，也为后续《民法典》出台提供了基础。

2017 年 3 月 15 日，第十二届全国人民代表大会第五次会议通过了《民法总则》。从 1986 年的《民法通则》到 2017 年的《民法总则》，虽然在名字上只有一字之差，中间却横亘了三十年的改革发展历程。《民法通则》作为改革开放初期的民事法律规范，其时代意义在于对商品经济关系的初步确认，是私权重新发展的起点；《民法总则》标志着我国民法典编纂的第一步已经顺利完成，确立起了民法典的基本制度、框架。②

2020 年 5 月 28 日，第十三届全国人民代表大会第三次会议表决通过了《民法典》。《民法典》作为法典化的民事法律规范，以法律规范的形式对私权领域的行为模式作出指引，并且由点及面，对国家治理的理性化衍

---

① 参见顾昂然：《新中国民事法律概述》，法律出版社 2000 年版，第 7 页。
② 参见孙宪忠：《中国民法典国家治理职能之思考》，《中国法律评论》2020 年第 6 期。

生出庞大动力。①《民法典》植根中国社会现实，作为市民生活的基本行为准则、市场经济的基本法，规定了民法的基本原理和一般规则，在深刻反映了国家治理逻辑的基础上，从民事立法的规律出发，健全了新时代中国特色社会法律体系，有助于形成社会共识、化解社会矛盾、规范社会行为、协调社会关系，推动国家治理现代化。②

二、民事诉讼立法的完善

除了民事实体法，民事程序立法在改革开放后也取得了重要进步。改革开放四十多年来，民事诉讼立法经历了从无到有、从有到优的变迁历程。在整个民事审判制度的发展历程中，立案制度、证明责任分配制度、举证时限和庭审制度等制度的变迁尤其具有代表性，构成了这四十多年来民事诉讼立法变迁的缩影。

党的十一届三中全会以后，民事审判改革提上日程。1982 年 3 月 8 日《民事诉讼法（试行）》通过。该法立足中国国情和实际，创设性规定了基本原则和基本诉讼制度，为此后的民事诉讼法奠定了基础和基本框架。

1988 年，最高人民法院召开第十四次全国法院工作会议。此次会议拉开了此后十年的民事审判制度改革的序幕，在此期间，经济体制改革对于法律制度的变革的影响体现得淋漓尽致。整个改革大的趋势就是法院职权主义的弱化。③ 1991 年《民事诉讼法》正式颁布，该法增加了"保护当事人行使诉讼权利"，程序正义在民事诉讼立法上得到进一步尊重。

---

① 参见林珊珊：《通过私法的国家治理——兼论民法典的政治内涵》，《江汉论坛》2021年第 5 期。

② 参见黄文艺：《民法典与社会治理现代化》，《法制与社会发展》2020 年第 5 期。

③ 参见李浩：《中国民事诉讼法学研究四十年——以"三大刊"论文为对象的分析》，《法学》2018 年第 9 期。

在 1991 年的《民事诉讼法》中，法院的职权被弱化，主导作用被弱化，立法也强调当事人在民事审判中的主动性和其对于自身权利处分的自由。这实际上意味着长期在我国民事审判中占据主导地位的职权主义模式开始吸纳当事人主义的一些特征，进而在调解中也确立了"自愿、合法"的原则。

1988 年到 1998 年这十年中，民事案件不断增多，法院取得了丰富而宝贵的实践经验。1998 年 6 月 19 日，最高人民法院通过了《关于民事经济审判方式改革问题的若干规定》。就实质内容而言，此文件相较于 1991 年的《民事诉讼法》变动并不多，只是将 1988 年以来所探索的一些成果规范化和制度化，例如确立证据失权制度、庭前证据交换制度等。其进步意义则是初步建立了符合国情的民事审判机制，也便于各级法院依法及时审理民事案件。

随着我国经济的发展和社会关系的变化，一些问题也不断暴露出来。在法院外部，地方保护主义蔓延开来，审判工作受到影响；在法院内部，一直备受关注的司法人员腐败问题时刻侵蚀着司法公信力，法院管理模式行政化导致一人独断，有碍司法公正。法院物质保障不足也影响了基层工作者的积极性。在这样的背景下，1997 年 9 月，党的十五大提出依法治国方略，首次提出"推进司法改革"。1999 年 10 月，最高人民法院印发了《人民法院五年改革纲要（1999—2003)》，基本确定了此后民事审判改革的方向和侧重点，成为解决问题的重要指南。

2012 年《民事诉讼法》修改将近 100 处，增设诚实信用原则，完善调解与诉讼的衔接，创设小额速裁程序，进一步保障当事人的诉讼权利。2017 年《民事诉讼法》修改增加了民事公益诉讼制度。2021 年 12 月《民事诉讼法》再次修改，这次修改其实质是为了应对法院所面对的"案多人少"的问题，并试图从人力资源保障和程序简化两个维度提升诉讼效率，

"并以前所未有的速度被提交审议并获得通过"①。在四十多年的民事诉讼改革中，我国民事审判现代化走过了一段曲折而艰辛的道路，现在已经基本建立了一套符合当前国情的民事诉讼制度。

---

① 张卫平：《"案多人少"困境的程序应对之策》，《法治研究》2022年第3期。

第十章　龙泉法院：从恢复重建到智慧法院

　　1978 年 3 月，龙泉县开始复查历史遗案和"文化大革命"期间发生的冤假错案。4 月，龙泉县委成立了"右派"摘帽改正领导小组。1978 年 5 月，龙泉法院印发宣传资料，宣传第五届全国人民代表大会第一次会议通过的新《宪法》。7 月 24 日，县法院院长参加了浙江省第十次人民司法会议，这次会议以揭批"四人帮"为纲，认真学习、讨论、落实第八次全国人民司法工作会议。8 月，龙泉召开全县司法干部会议，传达贯彻浙江省第十二次人民司法会议精神、布置各项改革任务、落实"三类"案件的复查平反工作。至此，龙泉法院建设步入正轨。

　　改革开放以前，人与人之间的社会关系相对简单，社会纠纷的类型比较固定，纠纷化解也较为容易。改革开放之后，人与人之间的社会关系较以往更为密切，也愈发复杂。因此现代社会中，无论是纠纷类型还是纠纷解决的难易程度较改革开放前都有质的改变。这种外部的复杂性不仅加快了司法对社会生活的渗透，加深了司法对社会生活的干预，而且对司法机关提出了新的挑战。①

　　这一时期，纠纷数量的增多使法院的地位得以进一步提升，龙泉法院的内设机构与人员规模也不断膨胀，机构设置逐渐规范统一。针对案件数

---

① 研究显示，1978 年全国法院一审收案总数是 447755 件，到 2019 年为 15439600 件，在 40 年左右的时间里增加了 33 倍有余。2020 年，受疫情影响，全国法院收案数据略有下降，但并未影响上升的趋势。参见程金华：《法院"案多人少"的跨国比较——对美国、日本和中国的实证分析》，《社会科学辑刊》2022 年第 5 期。

量的增长，龙泉法院采取了以下措施予以应对：第一，扩大内设机构，增设派出法庭。至 2022 年，龙泉法院拥有上百人的编制，庞大的财政预算和大量的财产设施使其成为复杂多元、体制庞大的机构。第二，推进法官职业化。为了更好地解决纠纷，龙泉法院顺应国家"法官职业化"的要求，审判力量明显提高，为公正司法、定分止争提供了组织保障和人才支持。第三，推进信息化、智能化建设。龙泉法院强化科技创新的应用，将信息化与智能化技术运用在司法审判中，大大提高了工作效率。

第一节 内设机构日趋复杂多元

法院内设机构是法院内部配置和管理的基本形式，也是法院审判活动运行的基本载体。以内设机构的职能为依据，我们可以将法院内设机构划分为审判业务机构、审判管理机构、司法行政事务机构。基层法院由于审判业务量增加而增设审判业务机构、审判管理机构，后基于行政事务管理需要而增设行政管理机构，各机构的分工和职能在司法实践中不断明确。

一、审判业务机构

法院依法审判案件，是解决纠纷、化解矛盾的国家机关。审判案件是法院最基本的职能。审判业务机构是法院直接行使审判职能的窗口，根据审判业务类型的不同可将其划分为民事审判庭、刑事审判庭、行政审判庭等。

立案机构。1954 年，依据第二届全国司法工作会议精神，龙泉法院设立人民接待室。改革开放初期，龙泉法院依旧利用早期设立的人民接待室来处理案件，此时的人民接待室可以看作立案机构。1990 年，根据上级法院指示，龙泉法院成立告诉申诉庭，合并行使人民接待室职能，并撤销申诉复查、信访办公室。随着经济迅速发展，案件大量涌入法院，专门的立案机构设立的需求十分迫切。1997年10月，龙泉法院设立立案庭。

民事审判机构。改革开放初期，民事案件数量随着经济复苏大量增长。龙泉法院基于民事案件审理的需要，深化民事审判机构改革，民事审判机构由原先的民事审判小组改为民事审判庭。根据1984年全国第四次民事审判会议精神，龙泉法院的民事审判庭职能进一步扩大。2001年，经济审判业务并入民事审判范畴，原民事审判庭改为民商事审判庭。

刑事审判机构。改革开放初期，出于纠正"文革"时期冤假错案与打击犯罪的需要，龙泉法院刑事审判小组逐渐演变为刑事审判庭。1993年12月，龙泉法院撤销刑事审判第一庭，改为刑事审判庭；撤销刑事审判第二庭，建立少年审判庭。1997年1月，龙泉法院撤销少年审判庭。刑事审判业务机构经历了"由少到多、合并改庭"的机构改革历程，其名称从审判小组逐渐演变为审判庭。

行政审判机构。1982年颁布的《民事诉讼法（试行）》第3条第2款规定："法律规定由人民法院审理的行政案件，适用本法规定。"由此，行政案件进入法院，但此时龙泉法院尚未建立起专门的行政审判机构，行政审判业务挂靠在民事审判庭进行。1989年4月4日第七届全国人民代表大会第二次会议表决通过了《行政诉讼法》，且于1990年10月1日起正式施行。龙泉法院于《行政诉讼法》施行的同日，经市编制委员会批准设立行政审判庭，与森林审判庭合署办公。

经济审判机构。1980年前，龙泉的经济案件由民事审判庭办理。随着经济案件数量的急剧增长，1993年龙泉法院设立经济纠纷调解中心，加强对经济纠纷的调解工作。1994年，龙泉法院根据上级指示，经报县编委批准，将经济庭改为经济审判一庭；撤销经济调解中心，成立了经济审判第二庭。1998年，龙泉法院进行人事制度改革，经济审判第一庭与第二庭合并为经济审判庭，审理经济纠纷案件。2001年5月，经济审判业务并入民事审判庭，统称民商事审判庭或民事审判庭，存续多年的经济审判庭退出龙泉法院历史舞台。

审判监督机构。改革开放初期，龙泉法院未设立审判监督机构。基于对司法权力运行的监督需要，龙泉法院于2000年3月撤销告诉申诉庭，成立审判监督庭，开展再审审判业务，同时承担申诉案件复查、听证工作，以及人民检察院检察建议的复查和再审工作。

执行机构。改革开放后，执行工作日益受到重视。1982年6月，"执行组"从龙泉法院民事审判庭中分离，专职执行民事判决、裁定和调解书，但此时"执行组"的组织机构和人员配备都尚未健全。1984年龙泉法院建立了执行庭，负责执行、信访以及刑民案件复查三项工作，配备庭长、副庭长、执行员、审判员共4人，同时各派出法庭都配备了一名执行员，配合执行本法庭作出的民事生效判决。1998年底，龙泉法院机构改革，执行人员增加至11人。各派出法庭设立执行室，执行室对本法庭审理的民事案件依法强制执行。2001年8月，龙泉法院建立龙泉法院执行局，执行机构进一步完善。可见，改革开放后龙泉法院的执行机构变化较大，执行业务不断增加。

二、审判管理机构

审判管理机构是集中行使审判管理职能的部门，专门履行审判统计分析、审判质效管理、审判案件评查等管理职能。在不同历史时期，审判管理机构分别以政工科、党政办和审判管理办公室等不同形式存在。

政工科、党政办。"文革"结束后，龙泉法院开始重视审判管理工作。这一时期，由于诉讼案件不多、法院审判业务相对较少，各项制度尚处于起步状态，审判管理工作受行政管理体制支配，审判管理工作长时期处于行政化的阶段。随着经济发展，龙泉法院开始对审判管理工作进行探索尝试，如由专设非审判部门对立案、开庭、送达、执行等与案件管理相关的事项进行统筹。具体来看，在改革开放初期，基层法院办公室、政工科等行政事务机构负责法院日常审判管理工作，这一阶段尚未成立专门审判管理机构。

1999 年最高人民法院在《人民法院第一个五年改革纲要（1999—2003)》中明确提出要建立符合审判规律和特点的审判管理机制，各地法院开始探索审判管理工作。21 世纪初期，诉讼案件大量涌入法院，各基层法院为进一步加强审判管理工作，专门设立了审判管理办公室。相比于司法行政事务机构和审判业务机构，审判管理机构职能简单、编制数量少，往往附属设置在审判业务庭，合并行使管理职权和监督职权。近年来，随着法院审判管理理论不断丰富完善，科学、有效的审判管理体系正在逐步构建。2011 年以来，全国法院普遍设立了以审判管理办公室命名的专门审判管理机构，龙泉亦是，这标志着法院系统化的审判管理工作格局正式形成。人民法院在持续的改革过程中初步实现了内设机构的分类合并和统一管理，进一步优化了资源的配置。

三、司法行政事务机构

司法行政事务是指与案件审判相关的司法行政工作，包括对人、财、物的管理以及后勤保障，外部事务协调。基层法院的司法行政事务繁杂多样、综合性强。① 司法行政事务机构主要有办公室、纪检科、政治处、信访科、法警队、监察室及档案室。

办公室。改革开放初期，龙泉法院基于内部行政事务管理需要而设立办公室，负责组织本院机关政务工作。办公室是服务审判、执行工作的后备力量，是一个负责沟通协调的综合服务部门。近年来，办公室为保障法院工作高效运转，根据需要设置数个小分支，实现管理精细化。

---

① 参见季嘉：《自反与变革：我国地方法院组织结构变迁分析》，《贵州社会科学》2015 年第 12 期。

　　纪检科。经济恢复时期，各基层法院基于内部管理需求设立纪检组，龙泉法院于 1988 年设立纪律检查组。21 世纪初期，纪检组规模进一步扩大，改为纪检科，延续至今。

　　政治处。1991 年，龙泉法院为加强法院政治教育宣传、干部培训工作，将原先政工科转设为政治处，负责绩效考核、党建工作、教育培训、人民陪审员选任及日常考勤工作等。政治处全面掌握本机关政法队伍基本情况，部署、指导政法队伍开展工作，有效保证审判工作平稳有效运行。

　　信访科。21 世纪初期，龙泉法院增设信访科，负责接待来访群众、倾听群众意见，处理人大、县委、政府及上级单位交办的信访案件。

　　法警队。改革开放初期，龙泉法院未设立法警队，只配备 1 名法警且该法警身兼多职。此后，龙泉法院法警人数增多。1995 年，龙泉法院设法警大队，保障法院审判工作有效运转。

　　监察室。改革开放初期，龙泉法院尚未设立专门监察机构，政工科负责监察工作。龙泉法院于 1989 年设立监察室，与纪律检查组一套班子、两块牌子。

　　档案室。改革开放初期，龙泉法院为进一步加强法院档案管理工作，设立档案室。近年来，随着诉讼案件大量增长，司法公开力度的加大，档案的归整与民众的借阅需求也随之增加，法院对档案管理工作日益重视。

　　总体来看，龙泉法院的司法行政事务机构发展速度较快。1982 年，最高人民法院和司法部联合发文，明确法院自行管理内部司法行政事务，《人民法院组织法》也作出相应修改。法院自行管理司法行政事务加强了法院对人、财、物的管理，如财务管理、车辆使用、安保检查及档案管理等，基层法院司法行政事务机构也随之增多。① 近年来，省以下法院、检

---

① 参见叶正国：《中国宪法中地方各级法院地位的规范分析》，《云南社会科学》2016 年第 3 期。

察院人、财、物统一管理成为司法改革热点。人、财、物统一管理有助于形成符合分类管理要求的经费分配体系，为法院依法行使审判权提供保障。基层法院对人、财、物也有了更多的支配权。

四、派出法庭与共享法庭

派出法庭是基层法院的派出机构和组成部分，是人民法院审判工作的前沿阵地。改革开放后，龙泉法院的部分法庭司法功能弱化，搬回院机关办公，乡村法庭的数量减少，派出法庭在基层法律体系建设中处于萎缩发展的状态。[1] 不过，随着基层纠纷的日益增多，为方便群众就近立案和参加诉讼，充分发挥法院功能，龙泉法院开始增设人民法庭。2022年4月27日上午，龙泉法院八都人民法庭正式揭牌。作为人民法院审判工作的第一线和社会矛盾纠纷化解的最前沿，派出法庭理应成为乡村公共法律服务体系中的核心枢纽。在未来，派出法庭应该得到更多重视与发展。

与此同时，龙泉的"共享法庭"也取得了长足进步。"共享法庭"并非严格意义上的派出法庭。"共享法庭"是浙江省继互联网法院、移动微法院后，推出的又一司法改革创新。[2] 由于龙泉人民法庭服务基层半径偏大，县级社会矛盾纠纷调处化解中心向基层延伸还缺乏有效抓手和支点，"共享法庭"便应运而生。2022年5月31日上午召开的龙泉市"共享法庭"建设推进会显示，龙泉市已建设完成"共享法庭"279个点位，覆盖全市所有乡镇、村社以及重点行业领域。就调研来看，"共享法庭"融入基层治理，优化调解指导、纠纷化解、线上诉讼、协助执行、普法宣传等司法服务，满足了不同区域、不同群众的多元司法需求。

---

① 参见邵俊武：《人民法庭存废之争》，《现代法学》2001年第5期。
② 参见厉亚敏：《"共享法庭"：司法助力"浙"里共富》，《浙江人大》2022年第4期。

第二节　专业化特征越发明显

一、管辖职能由简单向复杂发展

案件数量增长促进龙泉法院的审判分工细化，审判机构扩张。改革开放以来，立法体系日益完备，民主和法制建设不断完善，人们日益重视通过法律手段维护自身权益，司法需求不断增长。民商事纠纷数量大量增长，案件类型复杂多样，龙泉法院审判业务庭编制增加、机构扩大。在新中国成立后的前三十年，龙泉法院主要处理刑事案件，民事纠纷是次要甚至微不足道的。法院的边缘化一方面表现在法院的受案范围非常狭小，另一方面则表现在法院以深入调查、说服教育为主的处理技术，这与其他机关的治理技术相比无显著差异。改革开放新时期，人民法院受案范围由最初的"轻微刑事案件和一般民事案件"扩展为"判处有期徒刑以下的刑事一审、再审案件，民事、经济、行政一审、再审案件，办理执行案件"。通过大量裁判实践，法院积累了丰富的实务经验、司法能力有很大提高；法院的地位也得到了明显的提升。在这个过程中，大量本来被定义为社会问题或主要由行政部门解决的问题开始转化为法律问题，甚至变成单纯的法律程序问题。比如国有企业的破产、拆迁中的行政诉讼，虽然仍然受到诸多因素的影响，但都正在变成一个更法律化的问题，逐步开始被纳入法律制度框架内寻求解决。

二、审判业务日趋专业化

改革开放四十多年来，龙泉法院的审判业务机构从最初的民庭、刑庭扩大到多个庭室，审判权由各个审判庭分散行使，呈现出"分庭管理"的格局。"分庭管理"的审判格局是经济迅速发展、纠纷解决日益专业化的产物，顺应了当前社会发展趋势，主要表现为以下两个方面：其一，伴随着市场经济发展以及各种社会政策的大幅调整，纠纷的表现样态愈发繁杂多样，不再限于单一的传统民事、刑事领域。传统民事案件的审判也面临着新型商事合同、交通纠纷等新时代产物的冲击，刑事案件审判更要应对犯罪手段技术化、多样化的挑战。经济纠纷的激增促进了经济审判的专业性，行政审判庭也在经济、政策、法律等多重因素作用下应运而生。可以看出，基层法院根据业务性质将审判活动类型化区分，审判业务机构越来越规范化、专业化。其二，伴随着内外部司法环境快速变化，社会对司法审判的知识要求不断提升，然而法官现有知识结构难以覆盖所有案件。"分庭管理"虽然无法确保法官对所有类型案件作出正确裁判，但审判职能内部划分能够很大程度上弥补法官专业化不足的短板，"分庭管理"的普遍做法符合司法改革趋势下法院的知识需求。

法院的专业化转型整体上符合社会发展要求，但也存在某些不足，最主要的问题是以案件类型为分类标准的审判职能分布不均。当前庭室以纠纷的性质为主要标准划分，然而划分业务庭以及各业务庭受案范围仍缺乏统一具体标准，导致彼此之间出现职能模糊、业务范围交叉等问题，对于某些不常见的新案件类型，各个业务庭之间可能存在相互推诿。实践中，龙泉法院审理的民商事案件远远多于刑事、行政等案件。民事审判庭的审判任务十分繁重，而其他审判庭案件相对较少，龙泉法院曾采用相互调配的办法解决这一难题，但调配又会带来业务专业性不足以及裁判尺度不统一问题。不同审判业务机构在人事配备大体均衡、案件数量差异巨大的矛盾状态下，办案人员与办案量不成比例，导致内设机构间忙闲不均、部分机构办案拖延，影响整体审判效率。

三、法官职业化发展与现状

2002 年国家明确提出了法官职业化建设的主题，并认为这是"法院队伍建设的一条主线"，这对龙泉法院法官队伍建设带来了巨大影响。根据调研来看，龙泉法院队伍建设具有以下特征：

首先，经验型法官仍然构成了法官队伍的主流。1995年《法官法》的颁布与2001年《法官法》的修改，在全国法官群体中掀起了提升学历层次的浪潮。龙泉法院的法官们大多在20世纪90年代中后期通过各种渠道的进修取得了文凭。这些老法官审判经验丰富，大多具有30年左右的审判工作经历。熟悉农村生活、了解县域民情，特别是对于土地承包经营权、离婚、农户不良贷款纠纷等传统案件，调解撤诉率高，审理快。由于基层法院遇到疑难案件的情况较少，法官司法业务能力的高低很难在司法实践中凸显。如果仅凭学历高低就推断得出法官的知识结构存在缺陷，实在是一种想当然。与名校法学院的毕业生不同，这批基层法官大部分属于四十岁以上的经验型法官，已经在当地工作生活十几年甚至几十年，已经熟悉了"地方性知识"，而这种"知识"恰恰是新法官所缺乏的。

其次，年轻法官日益增多。近几年来，龙泉法院招录干警的入门条件便是具有法学研究生学历、通过国家司法考试，这些新入院的干警往往入院之前的经历较为单一，均是习读多年，接受法律专业训练、具有现代法治思想但并无实际工作经验的年轻人。这些年轻法官由于从事审判工作的时间短，无法将理论知识合理运用至审判实践，多少存在审判经验不足、缺乏调解经验、驾驭庭审能力不足及对当事人释法明理效果不佳等问题。

最后，业务骨干流失增多。员额制改革对基层法院的法官队伍建设带来了巨大影响。[1]受到基层法院及其内设机构行政级别低的限制，随着案件逐年攀升、审判管理愈来愈严，法官成了高责任、高负荷、高压力、高风险的"四高"职业，新入职的年轻法官不少选择辞职以换取更广阔的空间。

---

[1] 参见王禄生：《员额制与司法改革实证研究：现状、困境和展望》，东南大学出版社2017年版，第184—198页；王禄生：《我国司法改革的内卷化风险及其治理》，《法商研究》2022年第3期。

第三节　智慧法院建设

智能化时代，龙泉法院积极利用现代化的网络资源，推进智慧法院建设，根据个案情况量体裁衣、灵活运用，使创新高效成为化解纠纷新亮点。

一、智慧法院建设：从信息化到数字化

其实，早在1986年最高人民法院的工作报告中，司法信息化的构想已有所提及，但数据的收集和整理、庭审记录、文书制作、档案管理等方面的智能化实践临近20世纪末才真正启动。

1996年，最高人民法院制定并发布了《全国法院计算机信息网络建设规划》，其中明确指出了全国法院进行网络信息化建设的方针。全国法院掀起了计算机信息网络建设的浪潮。2015年7月，最高人民法院首次明确了关于"智慧法院"的定义，这一定义具有划时代的意义，标志着我国正式进入了全面建设信息化智慧法院的关键时期。最高人民法院在《人民法院第五个五年改革纲要（2019—2023)》中着重强调，为了巩固深化司法改革、提高司法公信力，必须全面加强智慧法院建设，强调智慧法院在其中的战略作用。我国智慧法院的建设已经进入到了以实现智能化为重点的全面发展阶段。

2020年以来，浙江省高级人民法院按照"三步走"计划，推动审判工作从基本无纸化、全面无纸化到智能化不断发展，为全域数字法院建设打下了坚实的基础。2021年4月起，在浙江"移动微法院平台"、浙江在线矛盾纠纷多元化解平台（浙江"ODR平台"）等数字化改革基础上，龙泉法院推广移动微法院程序，使当事人能够足不出户解决纠纷；微信"浙江移动微法院"小程序中的"网上证据交换""网上调解""网上开庭"等

功能，极大方便了双方当事人诉讼。

二、智慧法院的特征

与传统法院相比，智慧法院更加透明化、智能化、数据化。[①]

（一）透明化：以司法公开为核心

智慧法院的构建实际是打破传统司法服务模式，实现对司法服务模式的再构造。允许诉讼参与人通过网络服务平台进行诉讼活动，这不仅提高了诉讼效率，也在一定程度上减轻了司法机关的工作负担。公众可以通过法院的网站办理业务并实时查询审理进度，这对司法机关也起到了间接监督的效果。智慧法院离不开四大司法公开平台的支持，即中国审判流程信息公开网、中国裁判文书网、中国执行信息公开网、中国庭审公开网。四大平台与智慧法院平台相辅相成，将案件的审理过程公开并以视频的方式记录保存下来，公众借助智慧法院平台了解案件的审理情况，保证司法活动的透明、公开。

传统法院往往是以巡查的方式查漏补缺，但现如今在庞大的案件数量和极其复杂的案件审理过程中，人工巡查略显力不从心。智慧法院就该问题研发出一套自动巡查系统，自动巡查系统可以发现法官的各类违法违规行为；在向有关部门发出系统警报后将该数据存入系统，年末一并纳入考核。相比于之前的人工巡查，留痕机制监管高效便捷，更加有效地规范了司法行为。

（二）智能化：以智能审判为核心

智慧法院以人工智能为技术支持，司法活动业务智能化水平得到了显著提升。类案及其关联案件的强制检索制度，即为司法活动中人工智能化

[①]　参见高可：《司法智能化的功能、风险与完善》，《西安交通大学学报（社会科学版）》2020 年第 6 期。

的体现。类案检索制度旨在建立类案和个案的偏差警示，当法官在个别案件中适用的法律与系统所提供的类案处理制度不一致时，系统会自动留痕，该制度是智慧法院建设不可或缺的一部分。相较于传统法院，此种类案检索制度对于司法活动的监督也更加有效。新型司法智能辅助系统不仅实现了信息共享，而且能够因地制宜地满足不同法院的个性化办案需求。

（三）数字化：以无纸化办公为核心

智慧法院的数字化建设，有效解决了传统诉讼受到时间和空间因素制约等问题。智慧法院通过数字信息技术实现诉讼程序线上进行，① 推进信息技术在诉前调解、诉讼服务、案件分流、庭审活动等方面深度应用，真正实现"无纸化"办案。相较于传统的办案模式，这不仅为当事人节省了大量时间和诉讼成本，减轻了当事人的诉累；也让过去法官案台上堆积如山的纸质卷宗浓缩成了随案生成的电子卷宗。

第四节　县域治理与基层法院的运行实态

一、问题导向与规则导向

基层法院之所以称之为基层，是因为它们是与我国最广大民众结合得最为密切的法院，其运行与各地的社会经济发展紧密相关。当前中国发展不平衡不充分的社会现状决定了中国的法院是一个多层次、高度复杂的系统。在基层治理的实践中，地方司法机关一定程度上选择以"摸着石头过河"为特色的司法实用主义。因此，基层法院基本是以问题为导向，通过多种措施并举有序地解决问题。基层法院实施了诸如调解优先、当审则

---

① 参见张卫平：《在线诉讼：制度建构及法理——以民事诉讼程序为中心的思考》，《当代法学》2022 年第 3 期。

审、当判则判、调判结合的审理方式。但并不能说这种特点的形成完全是由上述原因导致的，基层法院所面对的纠纷的特殊性同样也对其工作产生了较大的影响，在基层法院的日常工作中，可能会遇到法院权威弱、成本大、民众越级上访多、执行难等困境。所以，对于各类纠纷，法官大多会采用调解的手段进行处理，这在很大程度上体现了基层法院将审判与调解相结合的特点。

不同层级的法院面对的案件不同，其在裁判思维上也有所差异。不同于层级更高的法院在审判案件时的裁判思维更多是关注规范性，基层法院所采取的裁判思维是务实性裁判观的重要体现，也是当代基层社会治理的需要。在解决纠纷的过程中，基层法院形成的是一种以达到合意为目标的裁判制度，对于基层社会而言，法律的权威能否在基层社会实现，其不仅仅来源于法律的明文规定，更关键的在于法律的权威是否在基层得到实现，权威能够落地是法律权威性的基础。基于此，基层法官往往通过最大努力使当事人达成合意，这种做法是最明智和最快捷的，不仅妥善地解决了纠纷，也节约了司法资源。①

二、基层法院与县域治理

其一，法院是解决社会纠纷的专门机构，其通过审判等方式为社会提供司法服务，来满足人民日益增长的纠纷解决需求，基层法院是案件进入司法领域的第一道大门。从微观角度考察，社会分工和社会关系的复杂化，促进了基层法院内部组织结构的精细化与专业化发展。一方面，法院通过细化分工、功能整合等方式，推进了法院内设机构整体功能的改进。另一方面，把握基层法院职能定位，围绕"查清案件事实，实质化解纠纷"

---

① 参见王亚新：《程序·制度·组织——基层法院日常的程序运作与治理结构转型》，《中国社会科学》2004年第3期。

的总目标，通过参与诉源治理、强化繁简分流，实现绝大多数矛盾纠纷在基层公正高效化解。

其二，基层法院在承担诉讼职能的同时，也更加积极地参与到社会治理和政策实施中，将国家的政策贯彻到司法活动中。正如《龙泉市人民法院诉源治理白皮书（2019—2021）》提到的，龙泉法院将为龙泉奋力打造山区跨越式高质量发展、推动共同富裕县域样板提供更为坚强有力的司法服务保障。也正因为这样，法院常常被政府要求服务于地方经济的发展，或者为地方的利益提供特殊保护；这又使法院的审判活动呈现出功利化、地方化的特征——法院担负其他非司法职能而形成的"治理性职能"。由于中国法院已然成为基层社会治理体系的一部分，不但承担大量的日常案件审判，而且被赋予了诸多非司法功能，如为经济发展"保驾护航"、保障民生、反腐倡廉以及维护社会稳定，它们本质上属于行政目标。[①] 由此，在国家治理角色上，基层司法呈现出"司法性"与"治理性"的二元结构属性。

三、基层法院与政治权力

人民法院作为国家的审判机关，是国家政权结构的组成部分。基层法院始终服从政治权力的安排。

首先，法院必须坚持党的领导。新中国的法院体制主要受到两种司法制度的影响。在新中国的司法制度中，司法工作必须为国家的政治任务服务的原则贯穿始终。无论是"为阶级斗争冲锋陷阵"，还是"为经济建设保驾护航"，抑或"维护社会和谐稳定"，都体现出法院的工作重心随着国家政治重心的变化而变化。此外，法院内部的机构设置也体现出坚持党的

---

① 参见姜峰：《法院"案多人少"与国家治道变革——转型时期中国的政治与司法忧思》，《政法论坛》2015年第2期。

领导这一原则。法院内部的办公室、政治部等部门均是政治制度安排的产物。同时，审判部门的设置也随着国家政治任务的变化而调整。例如新中国成立初期的刑事审判庭和经济建设保卫庭，就是为了惩治反革命犯罪和打击破坏生产经营活动的犯罪专门成立的。"文化大革命"结束以后的一段时间，为了加强对刑事冤假错案的复查工作，又专门设立了两个负责专项任务的刑事审判庭，这些都体现了司法服务于政治需求的原则。

　　其次，基层法院的组织结构和管理模式受到政治结构的影响。第一，基层法院在与其他党政部门的互动中，通过不断地扩大组织规模来增强自身的政治地位。一般说来，国家机关的编制、人员越多，权力也就越大，地位自然就越重要。所以，为了强化自身政治地位、提升竞争力和政治影响力，基层法院不断增加人员编制、扩充机构规模。第二，基层法院与行政机关的管理模式高度同质化。法院内部实施科层管理制，从院长、副院长、庭长到审判员，权力逐级递减。这种科层制度是行政权与司法权长期不分导致的，同时也是法院考虑到法官素质参差不齐、为避免裁判结果不统一而作出的现实抉择。第三，基层法院与地方党政系统存在紧密联系，基层法院既需要参与到县域治理之中，也需要地方党政系统的支持。这种紧密的联系必定会影响到法院组织形态。实际上，当下我国法院建构与运行中带有的某些"行政化"特点和法院职能工作的实际状况与需求相关。在我国现有的体制结构中，基层法院对党政体制的嵌入以及对地方治理的参与，这是影响法院权力运行的深层因素。①

　　最后，应当清醒地认识到司法不等同于政治。司法与政治之间应当保持必要的尊重和张力，这不仅有利于实现司法自身的自治性，也能发挥出司法的能动性。长期以来，地方党政机关掌握法院的人、财、物的管理，基层法院的司法辖区与所在行政区域重合，这种由地方权力机关控制的

---

① 参见刘磊：《县域治理与基层法院的组织形态》，《环球法律评论》2019 年第 5 期。

法院管理体制导致"法院的属地化",并被认为是司法地方化的主要原因。司法地方化违背审判权独立运行的规律,以至影响司法公正,破坏法治统一,因此司法地方化一直被视为司法改革中的重难点问题,所以,在司法改革的过程中,应当厘清中央与地方之间的事权关系,合理确定中央与地方、地方之间司法权的权限范围,以此促进司法的长效发展。①

---

① 更多讨论参见杨清望:《司法权中央事权化:法理内涵与政法语境的混同》,《法制与社会发展》2015 年第 1 期;陈瑞华:《司法改革的理论反思》,《苏州大学学报(哲学社会科学版)》2016 年第 1 期;葛洪义、江秋伟:《中国地方司法权的内在逻辑》,《南京社会科学》2017 年第 1 期;张文显:《论司法责任制》,《中州学刊》2017 年第 1 期;沈朝晖:《地方政府财政重整与债务重组中的司法权》,《中外法学》2021 年第 2 期;蒋惠岭:《论"中央事权—省级统管"模式及完善》,《政法论丛》2021 年第 3 期。

第十一章　改革开放后人民调解的转型

伴随着经济转型，人民调解的背景也发生了变化。这一时期，调解一度受到冷落甚至鄙弃，其直接结果就是人民调解的作用全面下降。尽管人民调解的作用在 20 世纪 90 年代末被重新强调，迎来了短暂的历史发展机遇——一方面人民调解受到执政党中央和各级政府的日益重视，涉及人民调解的专门立法剧增，各级政府对人民调解的财政支持日益显著；另一方面，学术界也不断有人为人民调解"正名"，但是人民调解的未来转型依旧面临不少的问题。

第一节　人民调解制度的现状与不足

20 世纪 80 年代中期至 20 世纪末，龙泉城区内的事业单位体制改革不断推进，政府及行政主管部门赋予企事业单位中人民调解机构的权力减少，国家权力上收也使得居民委员会中人民调解员的权力不断萎缩；因此，人民调解在纠纷解决中所发挥的作用日益减弱。与此同时，农村的人民调解员不再拥有控制社员的权力，只拥有管理村庄公共事务以及与乡（镇）行政事务相关的权力。此外，受到司法观念转变和"案多人少"的影响，法院也相应地减少了对人民调解组织的指导。

这一阶段，人民调解发挥的效用持续减弱。从以下几个趋势可见一斑：一是人民调解员人均年办案数量下滑；二是人民调解解决纠纷的数量呈下降趋势；三是与法院审判相比，人民调解在纠纷解决的比例中呈下降趋势。但实际上，人民调解制度相关立法进程并未懈怠，2002 年 9 月，国家陆续颁布了《人民调解工作若干规定》等三份人民调解规范性文件，相对于 1989 年的《人民调解委员会组织条例》，其内容更丰富、规则更细化；2004 年，最高人民法院公布了《关于进一步加强人民调解工作切实维护社会稳定的意见》；2010 年《人民调解法》通过，正式以国家立法的形式对人民调解的地位、性质、原则、运作程序及效力等进行了全面规范，然而，人民调解制度的立法热潮并未实现运行效果的显著提升，反而进入了低迷期。部分学者认为，人民调解的体制性障碍是其衰落的根本原因。①

一、社会转型对人民调解组织带来挑战

（一）乡镇政府、村委会权威弱化

20 世纪 80 年代中期以后，龙泉的农村调解组织的作用逐渐变弱，这主要是由于农村调解组织体系松散。随着家庭联产承包责任制的推广，农民追求经济利益的积极性被激发；农村干部也将更多精力放在经营、管理自己的责任田上，用于管理农村社会的精力大幅度减少，调解工作被忽视。村干部一人兼任多职，需要兼顾多项村庄管理任务，注意力比较分散，往往会疏忽了调解工作，造成原本通过调解就可以解决的矛盾升级。

---

① 参见郭松：《人民调解解纷数量为何下降？——超越已有理路的新论说》，《清华法学》2010 年第 3 期；冯卫国：《转型社会中的人民调解制度：挑战及其应对》，《法治研究》2014 年第 7 期；朱新林：《人民调解：衰落与复兴——基于 1986—2009 人民调解解纷数量的分析》，《河南财经政法大学学报》2012 年第 4 期；左卫民等：《中国基层纠纷解决研究》，人民出版社 2010 年版；兰荣杰：《人民调解：复兴还是转型？》《清华法学》2018 年第 4 期；廖永安、胡仕浩：《新时代多元化纠纷解决机制：理论检视与中国实践》，中国人民大学出版社 2019 年版；钱大军：《组织与权威：人民调解的兴衰、重振和未来发展逻辑》，《法制与社会发展》2022 年第 2 期。

调解人员对调解工作不认真负责、相互推诿的情况严重；同时，部分调解人员还存在基本素质较差、文化水平不足和法律知识缺乏的情况，甚至出现了违背职业道德、贪污腐败等问题。这都导致人民调解组织无力推进调解工作，未能发挥应有的作用。

（二）"单位社会"解体

在社会主义市场经济的冲击下，单位制度逐渐瓦解。行政机关、企事业单位逐渐不再对成员的个人事务大包大揽，也不再全方位地介入成员的日常生活。公有制企业大量改制，"三资"、民营、股份制企业的涌现，使得通过主管机关调解经济合同纠纷不再成为可能。新型商品房在客观上造成了城区居民人际关系的疏远，也因为社会流动性的提高很难形成彼此熟悉、具有认同感的共同体。认同感的缺失、个人及组织权威的衰落使调解陷入困境。①

原来发挥重要作用的居委会，调解工作也大不如从前。居委会组织建设不到位主要表现在成员来源单一和老龄化严重两方面。20世纪80年代早期，居委会成员或由企事业单位的员工兼任，或由离退休职工和年轻无业人员担任。到了20世纪80年代中后期，来自企事业单位的兼职人员大多回到原工作岗位，不再担任居委会职务；年轻无业人员为追求经济利益，也纷纷选择离开居委会，投身其他行业。此时居委会干部大多由离退休职工担任，老龄化现象严重，难以与新时期的环境相适应。

二、法律体系建设与完善对人民调解的影响

民事立法的完善也对人民调解制度的变化产生了重要影响。受"文革"影响，社会缺乏调整平等主体之间关系的民事法律，法院往往依据政策文件进行调解。1986年开始，人民调解率与法院调解率呈下降趋势，也正

---

① 参见陈杭平：《社会转型、法制化与法院调解》，《法制与社会发展》2010年第2期。

是这一年,《民法通则》被审议通过。改革开放后,在党的十一届三中全会精神的指引下,立法机关先后制定了一系列重要的民商事法律,一改"文革"时期"无法可依"的局面。随着立法经验的积累、立法技术的提高,民事法律在数量和质量上逐渐满足社会纠纷解决以及法院裁判的需要,整个国家与社会逐步从"无法可依"向"有法可依"过渡,更强调法官能动性、专业性投入的"依法判决"逐步地取代了"调解"。这一时期,国内开始推崇"正当程序""诉讼时效""谁主张谁举证"等法治理念,法律及司法的正当性日益被重视,民事案件的调解率逐年下降。

三、人民调解的专业性不足

城市化进程打破了熟人社会的秩序,"陌生人社会"随之出现。这不仅导致纠纷解决方式转向法院或仲裁,同时还导致纠纷的性质由原来的邻里纠纷、"面子"引起的纠纷转向合同、医疗、房产以及知识产权等专业性更强的纠纷。同时,民众的法律意识在提升,随着高等教育的普及,人们文化水平的提高,法院的专业性与权威性凸显。如果人民调解案件也可以有同样专业的人员参与,再加之人民调解独有的高效性、灵活性等,人民调解将获得巨大的发展。

然而,当前龙泉基层的人民调解员的文化素质、专业素质良莠不齐,对法律、政策的认知理解和专业化水平有待提高,无法适应社会发展的要求。人民调解队伍并不稳定,多数人民调解员都身兼数职且流动频繁,专职人民调解员少,导致人民调解的合法性遭到了质疑。人民调解过分强调"退一步海阔天空""以和为贵",试图以简单粗暴的方式尽快促成双方和解,却忽视了调解中双方提供的证据材料和当事人的自身诉求,甚至还出现了个别调解员利用自身的社会地位搞"一言堂"的情形,导致当事人的合法权益无法得到及时有效保护,也削弱了人民调解的社会效果。

四、人民调解的经费保障不足

按照《人民调解法》规定，人民调解委员会不可收取费用，工作经费皆由县级以上的政府财政部门拨款，而工作场地、办公经费，则由村居委会以及企事业机构提供。然而就现阶段而言，多数的村（居）委会经费几乎没有来源渠道，无法及时为人民调解员发放报酬，导致人民调解员无法获得稳定的日常经费。另外，政府的经费保障机制不完善。正由于此，目前的人民调解委员会仍属于无偿机构，经常出现办公经费紧张的情况，在此前提下，调解员不可能抱以积极的态度进行调解工作，因此也无法提高调解效率。由于未构建出科学高效的激励机制，很多调解员积极性不高。虽然有时个别村庄会提供案件补贴，但补贴金额较少，无法与其付出的时间精力成正比，调解效率与质量偏低。

第二节　人民调解制度的定位与未来

百年以来，基层社会的调解制度也处于急剧动荡的变革中。其调解的主体经历了从家族宗族到公社单位再到社区与社团的转变（见表 11.1）。理解百年以来基层社会民事调解制度构成了反思与预测该制度未来发展的重要任务。要理解民事调解制度的变迁与演进，既需要从微观层面讨论制度本身变化的内容，更需要从宏观层面分析该制度变化的原动力。

一、改革开放新时期人民调解制度的特征

改革开放新时期的人民调解与其他时期的人民调解相比，存在以下特征。

表 11.1 民事调解的内容变迁

时间	1912—1949 年	1949—1976 年	1976—2012 年	2012 年至今
民间主体	宗族家族亲友	政治积极分子	亲友	社团
规则	情理法	政策法规	法律与情理	法律与行业规则
组织	宗族、家族	单位、人民公社	民间力量	独立机构、民间力量

（一）调解的中立性与民间性增强

改革开放后，社会转型，行政权威弱化，德高望重型的传统调解人员开始减少，具备专业优势的知识权威型调解人员出现。随着农村结构的变化与单位社会的解体，龙泉的人际关系开始呈现陌生化，依附于熟人社会中德高望重者或者基层干部进行调解的情况愈发少见，依赖个人威望介入民间纠纷的调解人员逐渐减少。当前的民间调解力量可以看作社团体制，因为这些调解组织具有社团的一些特征：调解组织既有正式组织，比如居委会、村委会，也有非正式组织，如行业协会、专业组织；调解员既有专职的，比如人民调解员，也有兼职的，比如亲友；调解形式既有政府出资，比如政府购买律师服务来参与调解，也有会员交费自筹或其他类型的收费调解。

（二）调解的依据：实体法与行业规则

从实践看来，人民调解的结果将越发接近于实体法律规范，而并非简单的人情世故。一直以来，调解之所以受到当事人的偏爱，一个重要原因就是调解可以根据当事人的合意，对一些法律中未重视的因素赋予更多的考量。在传统的熟人关系中，纠纷当事人之间通常不仅仅牵涉利益，还往往涉及历史恩怨或家族关系等法律以外的复杂因素，所以更需要借助灵活的调解机制处理。然而陌生人之间的纠纷更多的是金钱利益之争，一般能够在既有法律规范或者行业规则中找到较为明确的规定。当事人明白自己在法律上的处境时，愿意接受的调解方案与法院的最后判决结果的差别并不会太大。因此，促使当事人放弃诉讼的最重要原因就在于调解机制的程序性优势，比如成本更低、效率更高、操作更灵活。

（三）调解的效果：社会和谐

当下人民调解的指导理念产生了重大变化。传统社会的民间调解的确也服务于社会和谐，但是大多通过道德教化、制度强制等方式来宣扬"无讼"思想，回避矛盾、压制矛盾。当下人民调解也不再是改革开放前三十年那样通过批评方式来寻求团结，而是作为权利维护的一种手段被广泛实施。当前的人民调解强调依法调解，在调解中坚持意思自治原则，成为民众一种重要的权利保护、纠纷解决的方式。由此可见，人民调解的一个重要理念在于服务社会治理。

二、人民调解的未来转型

（一）坚持人民调解的底线属性

讨论人民调解制度的优化与转型，首先应当对制度属性进行基本的理性定位。这里提出"底线"的目的在于为讨论人民调解的现代化转型设定最低标准，不应以转型之名突破人民调解的一些基本属性。

1. 民间性

人民调解之"人民"，要求它首先具备纯正的民间性。民事诉讼属于一种公力救济的纠纷解决方式，而人民调解属于典型的社会救济范畴。人民调解的非官方性，可以有效满足民众对多元纠纷解决机制的选择需求。民间性也是我国的人民调解赖以存续并以"东方经验"扬名国际的一大基本属性。

在当前，我们谈及人民调解的民间性，要着重于防止官方公权力的过分介入。浓厚的官方色彩会使得人民调解过分行政化，必然会危及人民调解作为社区调解的定位及其民间性特点，从而将人民调解与行政调解混同起来。关于人民调解的经费来源，我国一些地方尝试采取了一种"政府购买人民调解"的模式。应当指出，这种模式强调的是政府购买社会服务，而非政府领导人民调解，这能够保障人民调解的独立性和民间性。

2. 中立性

从法理视角来看，对所有纠纷解决机制而言，解纷主体皆应独立于纠纷的双方当事人，处于中立地位。当前我国处于社会转型时期，纠纷频发。人民调解介入解决这些纠纷时，能否保持中立性是首要因素。然而，当前人民调解的实际情况与其中立性存在一定背离，就基层常见的医疗事故调解来说，目前不少医调委与行政部门、保险公司和医院存在关联性，暂未能保障该机构的完全独立，医调委的调解过程缺乏透明性，这些都侵蚀了调解的权威性。

3. 自治性

人民调解所要解决的纠纷，关系到当事人的切身利益，在实体利益方面与人民调解员无关。因此，人民调解的开启、过程与结果应当最大限度地体现当事人的自由意志。当事人的地位是完全平等的，而且应当在毫无外在干涉的前提下去表达意志。当事人应当被赋予充分的多方面的选择权，调解员应当充分尊重当事人的选择权，此即人民调解的自治性。

（二）人民调解的机制转型

1. 人民调解基本功能的转型

我们认为，人民调解的维稳政治功能应当逐渐淡化，进而让位于纠纷解决功能。这主要基于下述几点考量：其一，官方话语对人民调解政治功能的过分强调，会大幅度削弱人民调解的民间性与自治性。其二，动辄将个案纠纷提升至社会稳定的高度，会加剧当前人民调解的脆弱性。其三，政治功能与纠纷解决功能的目标不同，前者强调国家利益与社会利益，后者强调当事人个体的利益，两者存在较大程度的冲突导致人民调解功能定位错乱。因此，应当将解纷功能置于调解制度的首要地位，政治功能属于纠纷解决之后的水到渠成的副产品。

2.人民调解立法思路的转型

《人民调解法》只是关于人民调解的一部基本立法，其纲要性特征鲜明。我们认为，人民调解的立法思路可以考虑从以下两个方面进行转型：一是针对不同性质的人民调解，出台相应的法律文件予以规范；二是在立法内容方面，应当从《人民调解法》的粗放化过渡到法律规范的具体化与可操作化，并且可以在行业性、专业性人民调解过程中予以探索和体现。

3.人民调解程序机制的转型

人民调解程序的改革应当避免与民事诉讼的趋同化。人民调解应当体现自治性，不能有民事诉讼那样相对更加细致严格的程序要求。人民调解的程序设计，应当以两个"最大限度"为中心：第一是最大限度地满足当事人的选择权，第二是最大限度地保障当事人的诸种权利。关于前者，《人民调解法》第23条的规定已经基本到位，涵括了选择调解员、决定调解进程、要求调解公开与否、自由陈述以及自愿达成协议等方面的选择权。至于后者，对当事人权利的保障，往往意味着对人民调解员之义务的设定。应当落实调解员的平等义务、告知义务等。

4.人民调解员职业主体的转型

一直以来，我国人民调解的职业主体存在着遴选门槛较低的特点。《人民调解法》将人民调解员的任职条件定位于"公道正派、热心人民调解工作，并具有一定文化水平、政策水平和法律知识的成年公民"。我们认为，这会妨碍到我国人民调解的复兴。一方面，人民调解的分化趋势致使专业性、行业性调解对调解主体专业化的需求愈来愈强。另一方面，人民调解队伍建设的低门槛化和非专业化倾向会影响到人民调解制度的权威性。在我国调解主体入职门槛难以短时间内提高的情况下，可以考虑提高人民调解员的职业培训力度。

5.人民调解经费保障模式的转型

缺乏制度化的经费来源渠道，是我国当前调解面临的一大突出问题。

人民调解经费的捉襟见肘，直接导致了前文所述调解组织的"一套人马、多块牌子"的状况。"政府购买人民调解服务"的模式有待于进一步完善并予以大力推进。另外，基于人民调解的民间性特征，民间调解组织的经费来源可能最终要回归市场机制。调解的市场化是实现调解社会自治化改革的关键途径。市场化调解是多元纠纷解决模式的新探索，是指以市场需求为导向，以优胜劣汰为手段，以效率最大化为目标，实现调解资源合理充分的配置。

第十二章　改革开放后龙泉法院的民事审判实践

第一节　起诉与立案制度的变化

在民事起诉程序中，立案受理是关键的环节。纠纷发生以后，当事人的起诉将引起司法程序启动，而立案受理制度是当事人能否真正进入司法程序的关键。通常宽松的立案条件便于当事人成功起诉，而高台阶的立案条件缩小了进入法院的案件数量和范围。改革开放以来，我国民事立案制度经历了从"立审合一"到"立审分立"再到"立案登记制"的变革。

一、起诉与立案的规范化

1982年《民事诉讼法（试行）》第81条至85条对起诉与立案作出了明确规定，规定了当事人起诉的条件，明确了诉状的内容；规定了法院在立案时应当对案件进行审查："人民法院接到起诉状或者口头起诉，经审查，符合本法规定的受理条件的，应当在七日内立案；不符合本法规定的受理条件的，应当在七日内通知原告不予受理，并说明理由。"

1991年，全国人大颁布了《民事诉讼法》，该法在肯定《民事诉讼法（试行）》实施经验的基础上，也对其实施以来产生的问题进行了总结，制定了更为合理、更加适应社会需要的立案制度。第一，第108条规定了更详细的立案条件，将《民事诉讼法（试行）》第81条原有的三个立案条件改为四个，对其中的部分内容作了调整，使得诉讼条件构成更加合理，更符合民事审判实践需要。第二，第 111 条进一步修改了特殊起诉的处理方法：（1）将《民事诉讼法（试行）》第 84 条第 1 项"违反治安管理处罚条例的案件"、第 2 项"应由其他行政机关处理的争议"合并为"应由其他机关处理的案件"；（2）配合 1989 年新颁布的《行政诉讼法》，新增"属于行政诉讼受案范围的案件"。第三，新增"达成仲裁的案件"。至此，我国系统化、形式化的立案制度正式形成，法官必须严格依据《民事诉讼法》进行审判活动，当事人诉求表达、攻守对抗更加规范，例如起诉书应当按照民事诉讼法的规定进行简洁、清晰和理性的书写。

（一）起诉书的变化

1979 年至 1982 年间，龙泉法院起诉书的名称与格式不断变化。1982 年，《民事诉讼法（试行）》颁布以后，该法对起诉与立案制度作出了更加详细、具体的规定，龙泉法院的民事起诉书的格式才较为固定，并逐渐演变成如今的格式：首先是原告与被告的基本情况介绍，其次是具体的请求事项，最后是基本事实与诉讼理由。至此，龙泉法院的起诉书由早期的名称不一、格式繁乱，逐步形成了统一的名称、固定且规范的格式。起诉书的格式逐渐正规化、统一化，诉讼目的更加清晰明了，事实与理由部分的语言表达也更加正式、书面化。以林根友诉吴花离婚案为例。①

民事诉状

原告人：（姓名、性别、年龄、民族、籍贯、职业、住址。）

林根友，男，30 岁，汉族，龙泉县人，职工，住：龙渊镇县物资局宿舍。

被告人：（姓名、性别、年龄、民族、籍贯、职业、住址。）

---

① 《林根友诉吴花离婚案》，卷宗号：（89）民字第 23 号，浙江省龙泉市法院藏。

吴花，女，26岁，汉族，乐清县人，职工，住：龙渊镇县物资局宿舍。

请求事项

因夫妻感情确已破裂，无法共同生活，为解除双方痛苦，请求依法判决与被告人离婚。

事实和理由

1984年1月底从部队请假回家探视时，经人介绍认识被告仅三天，被告就到我新民老家，举行订婚仪式，订婚后，原告人于1985年1月初即返回部队服兵役，只有书信往来。

1985年冬，原告人再次请假回家联系转业单位时，接部队通知："回队办理复退手续"。被告认为这是最后一次机会，要求跟原告一起去部队，鉴于没有结婚登记手续，部队不予承认。为此，双方在匆忙中办理了结婚登记手续，领取了结婚证书去部队。

1986年年初复退回家，1987年元旦举行婚礼，1987年冬生一子，取名林聪。

双方是经人介绍又未经详细了解，由于婚姻基础不坚固，故此，婚后感情一直不好，既无共同语言，双方之性格又极不相投，在谈吐中一触即发，打骂成为家常便饭，二年来均在白眼中度过。

1988年2月被告人丢下3个月的婴孩于不理，1988年5月就离家出走，经多次叫其回家，均无济于事。经其父多次劝告，被告人均无动于衷，从而证实双方之夫妻感情确已破裂，已无和好之可能，为解除双方痛苦，根据婚姻法第25条之规定，诉请依法判决与被告人离婚。

请求：1. 婚前财产各归各有；

2. 婚生男孩应由原告抚养；

3. 被告人应予承担子女生活费、教育费。

此致

龙泉县人民法院

具状人：林根友（签名或盖章）

一九八九年三月二日

从上面的诉状我们看到，这一时期，起诉书中开始使用"原告和被告"，注重法条的援引，案件事实的叙述也更加简洁。对于离婚案件，起诉书中会突出对感情基础、感情破裂原因等的叙述。这一时期，起诉书转型的一个至关重要的因素是律师队伍的逐年扩大，改革开放后龙泉的律师日益增多，他们在诉讼中发挥了重要作用。龙泉的民事诉讼档案显示，20世纪90年代原被告双方聘请诉讼代理人的情形逐渐普遍，受过现代法律教育的法律人参与诉讼加速了起诉书形式及内容的改变。

（二）介绍信的变化

随着社会结构的变化，原先的公社革委会、大队革委会在这一时期不再出现，代之以村民委员会开具介绍信的形式来报告、调解以及移送民间纠纷。此外，单位的保卫处或保卫科也可充当介绍人，乡镇法律服务所也开始具有了一定的调解功能。大体上看，这一时期的介绍信包括了简单的案情介绍、经调解无效提请法院解决等内容。1987年的介绍信格式较为统一、简单，信中对案件介绍极为简略，很难看出是否真的进行过调解；而村干部或公社干部的介绍信中不仅包括案件介绍，还往往附上处理意见、经调解后双方所达成的协议书等，其内容具有一定的道德批判性和同情倾向性，但是法院最终的调解结果却往往无关道德。

综合来看，20世纪80年代初至20世纪末的民事起诉书在功能和内容方面呈现出以下几个特点：

1. 功能明确化

20世纪80年代初，龙泉各地的区机关、村委会、工厂的保卫科和镇政府的调解办公室等机构大多协助开介绍信或情况说明，以此作为当事人的口诉书或起诉书的补充，从而共同启动民事诉讼程序，这为当事人与司法机关建立了沟通的桥梁。然而，经过改革开放后数十年的变迁，上述各机构所起的作用逐渐弱化，经历了从最初的积极调解、详细汇报到后来的形式主义，再到逐渐消亡的变迁过程。最终，起诉状独立地承担了开启民事诉讼程序的作用。

2. 内容规范化

起诉书的表达方式由口语走向书面，由具体走向抽象，由"基于道德寻求法院公断"走向"请求法院依法裁判"，由"罗列事实"走向"体现一定的法律引导性"，起诉书的写作越来越正式和专业化，这很大程度上是律师参与写作的结果，反映了司法场域的巨大变化。与此同时，原告在起诉书中自我美化、批判对方以博得法官同情的传统却得到一定程度的延续。

二、立案制度的转型

改革开放后，法院为维护司法权威实行立案审批制，通过立案审查"过滤"掉不必要的案件，防止恶意诉讼，减少涉诉信访。下面是1983年的刘东珠诉张善成离婚案件的立案审批表（表12.1）。①

表 12.1　刘东珠诉张善成离婚案立案审批表

原告人	刘东珠	性别	女	年龄	30	住址	原川公社大白岸大队
	代理人付叶		男		51		供村公社朵山下大队
被告人	张善成	性别	男	年龄	41	住址	原川公社大白岸大队

---

① 《刘东珠诉张善成离婚案》，卷宗号：(83) 民字第 43 号，浙江省龙泉市法院藏。

续表

诉讼请求	根据诉状或口头笔录，摘要如下：我从 16 岁到善成家，17 岁时与他结婚，结婚后感情、生活都好。自从近几年来，我因脚不便，善成生活无条理，连每天的三餐饭都没得吃，使我和儿子饿得皮包骨头。我哥哥刘彭东看到这样的情况，说帮我背去抚养了几个数月。这样下去，使我没法生活，提出离婚。		
拟办意见	经调查，张善成是不务正业的人，子女和老婆无法抚养，生活维持不下去，感情破裂。 1983 年 8 月 18 日	批示	 年　月　日
备注			

此后，龙泉法院的立案审批表经历过一次改革；尽管形式经历了更替，但是其实质未发生变化。这里以 1995 年的林光水诉吴水兰案为例作出说明（表 12.2）。①

表 12.2　林光水诉吴水兰离婚案立案审批表

案由	**离婚**	**收到诉状日期**	**1995 年 10 月 9 日**
当事人	原告林光水，男，1950 年 12 月 22 日生，汉族，云和县赤石竹山□村。 被告吴水兰，女，1955 年 4 月 27 日生，住安仁刘坊村。		
诉状内容摘要	原告诉被告离婚，双方自愿		
审查意见	据《民事诉讼法》第 108 条规定，拟立案审理 周梦梅　1995 年 10 月 9 日		
领导批示	立案　张景峰　1995 年 10 月 9 日		
立案时间	1995 年 10 月 9 日	案件编号	（1995）民字第 34 号
发出受理案件通知书或者作出不予受理规定书的日期			 年　月　日

---

① 《林光水诉吴水兰离婚案》，卷宗号：(95) 民字第 034 号，浙江省龙泉市法院藏。

1993 年最高人民法院开始在全国范围内试点立审分立的立案结构，并在 1996 年召开的全国法院立案工作座谈会上，最高人民法院再一次重申了立审分立的重要性，认为其有助于发展审判制度、保障当事人诉权、推动廉政建设，各级法院需要加强对立审分立的建设。1997 年，最高人民法院发布了《关于人民法院立案工作的暂行规定》，这一规定确定了各级法院采用立审分立的原则，标志着我国立案结构正式开始由立审合一转变为立审分立。《关于人民法院立案工作的暂行规定》第 5 条明确规定了法院立案与审判分开的原则，第 6 条则明确规定：立案工作应当由专门机构负责。1999 年，最高人民法院为推动审判方式的深度改革，提出了"三个分立"，作为改革重点之一的立审分立被要求在 1999 年底前于全国各级法院全面推行。至此，立案审查制兼立审分立的立案制度基本成型。

1999 年至 2013 年，法院对立案制度的修改主要涉及立案管理、网上立案以及对立案标准的明确和统一等方向。2003 年，最高人民法院在《关于落实司法为民要求做好司法行政工作若干问题的意见》中提到要积极推进法院信息化建设，该文件第一次提出"网上立案"的概念，希望此种改革能够方便群众诉讼，更好地保障当事人诉权。2008 年最高人民法院通过发布司法解释的形式，对各高级、中级人民法院民商事案件第一审立案、管辖的标准进行了统一。而全国人大在 2007 年、2012 年两次修改《民事诉讼法》，仅对再审事由、破产诉讼的相关问题等方面进行了修改与增补，均未涉及民事一审立案制度。可以看出，该时期法院始终坚持立案审查兼立审分立的立案制度，仅仅对立案制度进行小修小补，未对其进行根本上的变革。但是在立案审查以"过滤器""分流器"的形式在民事诉讼中发挥其积极作用的同时，"有案不立""控制立案""告状难"等问题也逐渐突出，"立案难"并未因立审分立的实施而彻底消失。

2014 年 10 月，《中共中央关于全面推进依法治国若干重大问题的决定》第 4 部分第 2 项提出"改革法院案件受理制度，变立案审查制为立案登记制，对人民法院依法应该受理的案件，做到有案必立、有诉必理，保障当事人诉权"。这拉开了我国立案制度变立案审查制为立案登记制的序幕。2015 年 2 月实施《民事诉讼法》的解释。同年 4 月，《关于人民法院推行立案登记制改革的意见》审议通过，该意见明确表明"改革法院案件受理制度，变立案审查制为立案登记制"，并明确了立案登记制的指导思想、登记立案的范围、登记立案程序，同时对健全配套机制、制裁违法滥诉、加强立案监督等方面改革提出了建议与要求。

《民事诉讼法》解释与《关于人民法院推行立案登记制改革的意见》的发布与实施，在制度层面上完成了由立案审查制变为立案登记制的变革，在国家政策层面为公民起诉权的保障、司法公信力的提升、司法效率的提高提供了有力的制度支撑。为了保证立案登记制在审判活动中的顺利实施，2015 年最高人民法院发布了《关于人民法院登记立案若干问题的规定》，该规定为起诉状的内容、起诉以及自诉应当提交的材料、材料错误或缺失的补正方法、法院登记立案的流程、法院不接收诉状的处理办法等问题确定了统一标准，同时也明确规定了不予立案的几种情形。[①] 这一司法解释建立了较为完善的立案登记制，极大地增强了立案登记制在实践中的可操作性，便于各级法院在实践中落实立案登记制，推动了立案登记制在全国各地的推行。

三、龙泉法院立案登记制实施现状与问题

自 2015 年 5 月 1 日立案登记制正式实施以来，该制度取得了显著成就与良好现实效果。这段时间中，龙泉法院"立案难"现象基本消失，公

[①] 《最高人民法院关于人民法院登记立案若干问题的规定》第 10 条：人民法院对下列起诉、自诉不予登记立案：（一）违法起诉或者不符合法律规定的；（二）涉及危害国家主权和领土完整的；（三）危害国家安全的；（四）破坏国家统一和民族团结的；（五）破坏国家宗教政策的；（六）所诉事项不属于人民法院主管的。

民的起诉权得到了更充分的保障，司法公信力也逐渐加强。立案登记制的实施虽然在一定程度上解决了"有案不立"的问题，但亦存在不少问题，有限司法资源与不断增长的案件数量间矛盾更加尖锐。

（一）"案多人少"矛盾日渐突出

转型时期，巨量纠纷对司法体系一直是巨大的挑战，如何解决"案多人少"的现实问题是实务界与理论界关注的重点。[1]立案登记制实施后，司法资源与案件数量间的矛盾也愈发突出，主要有两个原因：1.立案数量激增：一方面，立案登记制要求在立案阶段仅对案件进行形式审查，而不对其进行实质审查。在受理阶段，法院"不予立案"的案件数量大大减少，再加之"有案必立，有诉必理"的司法政策，导致立案数量不断上升。另一方面，随着法治建设的不断推进，人们通过司法途径维护自身合法权益的意识不断觉醒，随之而来的便是诉讼的大量增加，案件数量与司法资源间的缺口不断扩大。2.司法资源未能得到及时补充：面对案件激增的现实状况，司法资源却未能同步增长，审判人员不足，法院招人难，法官流失现象严重。最高人民法院在其2014年至2021年工作报告中，均提到了这一问题。虽然自从法官员额制实施以来，法官流失问题得到了一定程度的解决，但法官流失问题在边远地区基层法院依然严重。[2]

（二）民众滥用诉权问题严重

立案登记制度实施以后，滥用诉权、恶意诉讼的案件较之前明显增加。[3]

---

[1]　参见蒋银华：《司法改革的人权之维——以"诉讼爆炸"为视角的分析》，《法学评论》2015年第6期；左为民：《"诉讼爆炸"的中国应对——基于对W区法院近三十年审判实践的实证分析》，《中国法学》2018年第4期；任重：《"案多人少"的成因与出路——对本轮民事诉讼法修正之省思》，《法学评论》2022年第2期。

[2]　参见钱大军、郭建果：《法官员额制的功能实现分析》，《吉林大学社会科学学报》2021年第2期。

[3]　参见田源：《撩开恶意诉讼的"维权面纱"——立案登记制背景下恶意诉讼的理论探究与制度因应》，《法治论坛》2017年第3期。

由于立案登记制要求法院对符合法律形式规定的起诉不得不予受理，在客观上减弱了立案审查制下法院在立案阶段对案件所具有的过滤功能，致使大量可能不予受理、不具有可诉性的案件登记立案成功、进入审判阶段，对本就不足的司法资源造成浪费，进一步加重了人案矛盾。并且由于诉讼必然会涉及另一方当事人，也有部分人利用立案登记制不进行前置审查这一制度便利，恶意提起诉讼达成自己的非法目的；不仅浪费了司法资源，还可能削弱司法的权威性。目前我国对虚假诉讼、恶意诉讼等违法行为仅有原则性的规定，缺乏具体、明确的认定与惩处标准，滥用诉权未得到有效规制，部分当事人法治意识淡薄等都是滥用诉权问题日益严重的诱因。

针对上述问题，未来应当调整立案庭功能与定位，促使立案庭改革，使其符合当前民事一审立案制度需求，建立相应的配套机制，来预防、惩罚滥用诉权行为，尤其是需要进一步深化案件繁简分流制度改革。最高人民法院于 2016 年 9 月发布《关于进一步推进案件繁简分流优化司法资源配置的若干意见》，对案件繁简分流制定了统一的规范和标准。未来，应当在已有的繁简分流基础上，继续加力推进民商事案件轻重分离、快慢分道，着重在立案端口科学分流案件，在审判端口高效化解大量"简案"、高质审理少量"繁案"，提高司法效率，为立案登记制的有效实施提供保障。

第二节　民事庭审的变革

一、20 世纪 80 年代初至 21 世纪初：庭审规范化

（一）庭审制度的规范化

民事庭审规范化改革集中发生在 20 世纪 80 年代初期。在此之前，庭审规范化程度较低，庭审方式随意、庭审程序无章可循等现象时常发生。1991 年全面修订《民事诉讼法》之后，最高人民法院要求落实《民事诉

讼法》中关于庭审制度的各项规定，推动民事庭审合法化、规范化、标准化。民事庭审规范化改革以《民事诉讼法》中庭审程序的阶段性规定为主要依据，改革的范围包括审理前准备、双方当事人陈述、法庭调查、法庭辩论、合议庭评议、司法裁判文书宣判等环节。

通过贯彻党的十一届三中全会精神和浙江省第二、第三、第四、第五次民事审判工作会议精神，龙泉法院纠正了以"阶级斗争为纲"、忽视保护人民合法权益、削弱民事审判工作的错误认识和做法，提高了法官对民事审判工作重要性的认识，明确了为经济建设服务的方向。最重要的，民事审判开始从职权干预模式向当事人主义模式转型。

社会主义市场经济要求高效快捷地完成审判任务，传统审判方式中的老经验、老办法、老习惯已经不能适应市场经济发展的需要。1995年初，丽水市中级人民法院在全市法院院长会议上对庭审改革作了专题研究，明确将庭审改革作为1995年全市法院工作的重点。此后，龙泉法院把庭审改革列入重要议事日程，并通过召开庭长会议、干警大会、庭务会议组织学习，层层动员庭审改革。

龙泉法院以示范开庭为突破口，开启了审判方式改革的探索。1995年3月初，龙泉法院根据《民事诉讼法》、丽水市中级人民法院印发的《第一审民事案件普通程序开庭审理实施细则》和《民事案件适用简易程序实施细则》，率先举行民事案件规范化开庭：通过制订了"当事人须知"、规范审判员书记员职责，建立统一立案或立审分立制度，提高庭审的规范化程度；同时，推进庭审方式公开化，对法律规定应当公开审理的案件，一律公开开庭审理，做到公开质证、公开辩论、公开宣判、公开调解。

在经历了"实践—研究—提高"的发展过程之后，龙泉法院民事审判的公正性、透明度、高效性均有所提高，主要体现在：第一，审判方式从"纠问式"逐步向"陈述式""辩论式"过渡；第二，举证方式从法官查证为主向当事人举证为主转变；第三，从庭前调查为主逐步转变为当庭举证、质证与认证为主。

（二）龙泉民事庭审实践的转型

1. 法庭辩论

法庭辩论作为庭审的核心环节之一，对于维护程序公正至关重要。它指在法官的主持下，诉讼双方及其诉讼代理人针对意见相左的事实及法律问题进行陈述、辩驳与论证，其本质是双方当事人的利益对抗。根据法律规定，在法庭辩论中，先是由原告和他的代理人进行观点的陈述，然后由被告和其代理人进行答辩、第三人和代理人依次进行答辩，随后当事人相互辩论；法官则处于中立的地位，运用诉讼指挥权指挥当事人依法行使诉讼权利。但是在司法实践中，法庭辩论问题频出，龙泉民事诉讼的庭审笔录就体现了法庭辩论司法实践和立法目标的差距。

自《民事诉讼法》于1991年正式颁布施行后，龙泉诉讼档案中渐渐有了庭审笔录留存。这些庭审笔录在形式上大体相同，大都包含当事人双方陈述、事实查证、质证、辩论和双方最终陈述的内容。分析这一时期的司法档案发现，法庭辩论大多流于形式。这是由于在事实查证过程中双方已经明晰了问题所在，所以，在法庭辩论环节双方仅就自己的意见进行重述。在某些具体案件中，辩论反而激化了双方当事人的矛盾。

2. 法庭劝解

劝解对于解决民事纠纷十分重要，特别是司法机关的劝解。分析20世纪90年代之前龙泉婚姻纠纷的调查笔录发现，法官在审理案件时常常对当事人进行劝解，比如要求原告审慎思虑，提醒被告要改正自身错误，用实际行动挽回婚姻。只有确认双方感情彻底破裂，法官才通过调解或判决的方式确认双方离婚并处理财产纠纷。这种践行群众路线、深入调查研究、重视劝解和调解的司法解决方式，对解决家庭纠纷、调和家庭矛盾、维护社会稳定起到了积极的作用。这里以吴传香诉李国豪离婚案为例进行说明。[①] 这起案件在原告提起诉讼前，当事人曾经历过多次人民调解，但是都失败了。这次，吴传香提出诉讼以后，龙泉法院几次下乡去调查后作出调解。下面是法官与吴传香的调解笔录。

　　问：在一起几年？

　　答：六个月就分手了。

　　问：为什么？

　　答：因为他大人不同意他在我家。

　　问：结婚办有东西吗？

　　答：没有办过，就蚊帐被子，他都拿回去了，房子都建成16年，他拿有110元钱来的，作彩礼的，做两套咔叽，一件毛衣。

　　问：现在能和好吗？

　　答：不可能，我坚决不和。

　　问：有何理由要求离婚，为什么？

　　答：他连米、油都放起来，父母包办，因经常打架，粮食放别人家，吃一点，拿一点。

　　问：你考虑怎么办？

　　答：要求法庭给予解决离婚。

　　问：你生育有几个小孩？

　　答：大的李齐亲，男，12岁。小的，李乾富，男，5岁。

　　问：离的话小孩如何处理？

　　答：李乾富四岁就给男方带去了。

　　问：其他有什么吗？

　　答：没什么。

---

① 《吴传香诉李国豪离婚案》，卷宗号：(82) 民字第15号，浙江省龙泉市法院藏。

在场人：公社李光远、范旭航

大队文书：刘润秋

当事人：吴传香

一九八二年五月五日

然后法官又与李国豪展开调解。

问：姓名？

答：李国豪，男，39 岁，汉族，中农成分，白角人，现住白水大队。

问：你与吴传香什么时候结婚？

答：一九七一年三月上。

问：没有结婚证吗？

答：没有的。

问：未结婚前如何认识？

答：她是我的叔伯姑娘，有亲戚关系的。

问：谈恋爱有多少时间？

答：婚前两三个月开始讲的，后来两人同意才办结婚证的。

问：婚时两人感情好否？

答：好的，头两年是好的。

问：怎么好法？

答：这个讲不来。

问：什么时候开始不好？

答：婚后两三年开始不好的，主要是她□亲开始的。

问：因什么不好？

答：给王邦挑了，被子给她丢在门外三次。

问：何时开始分居？

答：七五年分居。

问：分居后你负担过她吗？

答：会计那里可查，其实负担一年，七六年后就没负担，原因是她好离婚些，而她也有人负担的（王邦负担的）。

问：你俩生有几个小孩？

答：两个孩子，现年一个十二岁，一个五岁，小的四五岁时由我抚养的。

问：结婚时办有何东西否？

答：摆了四五桌酒，彩礼有二百二十来元，没人经手，钱是交给她父亲的，做有两套咔叽，毛线衣一件。

问：其他有什么吗？

答：摆桌时，菜、肉我担来的，豆腐等是她的，没有酒的。

问：你分居后大队、公社讲过吗？

答：没有的。

问：为什么？

答：我弄不过她，白角大队有几个人来的，这边也有几个都来劝过，要我们和好。

问：和解起来吗？

答：我是要的，她真正不要我，我也没办法。

问：没有夫妻生活分居有几年了？

答：有六七年了，是她不要我供应（负担的）。

问：你俩个有感情吗？

答：给王邦挑了，我俩没有感情，她跟王邦有感情了，她对我发过誓，不跟王邦，而跟我不变心，主要是她娘挑起来的。

问：现在你考虑怎么办？

答：听政府的话，由你们处理。

问：其实你们感情还可以的。

答：由政府主持正义……

在场人：公社李光远、范旭航

大队文书：刘润秋

民兵连长：钟思民

当事人：李国豪

本庭：吴梓航

执笔：林其轩

一九八二年五月五日

该案下午又进行了一次调解。最终以离婚告终。

时间：一九八二年五月五日，地点：吴传香家

内容：婚姻纠纷

参加人员：公社李光远，练杨明，杨检之。大队吴观仁，吴万梭，民兵连长钟思民（杨春芝，王时宝）

当事人：吴传香，女，34岁，汉，贫农，白水人，住白水。

当事人：李国豪，男，39岁，汉，中农，白角人，现住白水。

女方自述：他到这里来是他哥来讲的，而我本人是不同意的……他拿110元钱来摆酒的，俩人感情不好的。小孩出生后，两人经常争吵，发展到打骂我娘。后来我娘说，这样下去不行，还是分开住，我和他租东村人家住，结果还是不行，他把菜、油都放起来，粮食都有放起来。我曾说还是到娘家好，我俩才开始分居的。

其父：彩礼110元是实的，肉他拿来的，我做了两桌豆腐，开始嘴很甜，后来骂我俩是犬母犬公，结婚证之事我是说过的。从他骂我

们后才给他们分家的……260元钱纯属是谎言，要么就有人经手差不多。他把老母打了还要磨刀杀猪。

经协商，下面几点意见：

一、双方同意离婚，本庭准予离婚。

二、吴传香赔偿李国豪损失150元，限于一九八二年十一月底前付清。

三、李乾富由李国豪抚养教育。

四、衣物各归各有。

五、女方父母应从中吸取教训。

六、收女方诉讼费五元整。

当事人签字：李国豪、吴传香

公社：李光远、杨梅梅、钟思民、吴观仁、吴万梭

最后法院作出调解书。

龙泉县人民法院调解书

（82）民字第15号

案由：婚姻纠纷。

当事人：吴传香，女，三十四岁，汉族，贫农，本县□□公社人，现住白水大队。

当事人：李国豪，男，三十九岁，汉族，中农，本县□□公社人，现住白水大队。

上列当事人因婚姻纠纷一案，现经本庭调解双方达成协议如下：

一、双方同意离婚，本庭准予离婚。

二、吴传香补偿给李国豪一百五十元，限于一九八二年十一月底前付清。

275

三、次子李乾富由李国豪抚养教育。

四、衣物各归各有。

五、包办婚姻是违犯婚姻法的，双方应吸取教训。

六、收吴传香诉讼费五元。

本调解书与判决书具有同等法律效力，双方应遵照执行。

于一九八二年五月五日调解成立。

又如徐世兰诉毛温训离婚案件。① 下面是这起案件的庭审记录。

问：你姓名，年龄，家口，住址？

答：毛温训，男，35岁，家口九人，建安安民大队四队人。

问：你们夫妻现前发生不和气，能和好否？

答：我本人同意和好，从今日改正，我不乱打她。同她搞好团结，共同劳动，维持家庭生活。如她同别人搞不正的事，我要干涉她的。

问：徐世兰，你昨日又发生打架，何事？

……

问：你丈夫何事同你发生打架？

答：上年因香菇卖价钱发生打我一次，夫听别人讲，才会打我的。

问：你们夫妻能和好否？

答：我不能和好，田□□我自己种，他会打我的。

问：他为什么事打你？

答：他因为□□□睡引起打架。

---

① 《徐世兰诉毛温训离婚案》，卷宗号：(82) 民字第 012 号，浙江省龙泉市法院藏。

问：本庭对你夫妻劝和，听取否？

答：同意依照劝和。

最后该案调解成立。

龙泉县人民法院安仁法庭调解书

（82）民字第012号

案由：婚姻纠纷。

原告人：徐世兰，女，30岁，汉族，本县建安公社安民大队人。

被告人：毛温训，男，35岁，汉族，本县建安公社安民大队社员。

上列当事人之间因婚姻纠纷一案。经本庭调解，双方自愿达成协议如下：

一、双方接受法庭教育，愿意和好，今后团结友爱，相互谅解，共同搞好家庭关系。

二、女方保证改邪归正，男方绝不再无故殴打女方，但双方也应真心实意绝不得借故行起吵架。

本调解书与判决书具有同等法律效力，双方必须自觉遵守。

收取当事人民事诉讼费五元整。

于一九八二年六月二十七日调解成立。

不过总体来看，改革开放后我国诉讼模式发生了巨大变化，劝解模式也随之改变。在20世纪90年代特别是在1994年之后，随着调查笔录逐渐退出历史舞台，我们越来越少看到法官的劝解。对1994年至1998年的85起案件进行统计后发现，有6起案件在开庭或者当庭的调解中法官对双方进行劝解，仅占总数的7.1%，而1999年抽取的12起有效案件均不存在劝解。

由此看出，前一时期反复调解、多次做思想工作的审判方式尽管依然存在，但座谈会的形式却越来越少见，而且无论是调解工作的强度还是次数，都无法与新中国前成立后的三十年相比。比如发生在 1993 年的石霍英诉季喜松离婚诉讼，法院只是简单作了一次调解。①

　　审：原告石霍英诉被告季喜松离婚纠纷一案，本院于 1993 年 10 月 14 日立案受理后，原告、被告双方均向本院口头提出申请，要求调解解决纠纷，今天召集双方到庭，现询问被告在答辩期限内调解有无异议？

　　被告：无。

　　审：双方是否同意调解？

　　原告：同意。

　　被告：同意。

　　审：双方有无具体的调解方案？

　　原告：我与被告于 1966 年 3 月按农村风俗摆酒结婚，未办理婚姻登记手续，在婚姻关系存续期间生育两个儿子，现均已成年。双方没有共同财产和债务。现双方因感情不和自愿达成如下方案：

　　一、原告石霍英与被告季喜松离婚；

　　二、案件受理费 300 元，减半收取 150 元，由原告石霍英负担。

　　被告：同意。

　　审：原告还有无其他问题需要说明？

　　原告：没有。

　　审：被告还有无其他问题需要说明？

　　被告：没有。

---

① 《石霍英诉季喜松离婚案》，卷宗号：(93) 民字第 112 号，浙江省龙泉市法院藏。

经本院主持调解，双方当事人自愿达成如下协议：

一、原告石霍英与被告季喜松离婚；

二、案件受理费 300 元，减半收取 150 元，由原告石霍英负担。

双方当事人一致同意本调解协议的内容，自双方在调解协议上签名或捺印后即具有法律效力。

龙泉这一阶段的婚姻诉讼资料显示，在夫妻和好的案件中，经历过调解的案件比例并不高，而且在夫妻调离案件的调查笔录中，劝解性的话语逐年减少。总之，进入 20 世纪 90 年代后，民事诉讼程序依照现行《民事诉讼法》逐步程式化和标准化。民事纠纷的审理思路也发生了极大的变化，开始从职权主义向当事人主义转变。法官从积极主动劝和走向中立被动地依据证据裁判，传统的劝解、实地调查、慎重审理的审判方式开始退出历史舞台。

3.取证与质证

新中国成立后的前三十年，龙泉民事审判大多都是以马锡五式审判为主，由法官进行实地调查，寻找客观事实，并通过深入群众获取证据材料以作出判决或调解。在 20 世纪 80 年代，龙泉法院还保留着下乡审判的习惯，通过巡回审判开展调查、获取证据，比如发生在 1981 年的黄金铭诉李水报土地纠纷中（表 12.3），我们看到法院曾经数次下乡展开调查。①

表 12.3　黄金铭诉李水报土地纠纷案卷宗表

黄金铭的报告	1	摘自周月德土地证	33
询问黄金铭的笔录	5	摘自黄毛犬土地证	34
黄金铭的发言	7	原底大队干部座谈笔录	36
询问李水报笔录	8	大队干部、调委会、邻居座谈会	38

---

① 《黄金铭诉李水报土地纠纷案》，卷宗号：（81）民字第 23 号，浙江省龙泉市法院藏。

续表

证明材料	11	调解笔录	43
询问李水报的大哥李毛犬笔录	17	调解笔录	50
询问吴文芝笔录	19	审判委员会讨论记录	55
访问季马文笔录	21	判决书发文稿	56
访问原底大队会计徐星豪笔录	25	龙泉人民法院民事判决书	57
询问何马林笔录	27	送达回证	59
城镇四大队调委会反映的情况	29	人民法院结案通知书	61
证明材料	31		

1982年《民事诉讼法（试行）》规定"人民法院应当按照法定程序，全面地、客观地收集和调查证据"，调查取证仍然由法院负责。1991年的《民事诉讼法》则用"审查核实"替换了"收集和调查"，并规定了当事人"有责任提供证据"，法院则只有在当事人因客观原因无法自行收集或认为审理需要之时，才能调查收集证据。2002年最高人民法院《关于民事诉讼证据的若干规定》则进一步明确规定当事人承担举证责任，举证不能则承担诉讼上的不利后果，这对司法实践产生了重大影响。

档案显示，在20世纪90年代中期，大多数民事案件都是开庭审理，并且法庭调查的模式代替了之前询问各方当事人的模式，法庭调查发展成为开庭审理的关键环节。但是质证、法庭辩论存在一定程度的虚化，即使是最后的陈述环节，也常常浮于形式。这反映出无论是裁判者还是案件当事人，都没有意识到司法对抗制的核心是辩论原则。因此，庭审改革并未结束，此阶段遗留庭审形式化、过场化等问题，为第二阶段的庭审改革——"庭审实质化改革"埋下了伏笔。

综上，一方面，改革开放后的民事庭审规范化改革取得了较大成效，不仅在一定程度上提高了庭审规范化的程度，而且让人们意识到了改革庭审方式的重要性；另一方面，这一阶段的改革仅处于初级阶段，其主要目标是使庭审操作符合《民事诉讼法》的各项规定和要求，依旧停留在形式化的操作层面，改革并没有进入实质化，庭审形式化、过场化、空洞化等问题仍然频繁出现。

二、21世纪以来的龙泉法院民事庭审变革

（一）庭审实质化

进入21世纪以来，民事庭审变革的一个重要特征是庭审实质化。庭审实质化改革主要表现为以下两个方面。第一，确立庭审在司法裁判中的决定性作用，即在调查证据、认定事实以及法律适用层面上的基础性、决定性作用。改革的出发点和落脚点是以审判为中心，庭审中心主义则是改革的核心要素和持续方向。第二，进一步充实庭审内容，避免庭审形式主义、庭审程序虚置、庭审走过场等问题的出现。为了更好地实现以审判为中心的诉讼制度改革的目标，国家进一步提出了庭审程序优质化改革。庭审优质化改革的实践结果，不仅是以审判为中心诉讼程序改革的核心和要旨，更是检验第三轮司法程序改革成败与否的关键。

庭审实质化改革的核心内容是"一步到庭"和"当庭举证、当庭质证、当庭认证和当庭裁判"的"四个当庭"。然而，就龙泉来说，庭审实质化改革存在孤立、单独、片面地看待庭审程序，没有以全局观念把握诉讼程序的整体性、系统性的问题，改革并没有达到预期的效果。例如法官将注意力过度集中在庭审阶段，无视庭前准备的作用，反而导致了重复开庭、庭审效率低下、庭审疲惫等现象。具体来说，民事庭审实质化存在以下问题。

1.开庭次数多、庭审时间长

虽然我国《民事诉讼法》规定了审限制度，但是龙泉民事诉讼案件普遍存在庭审次数多、时间长、法官投入的精力过大但庭审质效低的问题。对2017年以来龙泉民事庭审实地调研发现，龙泉法院适用普通程序审理的民事诉讼开庭次数较多、判决时间间隔长的现象严重，民事庭审效率较低：最多正式开庭次数高达7次，最终判决时间和开庭时间间隔不少在一个月以上。

对比内地与香港地区的民事诉讼案件统计数据发现，内地民事诉讼案件整体审判周期与香港地区相比更短；但考虑到实际的开庭次数、庭审时间等，内地法官在每起民事诉讼案件中需要投入更多的时间和精力；就判决时间间隔来说，内地法官在庭审结束后也未能作出即时的判决，庭审质效相对较低。①

2. 庭审效率低下

调研发现，当事人针对争议焦点的有效辩论时间占比较低，主要表现为以下三个方面。第一，设置过多仪式性环节，包括核实当事人身份、告知合议庭人员、告知当事人诉讼权利和义务、询问是否回避等。第二，庭审内容的形式性过强，导致正式庭审时间被压缩。例如，对于已经递交的起诉状、辩护状、证据等书面材料，依旧需要当事人当庭重新宣读。第三，由于法庭调查时间分配不当，法庭辩论时间被严重挤压，当事人难以形成有效对抗。

我们以 2019 年的 60 起龙泉法院适用普通程序审理的一审民事案件为样本，统计分析庭审各阶段的时间分配，其大致占比见图 12.1。

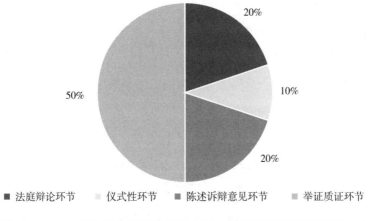

20%

10%

20%

50%

■ 法庭辩论环节　　■ 仪式性环节　　■ 陈述诉辩意见环节　　■ 举证质证环节

图 12.1　2019 年龙泉法院适用普通程序的一审民事庭审各阶段时间占比

①　参见夏丹：《庭审实质化视角下民事庭审话语叙事研究》，《法学评论》2017 年第 6 期。

在 60 起案件中，几乎每起案件都是以仪式性环节作为开头，耗时大概在 5 到 10 分钟。随后进入法庭庭审阶段，当事人宣读诉状和答辩状，时间约为 10 至 30 分钟；法官归纳争议焦点的案件不足 20%，即便是归纳争议焦点的案件，确定的争议焦点有时不够准确，庭审也没有完全围绕争议焦点进行；"过证据"等环节约占整体庭审时间的 50%。在此过程中，法官主动性较低，很少主动发问，庭审内容也没有整体围绕争点展开。当事人在法庭辩论环节主要是对已经陈述意见进行复述，缺乏有效的对抗交锋。

3. 突袭裁判现象较为普遍

突袭裁判是指由于法官违反法律或事实上的释明义务，未公开心证过程，导致当事人不能有效地、有针对性地对案件事实和法律适用问题进行说明，从而造成法官的裁判超出当事人的预期。突袭裁判具有严重的危害性，它扭曲了诉权与审判权的关系，造成诉权无法对审判权形成有效制约，程序进程与结果的不可预期性加大，司法裁判的可信赖度和接受度大为降低，这不仅侵犯了当事人的程序性权利，而且导致申诉和上访发生的频率更高。分析发现，突袭裁判虽然形式上属于法官判决的问题，但根本原因仍然在于庭审质效不高、方式落后。调研发现，大多数法官对突袭裁判的概念认知不清，更不用说主动采取避免措施。

总体来看，我们发现目前龙泉民事庭审实质化完善存在以下制约因素。

1. 缺乏对庭审功能的正确认知

民事诉讼庭审的最终目的是形成民事判决。因此庭审的价值在于，在法官审阅案卷后仍无法形成心证的情况下，帮助法官查明事实、排除疑点，顺利形成心证。为了实现庭审的价值，我们需要改变长久以来对庭审"重形式、轻实质"的态度，重新梳理"删繁就简、直指核心"的新理念。"删繁就简"指合理规划庭审时间，精简和整改纯粹的仪式性环节，有效利用书面资料来减少口头辩论的时间。"直指核心"要求庭审的核心时间必须安排在聆听当事人对争议焦点的辩论意见上；同时法官应当根据案件情况适时公开心证内容，从而实现与当事人的有效沟通和对案件事实疑点的排除，最终作出判决。

2. 集中审理制度规范的缺失

缺乏集中审理制度相关规范是制约基层法院庭审质效、影响庭审实质化的一个重要因素。"集中审理"指利用完备的庭前准备，保证正式庭审严格围绕争议焦点展开，并且一次性完成，最终实现提高诉讼质量和诉讼效率的目标。以"集中审理"原则进行民事诉讼制度改革，可以有效解决诉讼程序过分拖沓、庭审程序散漫等实际问题。我国《民事诉讼法》及司法解释虽然针对"审理前的准备"和庭审程序有所规定，但并没有规定集中审理制度。这不仅导致庭审状态松散、时间长、效率低下；还导致难以有效查明事实、解决争议焦点，无法保障当事人的有效对抗，进而造成庭审透明度低、突袭裁判等情况。①

3. 民事诉讼争点整理有待完善

我国已经形成了争点整理程序的雏形，但是依旧存在不足。庭审应围绕争议焦点进行，不管是庭前程序、诉辩程序还是法庭调查和辩论环节，对案件争议焦点的审理贯穿始终。所以在司法实践中，应当建立完善的诉辩机制，充分发挥庭前程序的归纳争议焦点的作用，开庭审理前法官要对双方当事人的诉求和案件的基本情况有一定的了解，明晰争议的焦点以及举证责任的分配从而围绕当事人的诉讼请求和案件争议焦点指导法官助理有效地进行证据交换等庭前程序。同时，法官应当充分重视庭审中双方当事人发表的意见，根据双方当事人的诉辩意见和已经初步固定的没有争议的事实与证据，结合庭审时的新情况调整案件争议焦点和审理方向，不断

---

① 参见左卫民、靳栋:《民事简易程序改革实证研究》,《中国法律评论》2022年第2期。

地归纳、主持和引导双方当事人围绕案件的争议焦点来进行举证、质证和辩论，从而提高庭审针对性和效率。

总之，民事诉讼庭审实质化是衡量民事司法活动质量、效率和效果的一个重要标准。为了实现民事诉讼庭审实质化，首先，要确立正确的庭审理念，明确庭审是解决纠纷的场所，其重点在于争议辩论和疑点排除；其次，需要将请求权和要件事实作为理论基础，要求法官和律师据此作为争点的整理方法规范庭审的过程；再次，需要采用合理、恰当的庭审方法，即法官在进行释明和公开心证过程的基础上，确保庭审围绕核心争点有条不紊地进行；最后，深入推进繁简分流改革，应当科学地确定繁简案件的划分标准，优化速裁程序与普通程序的衔接，制定速裁程序操作规程，加强速裁审判团队的建设，优化繁简案件程序转化衔接，完善繁简分流的配套机制。

（二）民事诉讼智能化：在线庭审与调解

2018 年召开的全国法院第五次网络安全和信息化工作会议明确指出"法院信息化 3.0 版"已经确立，具有网络化、智能化等特征的智慧法院体系初步形成。当前，在龙泉，民事诉讼智能化不断提高，主要体现在以下几个方面。

1.起诉立案

在传统民事诉讼中，两方当事人原则上通过言词和书面的方式进行交流。其中，当事人一般以书面的形式表达重要的诉讼意思，例如起诉书、答辩状、送达文书等。规范化的书面形式也体现了当事人对诉讼程序、诉讼行为的尊重。随着网络信息技术的发展，具有储存稳定、调取方便等特征的电子文书逐渐在民事诉讼中推广适用，其他新型的信息化、电子化交流方式也不断走入了公众视野。

在信息技术的支持下，龙泉法院的在线诉讼服务平台不断完善，目前已形成以"移动微法院＋共享法庭"为主，在线矛盾纠纷多元解决平台为辅的互联网诉讼服务体系。"网上立案"作为在线诉讼服务平台的基本功能之一，极大地便利了当事人参加民事诉讼。当事人可以通过"移动微法院"平台直接在线向有管辖权的法院提交起诉书；随后，法院的智能立案管理系统会自动记载当事人的起诉申请，并进入立案审查阶段。[①] 同时，当事人还可以在重隐私、护安全、有智慧的"共享法庭"以人机对话、专业人员辅助的形式进行网上立案等事项。网上诉讼服务平台 24 小时开放，当事人可以随时登录系统提交相应申请、办理诉讼事项，如立案申请、网上阅卷申请、网上提交证据、网上接收法律文书等。法院可以在系统里审核当事人提交的诉讼材料，对不符合立案要求的案件直接在系统中进行不予受理、驳回起诉等操作；当事人也可以足不出户地修改、补交材料，这大大减少法院的工作量和当事人的诉累。

2. 庭前准备

在庭前准备阶段，当事人可以通过线上诉讼平台提出管辖权异议，在保全系统申请网上诉前保全，通过法院鉴定系统实现网上提交鉴定申请，通过综合送达平台将起诉状副本发送给被告；被告也可在网上提交答辩状。运用信息化手段完成保全、鉴定等庭前准备工作，这不仅方便了当事人，也极大地提高了法院的工作效率。

3. 庭审

依托于互联网技术的发展，在线庭审的新型审理机制实现了庭审的去空间化。当事人可在网络虚拟空间宣读起诉书、答辩状、陈述事实或权利性主张，这既减轻了当事人负担，又节约了司法资源。例如在传统离婚案件庭审中，婚姻双方当事人一般需要亲自参加庭审、亲自表态，并且不能全权委托律师。若当事人身在异地则诉讼成本更高，通过网络空间完成诉讼则有效降低了当事人的诉讼成本。同时语音识别技术实现了对当事人发

---

① 参见张卫平：《民事诉讼智能化：挑战与法律应对》，《法商研究》2021 年第 4 期。

言的实时转换和记录，节约了书记员录入的时间。庭审后，法官还可登录网站查看庭审录像、笔录。除此之外，通过电子质证功能，当事人可以看到物理证据的网络投影，从而进行举证、质证。在线庭审可以发挥其无接触远程庭审的优越性。

另外在"共享法庭"中，证人可以在工作人员监督下按要求进入线上庭审。这不仅解决了证人因成本高而不愿出庭作证的难题，还确保了证人在作证前后不旁听案件审理，解决了空间上、程序上的隔离问题，保障证人的独立性和作证的有效性。

可以说，民事诉讼智能化基本做到了法院庭审的"全业务网上办理、全流程依法公开、全方位智能服务"，推动了"网络化、阳光化、智能化"综合管理的实现。

4. 在线调解

在线调解系统是一个独立的调解平台，相当于一个网络会议室，法官、调解员、当事人都可以进入，各方主体在网络会议室进行调解。例如"ODR 平台"，即浙江在线矛盾纠纷化解平台，它是全国首个纠纷化解网络一体化平台，具有法律咨询、评估、在线调解、在线仲裁、在线诉讼五大功能。其中，咨询功能包括智能咨询和人工咨询。在智能咨询中，智能机器人会依据用户输入的问题提供相关法律法规等内容。当事人还可以利用案件评估功能在诉前预估裁判结果，从而可以选择调解、仲裁等非诉方式解决纠纷。

龙泉法院将"ODR 平台"与"共享法庭"相结合，最大程度上满足了所有群体的纠纷解决的需求。此种调解模式的推广运行，让不少纠纷在诉前和审前得到了化解。无法到现场参与调解的当事人可以利用手机或电脑登录"ODR 平台"进行远程视频调解，并在线对调解笔录和调解协议进行签字确认。在这一模式下，双方当事人往往能够在较短时间内化解矛盾，同时完成生成调解协议、上传调解笔录、手机签字确认等流程，法院也可以在线发放调解书。

5.送达

电子送达是指经受送达人同意，人民法院可以通过送达平台，向受送达人的电子邮箱、即时通讯账号、诉讼平台专用账号等电子地址，按照法律和司法解释的相关规定送达诉讼文书和证据材料。

一方面，电子送达易操作，简单方便。对于当事人而言，在接收电子送达的诉讼文书时，与平时接收手机短信、电子邮件、微信信息等相差无几，简单易学、操作性强。另一方面，相对于法院派人上门、邮寄、公告等传统送达方式，电子送达缩短了送达周期、减省了送达成本、提高了送达效率，让当事人足不出户即可收取诉讼文书。

6.执行

执行智能化是民事诉讼智能化最为明显的标志。执行程序对效率要求较高，而智能化是提高效率的最有效手段。执行智能化主要体现在以下三个方面。第一，信息化管理平台全面覆盖执行领域。完善、升级法院执行案件流程信息管理系统、法院执行指挥管理系统、执行数据可视化平台、网络查控系统和网上拍卖系统，从而实现执行系统办案、系统监管，实时监测信息节点，及时通报异常情况，最终促进执行规范化和工作效率的提高。第二，依托智能化技术强化被执行人信用惩戒机制。首先，依托执行信息网，公开失信人员名单。其次，以失信名单为信息基础多部门实施联合惩戒机制，基本形成"一处失信、处处受阻"的信用惩戒格局，有效提升执行效率。第三，网络执行专用查控信息化平台的建设。充分运用"互联网＋"，实现网络查控全覆盖。积极与房产、国土、车辆、证券等管理部门协作，全方位掌握被执行人的财产信息，有效破解"人难找""钱难查"难题，以便快速、高效地处置被执行人财产。

总之，智能化技术逐渐融入龙泉民事诉讼全过程，促进了在线纠纷解决模式的创新，提高了民事司法能力，使民事纠纷解决机制能够更好地适应信息化时代背景下产生的新问题、新矛盾，对于完善民事诉讼程序、推动民事诉讼制度现代化具有重要意义。不过，在线庭审的庭前证据交换弱化了庭审实质化的风险。相较于线下庭审，在线庭审的驾驭难度大，法官无法及时惩戒违反诉讼程序和庭审纪律的当事人，因此庭前准备工作显得尤为重要。庭前准备主要通过证据交换或庭前会议完成。为促成在线庭审，不少法官或法官助理容易在证据交换或庭前会议环节僭越程序，例如将法庭调查与法庭辩论穿插在庭前会议中进行。这不仅影响案件的公开审理，还违反了以审判为中心的庭审实质化要求，造成审判中心由庭审转向庭前，导致庭审功能前置、正式庭审虚化。[①]

随着科学技术的稳步发展，汲取传统司法模式和社会治理模式中的有益经验，创设全方位、多层次、高效便捷的智能化民事诉讼模式，已成为推进民事司法智能化和现代化发展的有益途径。但同时也要看到，在基层法院，民事诉讼智能化尚处于起步阶段，其全面、成熟铺开仍需较长时间。对此，法院需要始终保持审慎态度，不能操之过急。

第三节　法院调解的变化

改革开放以来，龙泉法院调解依次呈现出日渐式微、急剧衰落、逆势回升、走向转型的变化态势。

一、法院调解的快速恢复与增长（1979 年至 1983 年）

总体来看，1979 年至 1983 年，龙泉法院调解结案率呈现逐步上升的趋势，1983 年甚至达到 84.6%（图 12.2）。"文化大革命"期间，人民调

---

① 参见左卫民：《后疫情时代的在线诉讼：路向何方》，《现代法学》2021 年第 6 期。

解被视为"阶级调和工具"而受到批判，直到党的十一届三中全会以后才被正名。此后，调解成为解决纠纷的重要力量，在相当程度上避免了因法制不完善、司法权威有限以及社会法治化程度不足所引发的问题。

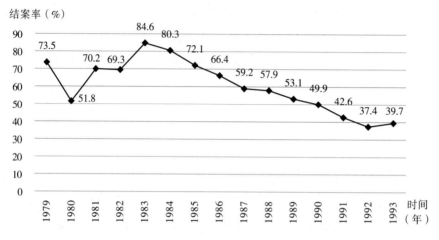

图 12.2　1979—1993 年龙泉法院调解结案率情况统计图

这一时期的法院调解书也日益规范，这里以林庆高诉林庆芳土地房屋纠纷案为例。①

浙江省龙泉县人民法院民事调解书

（80）民字第 61 号

案由：土地房屋纠纷。

原告人：林庆高，男，43 岁，家庭中农，本人农民，锦汗公社岭上大队人。

被告人：林庆芳，男，47 岁，家庭中农，本人农民，锦汗公社岭上大队人。

---

① 《林庆高诉林庆芳土地房屋纠纷案》，卷宗号：（80）民字第 61 号，浙江省龙泉市法院藏。

上列原告、被告系兄弟关系，其父亲在世时建有新屋一幢，父亲去世后，即由舅父经手将新屋给予中半分局（即中堂柏柿吉直到围墙为界）。七九年以来，被告以自留地为由，认定原告门口土地属他使用。原告坚持门口土地应归他使用，为此，双方争执不休，并发生多次打架。社队干部以调处未成，原告向本院提起诉讼。为维护社会治安，促进安定团结，本院于一九八零年七月三日会同大队干部，召集原、被告到场进行调处，现达成调解如下：

一、原、被告门口自留地（不包括门前路）按中堂右柱直对到墙为界，界的右边归原告使用，界的左边归被告使用。原告的公路外灰寮补偿给被告使用。

二、原告门前的被告灰寮依契归原告使用。原告在老处灰寮依契给被告使用。并由原告（按被告灰寮围墙面积）建好墙交给被告，何时建成，何时移交。

三、其房屋仍依契为据。

以上调解系双方自愿成立，与判决有同等法律效力。

原告人：林庆高

被告人：林庆芳

大队干部：杨陈昱、赵俊杰

法院工作人员：谢天厚、倪天年

龙泉县人民法院

一九八零年七月三日

改革开放后，龙泉的社会经济快速转型，但是中央立法尚不健全，纠纷的解决难以做到完全"有法可依"，法院调解可以顺势而为。但与此同时，另一些纠纷开始涌向法院。

二、法院调解的急剧衰落（1985 年至 2006 年）

20 世纪 90 年代，在"诉讼崇拜"的意识形态氛围和相关政策的推动下，调解遭到贬低，被视为"欠发达社会的产物"和"落伍的法律文化"。在这种情况下，法院调解日益被边缘化，龙泉法院调解结案率呈现出明显的下降趋势。

（一）经济结构显著变化，法律体系日趋完善

此一时期，关于计划与市场、姓资与姓社的争论得到了彻底解决，我国的经济体制改革获得了巨大的成功。1999 年《宪法》修正案总结了改革开放以来经济体制改革的成果，赋予了各经济单位经营自主权，提高了非公有制经济的地位，从而保障了国民经济的协调发展。2001 年我国加入世贸组织，全球化趋势进一步加速了龙泉的解体。2004 年《宪法》修正案则加大了对公民私人财产的保护，鼓励非公有制经济的发展。民事经济活动日益频繁，民商事案件呈现出日益复杂的趋势，法院调解工作的难度越来越大。

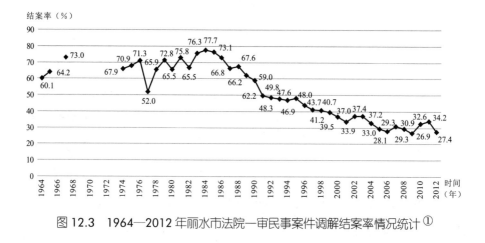

图 12.3　1964—2012 年丽水市法院一审民事案件调解结案率情况统计①

---

① 由于龙泉司法档案统计数据的缺失，我们使用丽水市全市基层法院一审民事案件调解结案率情况统计作为参考。

党的十五大提出"依法治国，建设社会主义法治国家"的基本方略，翻开了中国民主法治建设的新篇章。随着立法工作的全面推进，法律法规体系不断完备，不仅扩大了"有法可依"的范围，还为当事人提供了解决纠纷的有效工具。在全民普法方面，"一五普法"至"四五普法"效果显著，人们学法用法意识逐渐增强，法律素质得到了提高。同时，随着熟人社会和熟人单位的逐步解体，认同感的缺失、个人及组织权威的流失导致调解主体权威的弱化。法律完备、公民法律意识增强、社会变迁三者形成了剧烈的共振，共同促成了法院裁判率的升高和调解率的降低。

（二）人民调解衰落带来的影响

与改革开放以前"调解为主，审判为辅"的格局不同，社会公众开始重视法院解决纠纷的功能，人民调解沦为辅助性的"非诉讼纠纷解决机制"之一。在农村实行家庭联产承包责任制以后，村组干部逐渐丧失威信，难以继续担当调处纠纷的重任；同时绝大多数的宗族、家族也不再拥有此前的凝聚力。经济体制改革中，公有制企业大量改制，"三资"、民营、股份制企业迅速涌现，主管机关通过调解解决经济合同纠纷的能力下降。在城区，新型商品房的产生客观上导致了城市居民人际关系的疏远，居民间彼此陌生，很难形成具有认同感的共同体。这些都是人民调解逐渐没落的原因。纠纷主体在拒绝人民调解的同时，对法院调解也持谨慎态度，因此大量民事诉讼最终以判决的方式结案。

新中国成立后的前三十年，人民调解与民事司法的衔接广泛且紧密。但是20世纪80年代中期至20世纪末，随着司法现代化建设进程的推进，人民调解与民事司法的衔接逐渐减少，主要体现在以下方面。第一，法官深入群众、调查研究的情况逐渐减少。1991年《民事诉讼法》第64条规定了"谁主张、谁举证"的民事举证规则。至此，当事人对自己的主张承担举证责任，法院仅在少数特定情况下依申请或依职权调查收集证据，不再单一主动地调查收集证据。第二，巡回审理逐渐减少。1982年《民事诉讼法（试行）》在"总则"编规定了"人民法院审理民事案件，应当根据需要和可能，派出法庭巡回审理，就地办案"的原则；1991 年《民事诉讼法》则降低了"巡回审理、就地办案"的地位，将其作为一项制度规定在"第一审程序"一编，并且去掉了"应当"的表述，赋予了法院"根据需要"自由裁量的权力。① 至此，法院基本上都是"坐堂问案"。法院"田坝、民院设'公堂'披星戴月办案归"的就地办案情形仅存在于当事人地处边远等极少的特殊案件中。第三，1991 年《民事诉讼法》的修改也将原有立法中"应当着重进行调解"的表述，修改为"应当根据自愿和合法的原则进行调解"。这反映出立法者对诉讼调解的观念变化。第四，人民陪审员制度并未发挥实际作用。1991 年《民事诉讼法》没有关于陪审制度的硬性规定，因此法院在实践中也很少适用陪审制度。随着司法改革的进一步发展，人民陪审员愈发形同虚设，这些因素都导致了人民调解的衰落。

（三）司法政策及法院评价机制发生变化

调研发现，多数法官都认为，在法院内部导致调解被冷落的首要原因是审判方式改革的推进，尤其是以"一步到庭"为代表的对庭审、判决的强调和推崇。这种审判方式改革旨在改善法院的审判功能和庭审质量，改变传统的诉讼模式，无疑是有其积极意义的。该项改革还否定了以往把调解率作为考核法官行为和业绩的主要标准，并与其奖励升迁直接挂钩的做法，从而减少了诱发强制调解的动机。从此，在多数法院，调解率不再是法官业绩的考核标准，而仅是一种审判工作结果的客观统计数据，它不再与法官的奖金之类的奖惩和福利挂钩，因此不再是决定法官行为的带有强制导向性的因素。但由此也产生了一系列的负面影响，最直接的结果就是一些法官不再重视调解，而过于热衷于行使裁判权，甚至不顾当事人的诉

---

① 1991 年《民事诉讼法》第 121 条规定："人民法院审理民事案件，根据需要进行巡回审理，就地办案。"

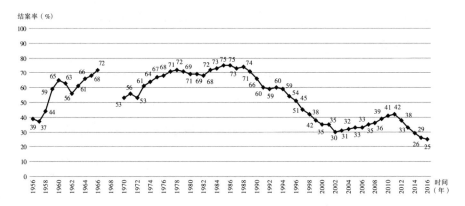

图 12.4　1956—2016 年全国法院民事诉讼一审案件调解结案率变化图 ①

求"一判了事"。

总之，20 世纪 80 年代中期后，不仅是龙泉，就是丽水市，乃至全国而言，随着法制建设的深入推进以及公民权利意识提高，大批民事、经济纠纷涌入法院，诉讼逐渐取代调解成为最重要的纠纷解决方式。同时，随着司法改革和法律职业化建设，法官的专业化素养、法院的地位均得到了提高，法院调解率进一步下降。

三、法院调解的短暂回升（2008 年至 2012 年）

通过阅读图 12.3 与图 12.4，我们可以发现无论是在丽水还是在全国范围内，自 2008 年开始，法院调解率缓慢上升，并且这种趋势一直持续至 2012 年。究其原因，不仅在于司法政策的引导，还在于潜在社会需求的刺激。

（一）司法政策的引导

第一，转型背景下，龙泉社会形势多变，维护社会和谐稳定成为重要

---

① 参见张嘉军等：《程序法治 70 年：中国民事诉讼一审程序实证研究（1949—2019）》，社会科学文献出版社 2022 年版，第 304—305 页。

的治理目标。建设和谐社会要求维护社会治安，防止矛盾激化。与判决相比，法院调解具有促进当事人形成融洽社会关系的天然属性，与建设和谐社会的内在要求高度契合，能够更好地实现和谐稳定的治理目标。第二，国家层面推出了"调解优先"的司法政策，自 2007 年开始，最高人民法院连续发布了若干关于法院调解的文件，强调法院调解在构建社会主义和谐社会中的积极作用。地方各级政法委、法院积极响应，龙泉法院也制定了关于调解的各种考核奖励政策，发起了一场"调解运动"。

（二）案件压力日益突出

这一时期，在大量纠纷涌入法院的同时，司法资源并没有相应增加，因此出现了"案多人少"的矛盾。法院调解所耗费的时间比判决要久，因此，"人案矛盾"并不是导致法院调解复兴的直接原因。那么法官为什么将调解作为首要选择呢？首先，法院系统追求高调解率，为了达到考核标准，法官倾向于选择调解。其次，在社会转型期，新型诉讼、疑难案件层出不穷，个别案件甚至会引发意想不到的极端事件。在错案追究制下，法官为了避免承担责任，偏向于调解结案。最后，虽然从短期来看，调解一起案件可能要花费更多的人力、物力和时间；但从长远来看，调解避免了后续一系列上诉、再审、上访的问题，在稳定社会的同时，也节约了稀缺的司法资源。

四、法院调解的再次转型（2013 年至今）

龙泉法院调解率在经历了短暂的小幅回升后，自 2013 年开始逐渐下降，而后持续稳定在数值较低的区间。调解优先的政策虽然使法院调解一时活跃，但阻止不了社会结构变迁导致的"判决为主"的大趋势。

（一）诉讼"爆炸"

全国法院民事一审新收案件从 2013 年的 778.2 万件增长到 2019 年的 1385.2 万件，年均增长 10.1%。从 2013 年至 2020 年 6 月，全国法院民事一审案件结案标的额达 21.6 万亿元，年均增长 23.7%。[①]诉讼案件数量出现了"爆炸式"增长，这背后是社会结构变迁的大环境影响。人际交往日益频繁，经济联系日益密切，原有纠纷解决机制弱化，随着人民法院持续深化司法改革，提升司法公信力，诉讼成为当事人最为信任的纠纷解决途径。

（二）调解优先政策降温

在前一阶段，为贯彻中央关于建设社会主义和谐社会的重大决策，法院推行"调解优先"政策，导致了对调解的过度强调。对高调解率的片面追求引发了诸多弊端，例如久调不判、拖延不判、法院的司法裁判功能弱化等。调审结合也导致法院偏离了自愿性和合理性原则，使纠纷主体的利益受损。学者们也纷纷提出要正确处理"调解优先，调判结合"，适度弱化法院调解的地位，使法院调解回归理性定位。[②]在学界的批判与呼吁下，法院对调解的态度发生了根本性改变。自 2010 年开始，最高人民法院网站中有关调解的文章与报道显著减少；龙泉法院不再盲目追求高调解率，法院领导也不再将其作为考核指标，而是要求法官理性看待调解与判决的关系，回归"能调则调，当判则判"。"调解热"至此迅速降温，法院调解率也因此下降。

五、法院调解的现存问题

（一）调解工作发展不平衡

调研发现，传统民事案件的调解率较高，商事案件的调解率较低。我们认为婚姻家庭、继承案件一般发生在家庭成员或近亲属之间，纠纷矛盾

---

① 参见周强：《最高人民法院关于人民法院加强民事审判工作依法服务保障经济社会持续健康发展情况的报告》，《人民法院报》2020 年 10 月 18 日。

② 参见李浩：《调解归调解，审判归审判：民事审判中的调审分离》，《中国法学》2013 年第 3 期。

中掺杂感情因素，不会过于尖锐，相较于商事案件调解的难度较小，一旦双方当事人在情感上达成谅解，就比较容易在纠纷的具体处理意见上达成一致。此类案件适于调解也易于调解，同时也有利于社会关系的修复。

（二）司法的规则之治功能可能被弱化

由于社会关系趋于复杂化，疑难复杂案件、新类型案件数量增多，以及当事人法律意识逐步提高，导致调解工作难度加大，这也与法官在访谈中提到的"拿不准的案件一般调解"相印证，"越是事实和法律关系清楚的案件，越不好调解"，所以往往是拿不准的案件调解率高，这一方面是基于司法策略的考虑，但另一方面，"当事人搞不清楚，我们的法官其实也没有搞清楚。所以难得糊涂"。当事人"拿得准"的案件实际上很难调解。如果一味过分强调调解，势必软化程序规则，影响司法权威，由此弱化了司法的规则之治功能。

（三）调解的基础一定程度上被虚置

2021年新修订的《民事诉讼法》第96条规定："人民法院审理民事案件，根据当事人自愿的原则，在事实清楚的基础上，分清是非，进行调解。"但是实际的情况并不完全如此，因为调解书本身并不要求必须查明事实，制作过程也比较简单。实践中，不少法官认为，调解本身就包括对某些界限不清的事实、责任含糊不究，互谅互让，以达到既解决纠纷又不伤和气的目的。如果已经"查清事实、分清是非"还何须调解？由于"案多人少"的矛盾，法官往往不可能完全查清事实。不容否认的是，实践中部分法官基于功利等目的而采取"背对背"等违规措施，以"隐性强制"的做法促成案件结案等现象存在。

（四）部分法官的调解行为亟待规范

于法官而言，与判决相比，调解的收益更大。调解可以无须或者简单处理开庭、举证、质证、辩论、鉴定、勘验等工作，在文书制作上，调解书不必像判决书一样充分说理，法官无疑节约了大量的时间成本。此外，调解不能上诉，也很难再审，法官个人不必承担错案风险。就调研来看，绝大多数调解案件的调解笔录整体比较粗糙简单，很难反映调解的具体过程；调解书轻易认定未经查证的事实，调解书主文部分存在未写履行期限、擅自为案外人设定义务或处置其财产等问题，导致个别案件的调解协议内容难以执行，甚至进入再审和信访。

六、法院调解的未来

通过上文的分析可以看出，法院调解制度的变迁不仅受司法政策的影响，还与社会经济结构、司法资源配置等因素相关。针对当下法院调解存在的问题，未来，应当从规范法院调解程序、完善调审结合模式、重塑法院调解的理念等方面完善。

（一）规范法院调解程序

首先，要建立专业的法院调解组织机构，建立附设于法院审判机构的调解机构。如"法院调解委员会"，该委员会隶属法院管辖，配备专业的法律人才。其次，建立规范的法院调解程序。法院强制调解不仅侵犯了原告的起诉权，还侵犯了被告的应诉权。[①] 因此，应当尊重当事人的意愿，避免强制调解。最后，在调解中不得摆出裁判者的身份强制当事人接受调解方案，而是向公民宣传基本的调解法律知识，着重标明自愿原则，鼓励律师参与法院调解，使当事人借助律师的专业知识与行为不规范的调解法官抗衡。

（二）完善调审结合模式

调解和审判本身性质迥异，法院调解会软化法律对审判活动的约束，导致民事诉讼偏离预定目标。基于此，将法院调解从审判活动中剥离似乎顺理成章，但实际上，调审分离在理论和实践中都存在巨大的障碍。特别

---

① 参见周永坤：《论强制性调解对法治和公平的冲击》，《法律科学》2007 年第 3 期。

是在法院案多人少的情况下，将可能调解的案件从审判中分离出来会导致司法成本提高，也违反了实质正义。[①] 相反，调审结合有其正当性：一方面，先行调解、庭前调解和审判中调解等多种机制，方便了解当事人的诉讼需求；另一方面，调解可以综合考虑情、理因素，契合民众高质量、彻底、痊愈型的解纷要求，有利于实现实质正义。因此，在"调判"之间寻找平衡点，正确定位二者的关系。

（三）重塑法院调解的理念

在全球化的大背景下，我们有必要对法院调解进行重新定义。法院调解的新要义是，主持调解的法官应当引导纠纷双方综合考虑诉争内利益和诉争外利益，引领当事人从对抗转向合作。在调解中，法官也应当具有现代调解的新理念、新思维和新思路。在调审结合模式下理顺调审关系的重要举措是，重塑调解的理念，增强法官的判案技能，强化当事人程序主体性原则，确保当事人在调解协议达成过程中的自主性和自愿性，并强化检察机关对法院调解的监督职能。

第四节　民事纠纷的种类与数量

一、1979 年至 1993 年龙泉法院的民事案件

改革开放四十多年以来，龙泉在经济发展、生活状态、思想观念等各方面都发生了翻天覆地的变化，民事纠纷也发生了巨大的变化。不过，据1979 年至 1993 年间的档案统计，离婚诉讼、山林土地、房屋宅基地仍然是纠纷的主要类型。图 12.5 为我们所统计的 1979 年至 1993 年龙泉法院

[①]　参见李喜莲：《我国民事审判中调审关系的再思考》，《法律科学》2019 年第 6 期。

数量（起）

图 12.5　1979—1993 年龙泉法院民事案件审结数量变化图

民事案件审结数量变化图。①

（一）离婚诉讼

1979 年至 1993 年间，龙泉法院共审结一审离婚案 1588 起，占同期审结一审民事案件（共 5267 起）的 30.1%。在这一时期，龙泉法院审理离婚案件的数量呈上升趋势。1979 年案件数量为 59 起，1987 年案件数量为 89 起，增长率为 50.8%，1989 年案件数量为 191 起，相较 1987 年增长率为 114.6%。但该时期离婚案件占民事案件总数的比例有所下降，这与其他各类民事案件的数量增加有关。

"文革"结束后，尤其是党的十一届三中全会以后，国家逐步重视民主法制建设。1980 年新《婚姻法》颁布施行后，龙泉法院在审理婚姻案件时，更加注意保护当事人合法权益。新中国成立后的前三十年间，由于受到根深蒂固的传统观念影响，离婚案件的双方当事人一直保持退一步海阔天空、能忍则忍的心态。社会发展推动了民众观念进步，这种意识的觉醒在某种程度上冲击着传统的含蓄容忍的诉讼文化。②

---

①　因为涉及档案公开，我们未对 1994 年至 2016 年的案件数量进行统计。

②　参见蒋月：《改革开放三十年中国离婚法研究回顾与展望》，《法学家》2009 年第 1 期。

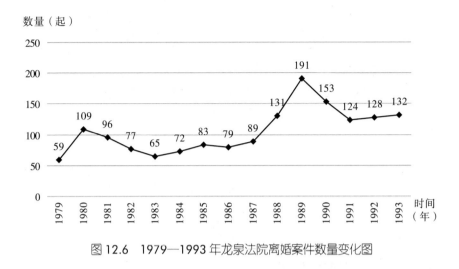

图 12.6 1979—1993 年龙泉法院离婚案件数量变化图

20 世纪 80 年代后，龙泉法院审理离婚案件的数量不断上升。离婚案件涉及的纠纷内容逐渐丰富，有的是由家庭生活琐事或相互猜疑而引发的矛盾；有的是追求"性解放"，喜新厌旧、另觅新欢；有的是草率结婚，缺乏感情基础而关系不洽；有的因社会地位上升或经济状况好转而厌弃对方。在农村特别是一些偏僻山区，包办买卖婚姻仍较普遍，男女双方只见几次面，相互之间还不了解就步入婚姻；有的男女双方虽然自主自愿，但女方或女方父母向男方索取彩礼，要男方办像样的酒席，男方四处举债，婚后女方得知男方负债，即提出离婚；有的是女方看男方致富无门而提出离婚。总体来看，龙泉法院审理的离婚诉讼有以下特征：由第三者插足引发的离婚案件开始增多；离婚财产分割案件增多，财产分割较以前更为复杂；事实婚姻与非法同居现象开始出现。

（二）山林土地纠纷

党的十一届三中全会以后，龙泉的农村实行"联产承包责任制"，经济体制改革使土地山林纠纷增多，大量这一时期的案件涉及新中国成立初期土地改革、农业合作社等山林划界问题，有的甚至是追溯到新中国成立

数量（起）

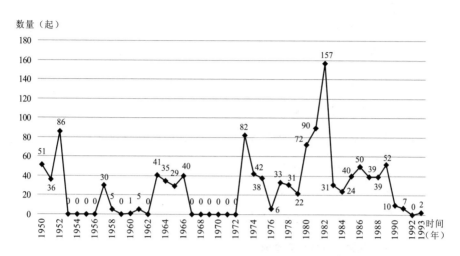

图 12.7　1950—1993 年龙泉法院山林土地案件数量变化图

之前的历史遗留问题。①

　　改革开放后，龙泉法院重建，多年被压制的案件纷纷涌向法院。从 1980 年至 1989 年的 10 年间，龙泉法院共审结了山林案件 594 起，是建院以来办案量最多的时期。1982 年龙泉法院就审结了山林纠纷案件 157 起。这一时期，分管院长、庭长以身作则，带领同志一道下乡，坚持"依靠群众、调查研究、就地解决、调解为主"的十六字方针，在林区为民办案，受到基层干部群众的好评，这一时期就地调解的案件达到 95%以上。在此期间，龙泉法院还总结出处理《山林纠纷十一条试行意见》，与林业局联合发文，给基层政府参照执行。《山林纠纷十一条试行意见》的内容是：

　　一、争执双方无土地证，山林所有权归属国家所有。由国家委托林场、社、队管理。

---

① 参见张佩国、王扬：《"山有多高，水有多高"：择塘村水务工程中的水权与林权》，《社会》2011 年第 2 期。

二、争执双方有土地证，都已入社，并已"四固定"，所有权归双方所有；双方有土地证，一方未入社，一方已入社，所有权归属已入社方所有；双方有土地证，双方都已入社，但一方未"四固定"，一方已"四固定"，所有权归属已"四固定"一方所有。

三、在合作化前，持有土地证的山主已迁居异地入社，山主迁居地入社有效；山主在合作化时在原居住地已入社，合作化后迁居异地又入社，迁居地入社无效。

四、荒山造林纠纷，山权归属有证方所有，林权归造林方所有，可在林木收益中归双方分成。

五、双方为山界发生纠纷，有证的按证确定，无证的应按长期经营管理范围的实际情况确定。

六、对个体坟地树木与集体发生纠纷，合作化前埋葬的坟地树木，一般仍归坟主个体所有。但砍伐应经有关部门批准。合作化后埋葬的坟地树木，一律归集体所有。如果树木是坟主所造，由集体付给适当的报酬。

七、凡山林争执双方在发生纠纷前已达成协议和司法机关判决的一概有效，双方不得违反。

八、国有山林，任何单位和个人不得侵占，过去由集体或个人已送给国营林场的，山林所有权归国家所有，不再退还，手续不完善的要补办手续。

九、凡山林纠纷发生，必须停止砍伐树木维持现状，不得扩大事态，对已砍木材由争执双方代表清点交售国家封存，待纠纷处理好后按处理意见执行。

十、山林纠纷引起哄抢林木械斗的，必须在党委领导下，组织有关部门，平息事态，查清事实，对哄抢林木应如数退赔，对为首分子和打死打伤人命的犯罪分子，据其情节和认罪态度依法惩处。

十一、山林争执处理范围：凡属公社范围内的由公社处理；归属区范围内的由属区处理；公社和属区处理不了的和涉及区与区之间的报请县有关部门处理；与外省毗连的社、队所发生的山林纠纷，先由社、队与其协商解决；如确实协商不了的，应将依据材料报请县里处理。

浙江省有关部门认可了上述十一条"试行意见"，随即派省高级人民法院民事审判庭和省林业厅林政处的工作人员来龙泉进行考察，之后将意见编成小册子发给全省乡、镇参照执行。①

这一时期的山林纠纷有以下特征。

第一，法律法规不断完善，促进了森林审判庭的建立。1979年2月23日，全国五届人大常委会发布《森林法（试行）》。1981年3月8日，中共中央、国务院作出《关于保护森林发展林业若干问题的决定》。为了保证《森林法》有效实施，切实加强森林保护，促进林业生产发展，龙泉法院于1980年9月设立了龙泉法院森林法庭（1987年2月改为森林审判庭），是全省16个森林审判庭中最早建立的。建庭伊始，县院指派一名副院长兼任森林审判庭庭长，由县林业局调进两名股长担任副庭长，充实森林审判庭的力量，促进法院积极审理各类山林纠纷案件及坚持巡回就地办案。建庭不到一年，就办结了山林纠纷案件172件，达到了历年办结山林案件的最高峰。

第二，自1981年《关于保护森林发展林业若干问题的决定》发布后，龙泉县全面开展山林重新定权发证工作。在定权发证工作中，土改、合作化和"四固定"时期遗留的问题暴露出来，如土改、合作化中出现的重登、

---

① 参见冯树清：《浙江省积极调处山林权属纠纷为林区经济建设和社会稳定服务》，《林业资源管理》1997年第4期。

漏登，"四固定"中重固定、漏固定以及山界不清和林主报酬等矛盾，大量山林纠纷出现，这一时期的纠纷大多涉及几个生产队之间，诉讼进行的时间普遍较长，有的纠纷甚至上诉至丽水中院。

第三，党的十一届三中全会以后，广大农民群众在改革开放和商品经济发展的影响下，商品经济意识增强，加之对山林实行承包制，提高了农民群众开展林业生产的积极性，这也使得其在林业生产、经营中出现的争议数量不断增多，向法院提起的诉讼也日益增多。①

1990 年至 1993 年，龙泉法院共审结山林土地案件 19 起，山林土地案件数量大幅度下降，主要原因是处理山林土地纠纷的机关改变了。根据《森林法》第 14 条规定，林木、林地所有权和使用权争议，由当地县级或者乡级人民政府处理。当事人对人民政府处理决定不服的，可以在接到通知之日起一个月内，向人民法院起诉。故大量山林争议案件交由政府处理，当事人很少到法院起诉，导致法院审理山林土地案件的数量减少。此外，《森林法》第 39 条规定"关于当事人对林业主管部门的罚款决定不服的，可以在接到罚款通知之日起一个月内向人民法院起诉，期满不起诉又不履行的，林业主管部门可以申请人民法院强制执行"。因此，龙泉法院于 1990 年 9 月将森林审判庭与行政审判庭合署办公，这是法院审理山林案件数量减少的又一原因。

（三）房屋宅基地纠纷

20 世纪 80 年代初龙泉法院房屋宅基地纠纷数量一直处于高位。由图 12.8 可知，龙泉法院在 1979 年至 1993 年共审结房屋宅基地案件 1328 起；其中，1980 年审结案件数量最多，为 150 起。

1980 年后房屋宅基地案件数量增加，其主要原因是一系列历史遗留

---

① 参见张佩国：《公产与私产之间——公社解体之际的村队成员权及其制度逻辑》，《社会学研究》2006 年第 5 期。

数量（起）

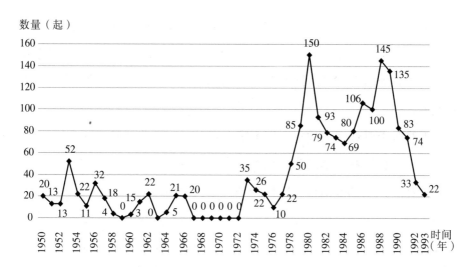

图 12.8　1950—1993 年龙泉法院房屋宅基地案件数量变化图

问题在改革开放后得以解决，土改、"大跃进"、"四清"、房改、"文革"等运动中未被解决的一些房屋纠纷均被起诉到法院。此外，也有大量房屋买卖纠纷与典当纠纷以及家庭成员间的产权和继承纠纷。对此，龙泉法院审理土改遗留的房屋纠纷以土改中确定的产权为准；对重复登记的查明情况，实事求是地归一方所有；对共有财产土改登记，后另一方起诉，或产权人土改时未登记，后要求明确产权的，尊重历史事实，合情合理地解决。①

比如 1982 年，龙泉法院审理季尧廷诉季元锦房屋产权纠纷一案。上海工人季全伦解放前曾托季尧廷代购房屋一间，并借其使用。土改时，季尧廷将房屋登记在自己名下。解放后，季全伦将屋借给季林浩居住。季全伦死后，其子季元锦决定卖给季林浩，季尧廷加以阻挠，并起诉。法院认为，季全伦在沪无房，家庭又非地富，原籍房屋不属没收之列；季尧廷原

① 参见谢志岿：《公社后体制下的乡村政治：变迁与重建》，《社会科学战线》1999 年第 1 期。

有房屋四间，又把他人之屋登记自己名下，是非法的，属错登。土改后，季全伦将屋借与他人居住 10 多年，季尧廷从未提过异议，该屋系季全伦所有。季元锦出卖该屋的行为合法，予以保护。在法庭多次教育下，季尧廷撤诉。①

土改时予以保留的地主、资本家在农村直接用于经营工商业的厂房、货栈，因房屋回收问题产生的纠纷增多。这些房屋在 1956 年由低级社转入高级社后，大部分由社、队作办公、办校、办厂或作粮站、仓库等用。党的十一届三中全会后，这些房主要求收回房屋。仅锦溪一公社 13 户地主在土改前有厂房、货栈 280 间，内楼屋 121 间，平屋 159 间，除自住 43 间外，其余均由社队或集体单位使用。1979 年后，向法院起诉要求收屋的不下 5 户。

对于此种情形，龙泉法院认为，在 1956 年进行社会主义三大改造时，这些房屋因所在的企业已经停闭歇业或转为其他行业而未列入改造范围，属于应被改造而未被改造的生产资料，不属个人居住的生活资料；加之这些房屋大都由集体使用，归还房屋困难。因此，除个别户确因人口多，住房困难，而使用单位又有可能调剂的外，法院均采取使用单位适当作价给予补偿的方式解决此类纠纷。

另外，有关集体占用私人房屋的纠纷在这一时期房屋纠纷中所占比重较大。主要包括以下几种情况：一是以借用为名长期占用；二是屋主外出，合作化、"大跃进"、"四清"中集体占用，并已出卖或拆掉；三是"文革"期间没收地主、富农的保留屋；四是房主被划右派或劳改后房屋被占用。根据 1979 年 10 月浙江省民事审判工作会议精神，龙泉法院提请党委指定专人负责落实政策，并建议对查有实据的私人房屋不得侵占，能归还

---

① 《季尧廷诉季元锦房屋产权纠纷一案》，卷宗号：(83) 民法字第 58 号，浙江省龙泉市法院藏。

原屋的归还原屋，归还原屋存在困难的，偿付建房材料和费用，并安排基地由当事人自行建房，或根据买卖公平原则给予合理折价。比如叶左勤等诉建安公社新建大队房屋纠纷案。① 下文为该案的调解书，此案是因为历史问题引发的纠纷。

龙泉县人民法院安仁法庭调解书

（81）民字第 23 号

案由：房屋纠纷。

原告人：叶左勤，男，五十一岁，汉族，本县建安公社新建大队社员

被告人：建安公社新建大队

代理人：项作庭，男，五十四岁，汉族，本县建安公社新建大队支部书记

项汝章，男，五十六岁，汉族，本县建安公社新建大队干部

上列当事人之间因房屋一案，经本庭调解，双方自愿达成协议如下：

一、原告人叶左勤因居住困难，于一九五七年经双方同意买来了居住在刘坊大队社员叶永庆户坐落在新建大队季山头村的房屋三间，并立有契约。后因叶左勤成分地主，与一九六四年被区、社、队工作组定为"复辟倒算"，而将其三间房屋没收，归大队使用了十八年。根据民事政策及有关之规定，该房屋应归还原告人叶左勤、叶三奶、叶作金三人所有。使用自本调解书下达之日起进行移交。

二、收来当事人民事诉讼费二十元。（上交国库）

---

① 《叶左勤等诉建安公社新建大队房屋纠纷案》，卷宗号：（81）民字第 23 号，浙江省龙泉市法院藏。

本调解书与判决书具有同等法律效力，双方必须自觉遵守。

于一九八一年十月二十五日调解成立。

龙泉县人民法院安仁法庭

审判员：陈尚达

一九八一年十月二十五日

除了上述遗留问题以外，改革开放后的新形势下产生的纠纷也值得关注。这一时期，城市建设不断发展，房屋环境和用途逐渐发生变化，房屋由单一住房用途发展为住房、商业多种用途，部分房屋成为生产、经营的场所。房屋用途的变化使房屋价值提高，同时也引发了新的房屋纠纷，如房主欲提高之前所签订的租赁合同租金，或房主不便返回处理房屋出租问题而意欲收回房屋后高价卖出等。

20世纪90年代后，龙泉市房地产业蓬勃发展，房屋纠纷出现了新内容，围绕房地产所有权、使用权和经营管理权以及由于开发、买卖、租赁等行为引起的纠纷日渐增多，如有关委托建房、集资建房、商品房买卖、单位与职工房屋使用权纠纷等新类型房地产案件。这些案件中作为诉讼标的物的房屋和土地日趋商品化，房地产民事法律关系的范围不断扩大，参与房地产市场的经济主体越来越多，范围越来越广，交易层次越来越向纵深发展。此时的房屋纠纷既涉及民事法律关系，又可能涉及行政法律关系，处理难度较大。龙泉法院在审理房地产案件时，法律和政策有规定的，严格遵照执行；法律和政策未具体规定的，则根据法律的基本原则和最高人民法院关于审理房地产案件要遵循有利于房地产行业健康发展的原则，依法保护合同的原则，公平保护当事人合法权益的原则处理。

（四）债务纠纷

党的十一届三中全会以后，经济往来日益频繁，债务纠纷大量涌现。1988年始，龙泉法院受理的一审债务案件数量仅次于离婚案件和房屋宅基地案件，内容涉及借贷、买卖、抵押、承揽加工、代购代销、合伙内部财产纠纷、劳动报酬、劳动争议、不当得利等十余种案由，而因民间借贷引起的债务纠纷达债务案件总数的50%左右。这些借贷纠纷有以下特点：绝大多数借款用于生产经营，只有少数用于生活消费及其他；债务标的额较大，动辄上千上万元；无息借贷少，有息借贷多，且往往订有高额利息，大多在月息2%以上，有的高达5%以上；借贷合同形式以书面居多。引发纠纷的原因有：经营不善造成亏损；为资金周转而故意拖欠；生活借贷确因经济困难无力归还；享受挥霍，盲目追求高消费；借用人认账不还，不守信义，或干脆赖账不还；因借贷利率高低引起争执；等等。龙泉法院依据"债务应当清偿"的原则，确立了以下审理规定：债务人有能力偿还却拒不偿还的，判决强制偿还；暂时无力偿还的，经债权人同意或法院裁决，由债务人分期偿还。一般按约定计息；对利率没有约定，或约定不明的，一般比照银行借贷利率处理；显属高利贷的，对高利部分不予保护。

另外，对于约定利率过高或过低的情况，龙泉法院也有相应的处理规则：经审理，法院认为约定利率过高的，对于生活性借贷，一般按照银行存款利率或低于银行存款利率计息；对于生产经营性借贷，一般掌握在银行贷款最高利率的二倍；对于低息借入、高息借出，从中牟利的，对其获利部分不予保护。对明知债务人借贷是为了赌博、投机倒把、走私等违法犯罪活动而贷款的，均认定为非法债务，不予保护，对债权人根据具体情况收缴部分直至全部本金及利息。对债务人死亡，留有遗产的，由继承人从遗产中清偿。龙泉法院在审理借贷案件中，强调当事人的举证责任。

（五）继承纠纷

改革开放后，人民生活水平普遍提高，城乡个体经济得到发展，生活资料逐渐丰富，一些公民还拥有了自己的生产资料，人民建新房、购置高档消费品，公民可供继承的财产范围迅速扩大。1982年《宪法》规定"保护公民的私有财产的继承权"，且《继承法》于1985年10月1日施行。

因此，这一时期的继承案件数量明显增多。1979 年至 1993 年，龙泉法院共审结一审继承案件 119 起。

继承案件涉及的纠纷内容主要是遗嘱处分遗产的效力定性及法定继承问题。

第一，关于遗嘱处分遗产的效力问题，龙泉法院是持肯定态度的，承认被继承人遗嘱处分遗产的权利，并将有效的遗嘱作为确定继承权人权益的依据。如王金福诉王振雄、王福堂继承纠纷一案①。原、被告系兄弟关系，其父有平屋二间，披屋四间，1966 年病亡前留下口头遗嘱，其中二间披屋归正在服刑的王金福所有，王金福女儿即搬入居住，兄弟间并无异议。后在城市改造建设中，该二间披屋成了街面房，价值提高，两被告即否认口头遗嘱，要求重新分割。经当时两位在场的与继承人无利害关系的见证人证实，口头遗嘱确为原、被告之父所立，系其真实意思表示，于是法院确认遗嘱有效，二间披屋由王金福继承。

第二，关于法定继承，法院主要按照以下规定处理：按照继承人范围、继承顺序等因素分配遗产，考虑继承人对被继承人所尽义务、继承人目前生活状况等，特别注意保护出嫁女儿的继承权和改嫁寡妇继承原夫遗产的权利，保护养子女的继承权，为胎儿和下落不明、未经宣告死亡的法定继承人留下应得份额，对未实际形成抚养关系的"立嗣""过继"，从继承顺序中剔除。对港澳同胞留下的遗产，充分保障其继承人对之享有的继承权。

二、2017 年至 2021 年龙泉法院的民事案件②

随着人际交往的频率提高，社会矛盾的种类也逐渐增多，这涉及日常

---

① 《王金福诉王振雄、王福堂继承纠纷案》，卷宗号：(86) 民字第 108 号，浙江省龙泉市法院藏。
② 由于司法档案公开受限制，1994 年至 2017 年的数据缺失，所以我们选取了 2017 年至 2021 年的民事案件作为样本讨论。

生活的方方面面。物业纠纷、道路交通事故纠纷、环境污染纠纷、生产经营竞争纠纷、雇佣纠纷、互联网交易纠纷、网络名誉侵权纠纷等层出不穷，这些纠纷的出现对法院提出了更高的要求。龙泉法院作为基层法院，呈现出审判业务量大、民商事案件比重大的特点。2019 年龙泉法院报告中提到，2018 年龙泉法院全年共收民商事案件 3760 起，审结 3734 起，诉讼标的额达 9.2 亿元。表 12.4 为 2017 年至 2021 年龙泉法院审理的民事案件。

表 12.4　2017—2021 年龙泉法院主要民事纠纷类型及审结案件数量表

2017 年民事纠纷类型	审结案件数量	2018 年民事纠纷类型	审结案件数量	2019 年民事纠纷类型	审结案件数量	2020 年民事纠纷类型	审结案件数量	2021 年民事纠纷类型	审结案件数量
民间借贷纠纷	969	民间借贷纠纷	1282	民间借贷纠纷	801	民间借贷纠纷	616	民间借贷纠纷	679
机动车交通事故责任纠纷	401	机动车交通事故责任纠纷	317	金融借款合同纠纷	338	金融借款合同纠纷	329	金融借款合同纠纷	515
离婚纠纷	262	买卖合同纠纷	263	买卖合同纠纷	279	买卖合同纠纷	259	买卖合同纠纷	310
买卖合同纠纷	196	离婚纠纷	238	离婚纠纷	236	离婚纠纷	218	离婚纠纷	231
金融借款合同纠纷	152	金融借款合同纠纷	175	机动车交通事故责任纠纷	203	机动车交通事故责任纠纷	162	机动车交通事故责任纠纷	155
物业服务合同纠纷	125	物业服务合同纠纷	171	物业服务合同纠纷	132	追偿权纠纷	120	追偿权纠纷	105
服务合同纠纷	71	信用卡纠纷	74	追偿权纠纷	86	物业服务合同纠纷	63	信用卡纠纷	75

2017年民事纠纷类型	审结案件数量	2018年民事纠纷类型	审结案件数量	2019年民事纠纷类型	审结案件数量	2020年民事纠纷类型	审结案件数量	2021年民事纠纷类型	审结案件数量
追偿权纠纷	68	追偿权纠纷	63	信用卡纠纷	54	追索劳动报酬纠纷	60	合同纠纷	55
商品房预售合同纠纷	38	劳务合同纠纷	42	合同纠纷	51	合同纠纷	55	租赁合同纠纷	39
信用卡纠纷	34	合同纠纷	34	追索劳动报酬纠纷	46	建设工程施工合同纠纷	45	建设工程施工合同纠纷	38
合计：2316		合计：2659		合计：2226		合计：1927		合计：2202	

(一) 民事纠纷类型

1.离婚纠纷。离婚诉讼是所有民事诉讼中身份关系最为典型的诉讼。近五年来，龙泉法院受理的离婚案件呈现出案件数量大、增长速度快、案件当事人低龄化、女性当事人提起离婚居多、家庭暴力与离婚诉讼相伴而生等时代特点。虽然离婚诉讼所占比例逐年下降，但绝对数量仍然很多。当前，影响婚姻家庭结构稳定的因素十分复杂，越来越多的已婚人士对婚姻质量有了更高要求，并且"闪婚闪离"案件越来越多。家事审判的重要性日益凸显。

2.民间借贷纠纷。民间借贷纠纷占民事案件总数比重较大。民间借贷会通过订立多份合同等形式来避开国家规定的利率标准，借贷人从而攫取暴利，这给法院认定事实造成了一定困难。此外，这类民间借贷案件索要债务的方式多种多样，一旦超过合理尺度，就容易演变成群体性事件甚至刑事案件。从借贷双方主体上来看，借方群体没有特殊标签，他们可能是社会各种行业中的任何普通群体，贷方群体除了传统的金融借贷公司以外，还包括了各种投资担保公司，对社会稳定产生了巨大影响。

3.物业纠纷。物业纠纷案件逐步增多，有两方面原因：一是短时间内社会经济迅速发展，社区居民的生活水平提高，这使他们对物业服务的要求有所提升。物业服务方在提高服务费后，却没有提供更高水平的服务，就会导致业主们产生较大的心理落差。这一点在诉讼中表现为从单一的追索物业费用转变为多种理由的对抗交锋。二是物业服务方在心理上还没有摆脱管理者思维，还未完成从管理者到服务者的角色转变。虽然涉及单个小区物业纠纷的金额普遍不大，但由于涉及邻里矛盾，很难在司法实践中找到一个可以完全化解矛盾、妥善解决纠纷的方法。且物业纠纷相较于其他纠纷而言，涉及的当事人较多，找到一个让所有当事人都满意的解决方案难度较大。最重要的是在法院审理物业纠纷时，可能还需要开发商一并参与调解，这使调解难度进一步增大。

4.劳动纠纷。进入21世纪，龙泉经济发展迅猛，吸引了大量外地人口进入龙泉务工，寻找就业机会。但是一些企业经营管理理念落后，在经营管理过程中暴露出自身法治理念淡薄的问题，部分劳动者自我权利保护意识也不强。具体表现为：不签订劳动合同，不为职工缴纳保险，企业和员工双方达成一致后，给予员工一定金钱补偿代替缴纳保险等。在纠纷中，双方往往都无法提供强有力的证据，这使法院的事实查明工作难以推进。且部分企业的安全保障意识不强，未按照国家要求配备足够的劳动保障用品，劳动者的生命安全难以得到有效保障。此外，龙泉在国企改革中遗留的部分老问题尚未得到妥善解决，新、老问题叠加，使劳动纠纷数量剧增。

5.建设工程施工合同纠纷。因为建设工程施工合同涉及的主体较多，单一建设施工行为可能涉及发包单位、承包单位、转包单位、设计单位、原材料供应单位、监理单位、设备安装单位等多个单位，所以案情往往会十分复杂。而且，由于不同当事人承担的义务和责任不同，有时法院需要突破合同相对性审理案件，兼顾社会效益的同时，需要注意避免群体性事件的发生。另外，此类案件涉案金额较大，法院不易从中调解。这些因素使此类纠纷形成了审判周期长、当事人上诉可能性大的特点。

6.机动车交通事故责任纠纷。处理此类案件的难点在于以下几个方面。第一，城镇化现象的普遍存在，导致受害人身份认定困难，加之城乡人身损害赔偿标准不同，造成索赔标准争议问题突出，且难以达成调解。第二，受害人自身的趋利行为，所造成的身份矛盾导致赔偿困难。如，新型农村合作医疗住院费即时报销，促使投保人希望以农民身份投保，以期早日获得保险补偿。但发生交通事故时，则希望以城镇居民身份获得赔偿，以实现利益最大化。第三，基本医疗保险制度存在缺陷，特别是对医保范围内外用药的不同态度，让调解陷入困境。而保险公司则根据自己规定的《机动车强制保险条款》规定，对于伤者在医保范围外的用药不予赔偿，而法律法规对此又没有明确的规定，造成争议不断。第四，保险公司自身原因造成案件调解难。一方面，保险公司涉诉案件大多由律师代理诉讼，由于诉讼代理人没有调解方案的最终决策权，为减少诉讼代理负担，代理人往往排斥法院所做的调解工作。另一方面，由于保险公司对调解方案的内部审批程序比较复杂，加之保险公司还担心若在案件调解过程中发生当事人恶意串通的情况，则会对其利益造成损害，因此，保险公司宁要法院依法判决也不要诉讼调解。

（二）民事纠纷的特点

第一，数量多、领域广。民事案件数量多，案件类型多，涵盖领域广。涵盖领域包括婚姻、房产、教育与医疗、劳动与社会保障、公共管理与社会治理等领域，范围极为广泛。传统纠纷的表现形式和争议内容在新时代背景下也呈现出新特点。大量的社会纠纷涉及越来越多的利益主体，一些案件也不仅仅只涉及有关当事人。这类多利益主体社会纠纷的出现，一方面是社会发展转型所带来的利益冲突的密集性导致的，另一方面也是现阶段基层社会结构的特殊性所引发的。

第二，案件复杂程度高。纠纷案件的复杂程度越来越高，案件关系错综复杂，当事人权利义务交织，庭审中对抗交锋激烈。利益逐渐成为当事人提起民事诉讼的主要动力，利益驱动这一特点在近几年的案件中表现得尤为突出。矛盾争议的大小通常和诉讼中标的额的大小相关，诉讼标的额越大，矛盾就越难以调解，化解矛盾所需要花费的时间和精力就更多。

第三，小额诉讼程序发挥的作用较小。建立小额诉讼程序的主要目的在于解决法院"案多人少"的困境。小额诉讼程序以诉讼经济为价值取向，其制度理念是为民众提供便捷、简易的司法救济途径，实质是国家为公民提供的一种较低成本的司法救济途径，主要通过限制当事人的一部分诉讼权利来获得效率的提升。这种价值取向显然与我国追求实质正义的传统诉讼理念不相一致，与民众对司法的过高期望也不相适应。因而，在小额诉讼程序的适用中，不可避免地伴随着效率与公正的理念冲突，尤其是从二审终审到一审终审的转变，在无上诉救济的情况下如何保障当事人的正当权利，是小额诉讼程序常常面临的困境。另外，小额诉讼程序机制简便灵活，运作中法官的自由裁量权较大，但在我国当前的司法环境下，法官素质良莠不齐，司法权威性不足，民众对司法缺乏信赖感，极大地影响了民众对小额诉讼程序的接受度和法官适用该程序的积极性。小额诉讼程序在司法实务中的适用率并不高，并未发挥其应有的作用。

小　结

我国改革开放已走过四十多年的风雨历程。四十多年来，我国不仅从一个经济落后的贫穷国家逐步发展成为经济快速增长的发展中国家，也从一个法制基础十分薄弱的国家逐渐发展成为法治建设取得重大进步的国家。这一时期，龙泉社会发生了翻天覆地的变化，经济的繁荣深刻影响了司法领域，民事审判日渐成为法院工作的重心。整体来讲，四十多年来，基层民事纠纷解决模式转型体现为由政治型向法治型转型的特点。这得益于执政党将法治建设融合到中国政治体制改革总进程之中。同时应当看到，社会整体转型促进人的权利发展是推动民事纠纷解决机制职能转型的重要因素。相应地，社会与经济的发展也是基层民事纠纷解决机制职能转型所需要的。

改革开放后，在基层，原来由国家作为单一治理主体的格局发生变化。① 民事纠纷解决机制的国家本位主义理念一定程度上被消解，基层社会的政治型社会秩序向法治型社会秩序转变。这一时期，人民调解的自治性转型、社团力量的发展、法院的规范化建设等都代表了基层民事纠纷解决机制的多元化、民主化、法治化趋势。不过同时应当看到，伴随着基层社会的巨大结构性变化，基层原有秩序的平衡被打破，基层治理面临新一轮的系统性治理危机。整体来看，改革开放四十多年乃至新中国成立七十多年来，龙泉的纠纷解决模式的法治化特征愈发明显，基层民事纠纷解决模式朝着法治化迈进。

一、解纷主体：一核多元的协同治理

新中国成立后的前三十年，法院在民事纠纷解决方面很难称得上是专业的审判机关，人民调解承担了相当一部分纠纷解决的任务。法院无论在纠纷处理方式上还是在处理案件的数量上都没有表现为专业性机关。但是改革开放后，法院提高了对民事审判工作的认识，纠正了过去以"阶级斗争为纲"的观念，确定了民事审判工作为社会主义现代化建设服务的方向。随着经济社会发展和民主法治进步，人民群众的权利意识日益增强，法治意识逐渐提高，诉讼扮演着维护社会公平正义最后防线的重要角色。民众

---

① 参见黄杰：《从家族、单位到社区：国家治理体系变迁的微观逻辑》，《南京社会科学》2013 年第 12 期。

的法律意识增强，对司法裁判更加信服，遇事找法、解决问题用法、化解矛盾靠法的社会氛围愈发浓厚。人民法院发挥审判职能，化解社会矛盾；运用审判规则，规范社会行为；延伸审判职能，回应社会需求，成为基层纠纷治理的主要力量。

在新中国成立后的前三十年，全能主义的国家治理模式下，个人依附于国家，国家拥有绝对的话语权。改革开放后，国家与市场、社会出现了结构性分离，社会组织大量涌现，政府、社区、市场、居民等力量参与多元共治结构，成为目前纠纷治理的显著特征。在地方党委领导下，政府秉承开放理念，通过对话、沟通、包容等方式，促进政府与社会组织、市场主体、公民之间的包容合作、协商联动，共同参与基层公共议题、参与基层社会矛盾治理，形成多元主体之间的共建、共治、共享的协同治理格局，从而在矛盾根源上、在冲突过程中化解矛盾，维护社会秩序，从而探索出一个党领导下的多元、共建、共治、共享、包容的基层社会矛盾多元善治路径，实现了多元治理。① 不过需要指出的是，新中国成立七十多年来，"国家始终在场"是纠纷治理的主基调，国家依然是目前最主要的纠纷治理主体。国家除拥有强大的技术能力与资源做支撑外，纠纷治理与社会秩序的公共属性也决定了国家必须占据最重要的位置。

二、解纷依据：以法律规则为核心

改革开放之后，国家的中心任务从"阶级斗争"转变为"经济建设"。国家不再单独依赖于等级化、行政化的管理，而是因地制宜、因时制宜地引入市场治理与社群治理，而如何激活社会、增进市场力量，促进多元化治理的发展，成为国家治理体系创新的核心所在。

---

① 参见尤琳、陈世伟：《国家治理能力视角下中国乡村治理结构的历史变迁》，《社会主义研究》2014 年第 6 期。

改革开放初期，中国法制建设一片贫瘠，立法存在严重空缺。为便于司法运作，法院在审判案件时以政策为具体裁判依据，立法存在严重不足。改革开放后，伴随社会物质条件提高、经济迅速发展，社会对民事法律需求增加，民事立法步入发展快车道。我国先后出台了《婚姻法》《商标法》《合同法》等法律，以规范民事活动，民事审判至此有了法律依据。而伴随社会主义市场经济体制建立完善，国家根据市场交易领域扩大的现实需求，颁布了《物权法》《侵权责任法》以及一系列保护知识产权的法律等，以规范交易活动、稳定交易秩序，一个完备的民事基本法体系也由此建立。同时，最高法相继出台了与民事法律相匹配的法律解释，共同构成一个完善的民事法律体系。

2014 年党的十八届四中全会通过的《中共中央关于全面推进依法治国若干重大问题的决定》明确提出"加强市场法律制度建设，编纂民法典"。按照部署，第五次民法典编纂工作分"两步走"：第一步先行通过《中华人民共和国民法总则》；第二步依次对各个分编进行审议，最后合成一部完整的民法典。2020 年 5 月 28 日，第十三届全国人民代表大会第三次会议表决通过了《中华人民共和国民法典》，自 2021 年 1 月 1 日起施行。《民法典》的颁布实施，标志着中国在民事立法上走出探索阶段，形成具有可操作性、系统性法律规范，解决我国民事司法统一化的问题，也为法治型纠纷解决模式的规则依据提供了基本遵循。

三、解纷方式：纠纷解决机制的法治化转型

这体现在以下三个方面。

（一）基层治理法治化转型

随着社会的急剧转型，基层治理中发挥重要作用的道德、面子、舆论等的效力越来越低，行政政策的影响力也在下降。同时，随着送法下乡，法治话语的兴起，法律成为社会秩序重建的主导性规则。国家开始用法律

的逻辑重构乡村秩序。尽管来自现代大城市的法律要在乡土社会落地并非易事，现代法律与传统观念之间的冲突成了乡村治理的重要议题，但随着乡村治理实践的全面展开，公共法律服务下乡等现代国家建构在法治维度的重要工作持续推进，乡村社会的深层矛盾必然被触及，这就需要规则来治理。在这个意义上，依法治理不仅仅是国家"送法下乡"的结果，也是乡村治理实践中规则之治的必然要求。①

（二）人民调解法治化的转型

长期以来，基层的人民调解无须法制背景，没有法律的指导照样可以进行调解，甚至有时候它需要在法外进行某种利益调和。调解主体惯用的手法乃是动之以情、晓之以理，在此基础上发动各方面力量促成调解，或者施加某种压力，将调解方案强加给当事人，使之无条件地接受。这种调解所追求的最大价值乃是社会秩序的和谐与安定，其次是纠纷的化解，最后才是当事人的权益保障。这种调解也不可能为基层法治的成长作出贡献。与城市化、工商化、陌生化的社会转型进程相适应，基层的熟人社会渐次向非人格化交往的工商社会转变，医疗损害、交通事故、劳资争议、环境侵权、商业往来纠纷等新型民事案件在人民调解中不断涌现。人民调解中基于日常生活实践积累起来的大众话语知识体系开始充分吸收法治话

---

① 乡土社会的地方性知识与法治建设的普适性之间始终存在矛盾。一种观点认为，乡村法律实践本质上属于治理范畴。它往往呈现出一种"反司法理论"。乡村社会的法律实践，并不总是遵循法治程序，而是充斥着各种策略和技术。但另一种观点却强调，乡村法律实践只属于法治范畴，法治具有普适性。哪怕是从乡村司法的治理理论出发，亦可看到"司法特殊主义"已经无法适应变迁中的乡土社会，反证出普适性的法治轨道的必要性。近年来"迎法下乡"的法律事实似乎印证了这一观点的预见性。事实上，无论是"送法下乡"还是"迎法下乡"，都体现了国家权威与地方性规范之间的复杂互动，都在客观上形塑了乡村治理法治化进程。参见吕德文：《乡村治理法治化的实践过程——基于 P 县砂石盗采治理的分析》，《华中农业大学学报（社会科学版）》2019 年第 2 期。党的二十大报告也为乡村治理现代化指明了方向，"推进多层次多领域依法治理，提升社会治理法治化水平"。乡村治理是国家治理的基石，亦是依法治理的薄弱环节；没有乡村治理法治化，就不会有国家治理现代化。

语和专业知识，建立起规则治理。具备专业优势的人民调解员扮演着越来越重要的制度角色，而调解的结果也会越来越趋近实体法律规范。于是，人民调解制度出现了法治化、专业化的转型。①

（三）民事审判的转型

第一，在审判理念方面，公民权利保护实现了从区别对待到平等保护的转变。计划经济下，国家、集体利益优于个人利益，法律也更倾向于对公权力的保护，忽略对公民个人权益的保护。在此情形下，公民处于弱势地位，其合法权益很难得到法律保障。而改革开放后，伴随商品经济繁荣发展，中国步入市场经济时代，民众也回归权利保护的主体地位。民事审判成为解决平等民事主体之间人身、财产纠纷的重要途径，这不仅是对公民权利的保障，也极大推进了公民权利保障的进程。整个司法体系也围绕保护公民个人权利推行了一系列举措：最高法相继出台关于个人权利保护的法律以及司法解释、案例解答，为各级法院进行个案裁判提供规范与指导；龙泉法院也在司法裁判中坚持贯彻实施保护公民合法权益理念，扩大了公民权利的保护范围，体现了以保护公民个人合法权益为本位的现代理念，保护公民合法权利成为现代司法理念的重要基石。

第二，在审判模式方面，民事审判实现了由"超职权主义"向"当事人主义"的过渡。传统民事审判体现职权主义的特点，采用纠问式的审判模式，法官在审判中占据主导地位，法院同时负责对案件进行调查；当事人在诉讼之中处于被动地位，在审判过程中主动参与率较低。伴随民事审判改革进程的逐步深入，举证程序和举证责任的确立，民事审判中证据的收集和审查开始分离，证据的采信、事实的认定需要当事人质证、辩论来完成，庭审成为民事裁判的关键环节，"直接言词""公开庭审"等现代民事诉讼理念开始深入人心。同时，在诉讼结构中，法官的地位也从程序的

---

① 参见吴元元：《人民调解制度的技艺实践考》，《法学》2022年第9期。

主导者逐渐转变为中立的裁判者。民事诉讼结构的转变在促进审判理念现代化、规范化的同时，也提高了法院的地位，增强了司法能力。

四、法治型纠纷解决模式的意义

新中国成立七十多年来，尤其是改革开放四十多年以来，纠纷治理模式由权威服从向民主协商转型，逐步从压制型治理转变为回应型治理。民事纠纷解决模式也经历了由"管理"到"治理"，由"自上而下"向"上下互动"，由政治型向法治型的演变。① 新中国成立后的前三十年，社会治理的制度化程度较低，纠纷治理主要依靠国家权力，依靠国社一体的社会机构、一元化的意识形态与高强度的群众运动实现，突出群众动员与阶级斗争，在全能主义国家的语境下，纠纷治理是以政权与暴力资源为依托，对社会秩序进行支配与管控。以自上而下、命令与控制为特征的治理模式强调秩序与稳定，却往往忽视了公众的权利诉求与社会的有效回应。改革开放四十多年来，基层治理逐步实现了从"秩序为本"到"以人为本"的转型，法治型民事纠纷解决模式日渐形成。当下，在多元治理模式中，国家治理的目标发生变化，从追求"稳定"到追求"有序"，倡导"以人为本"，注重激发社会活力，促进社会公平正义，突出人的价值，彰显了开放性、包容性和广泛的社会参与性等特征。这就要求国家明确自身定位，保护私人权利，并对公权力进行有效监督与制约，消除特权思想与特权行为。这不仅需要完备的法律制度加以规范，更需要司法机关加以落实。

总之，基层民事纠纷解决模式越来越显示出"法治化""多元化"的趋势。然而，我们也必须看到，基层社会发展与市民社会仍有不小差距。实际上，人民公社解体以后，基层社会并没有立刻实现自治，其间有一个

---

① 参见徐法寅：《新中国 70 年国家治理体系变迁的逻辑及前景》，《学海》2019 年第 6 期。

相当漫长的转变过程。即使在今天，基层社会仍旧没有实现真正意义上的自治，龙泉的社区建设尤其是农村的社区建设仍尚未成熟。民事纠纷解决机制的协商治理模式意味着纠纷治理的多元主体之间，不是领导与被领导的关系，而是协作关系。在社会治理中，非政府组织等社会自主性力量有待发展，国家和社会力量之间良性互动的制度环境有待进一步建设。

在民事审判方面，审判中心主义的诉讼构造还未实现，程序工具主义观念依旧存在。[①] 转型时期基层民事纠纷解决机制在程序自治与政法传统之间存在复杂的联系。尽管随着中国政治体制改革推进，法院的阶级专政工具性已经淡化，维护法院公正独立审判和维系社会公平正义已经成为共识；但与此同时，法律治理化的背后则是司法机关被定为社会治理的工具，法官中立者的角色被弱化，成为维护社会稳定的管理者，其践行的是权力角色。法律治理化对司法场域带来了一定影响，有可能导致基层司法脱离了其自身的运作逻辑和规律。

---

① 参见曹士兵、杨小利：《以"审判中心论"鼎革与续造中国民事审判》，《中国应用法学》2019 年第 1 期。

结语：民事纠纷解决模式变迁的法理解读

一、基层民事纠纷解决模式变迁的图景

近代以来，从1840年开始，长期居于世界前列的古老中华文明遭到西方工业文明的强有力挑战。百年前的中国，列强环伺、国势衰颓，严重的民族危机促使有识之士开始探索救国的出路，寻找社会变革的方案，传统中国的治理模式遭遇大变革。晚清的变革延续至今，中国法治建设的现代化道路经历了"效法欧美"的冲刷、"以俄为师"的洗礼与"中国特色"超越的多次转换。[①]百余年后的今天，信息革命带来了远比工业革命更深刻、更全面的生产生活方式变革，从物理时空场域、人的行为属性再到社会运行机制，都面临着日益深化的数字化重塑乃至重建。这样，基层民事纠纷解决机制更是面临着转型挑战。

明清时期，龙泉的基层社会治理呈现出"超稳定结构"[②]。这主要依靠宗法体制，在思想上实行儒家传统的礼治思想，经过世代传承，"无讼"观念已根深蒂固，农民个人思想被长期禁锢。在经济上，传统乡村完全依靠小农经济生存发展，商业受到国家的阻碍，经济发展水平低下。乡村人口流动率基本为零。礼治型社会秩序在中国保持了几千年，进而使得乡村

---

① 参见纪亚光：《现代化视域下中国特色社会主义发展道路研究》，译林出版社2021年版。

② 金观涛、刘青峰：《兴盛与危机——论中国社会超稳定结构》，法律出版社2011年版，第11页。

社会结构变动较小。

国家法之外存在着民间法和民间秩序，民间法在基层社会治理中发挥了非常重要的作用。士绅、家族治理作为传统社会的基本治理方式，在促进基层治理、平衡国家权力、凝聚乡村力量、节约治理成本等方面发挥着重要作用。这种相对自治的乡村治理模式"与其说是国家政权尚未完全集权或地方抵制国家入侵的结果，还不如说是根植于中华帝国的地缘政治环境以及相应的儒家意识形态的产物。归根结底，中华帝国后期的乡村——国家关系，与其说是相互对立，不如说相互依赖"①。这一时期，形成了礼治型纠纷解决模式。

然而，礼治型治理模式在近代遭遇到了前所未有的挑战。分散粗放的农业国家极为薄弱的国家能力②显然难以适应近代化战争。晚清帝国的失败不仅是清王朝的败落，更代表着传统中国的治理模式已经出现了巨大危机。战争的失败促使知识分子思考变法救国之策。从晚清礼法之争到五四运动，西方法律、宪政民权等已经为知识分子所接受，成为国家强大和民族独立的手段。民族国家观念的兴起为中国司法的近现代化改革提供了理论准备。如何建立民族国家，如何加强国家权力对乡村地方资源的控制和汲取，从而进行有效的社会动员成为时代思考的主题。

晚清变法以及民国时期确立的国家主义观念无疑对基层民事纠纷解决机制的运作产生了革命性的影响。民国时期的基层民事诉讼始终贯彻着国家主义的立法思想，通过新式法院处理纠纷进一步强化国家权威。就龙泉而言，龙泉县从民国初期急剧动荡的司法机关变革到1929年龙泉县法院

---

① ［美］李怀印：《华北村治——晚清和民国时期的国家与乡村》，岁有生、王士皓译，中华书局2008年版，第310页。

② 自斯克波提出"回归国家"的口号以后，学界对"国家能力"这一概念日益关注。国家能力作为一种历史制度主义的路径有助于理解一些宏大议题。比如国家转型与法治建设；国家建设与动员能力等。参见 Peter Evans, Dietrich Rueschemeyer, and Theda Skocpol, *Bringing the State Back In*, Cambridge University Press, 1985。

等国家司法机关的建立，一定意义上实现了司法独立。龙泉县法院配备了较为专业的法律人才，并制定了较为精细的考核机制。在民事审判活动中，一系列近现代民事诉讼规则开始得到落实，包括原告诉权的保障、律师制度的出现与完善、国家法的实施等。它体现了民国时期龙泉法院民事审判对程序正义的追求，也表征了在其运作过程中依据国家法来改变与维护社会秩序的努力。

然而，虽然中央立法不断发展，但是基层法律近现代化的进程缓慢。究其原因，虽然清王朝覆灭，国家上层的政治、经济、思想文化都发生了巨大改变，但是，龙泉仍然是小农经济、儒家礼教、父权制占据核心地位，礼治型社会秩序仍然发挥其作用，这里的变化过程是缓慢的，中央立法可以在短时间内突飞猛进，几千年传承下来的思想却在农民心中根深蒂固，在短期内无法发生改变。龙泉的民事纠纷解决也显现出与以往的一贯性：乡村纠纷的解决主要通过隐忍或由宗族权威协调的方式解决，主要依据是情理法，即先情后理再法。传统礼治型纠纷解决模式仍然有相当部分保留了下来。

新中国成立以后，国家权力完全下沉至基层。个人生活的方方面面都被普遍纳入国家的规划与管控之中。在司法场域，打击犯罪成为龙泉法院的重要任务，民事纠纷解决被边缘化。纠纷解决的政治色彩浓烈，强调国家利益至上。在判决依据上，晚清开始的变法成果被视为"洪水猛兽"并被扫地出门，政策优先甚至完全替代法律成为龙泉法院民事裁判的依据。这一时期，群众广泛参与运动，人民调解与巡回审判的群众路线往往通过群众运动进行，但是群众被动参与的意味更浓厚。新中国成立初期之所以采取群众运动式的司法模式，是因为此时大规模开展运动与革命式的治理纠纷资源的有限，于是，群众性的政治动员成为国家治理纠纷的替代性的手段。新中国成立以后的公审公判、群众大辩论等政治色彩较浓，在大规模的集会和仪式化表演中，通过植入信念，要求人们接受国家权力的规训。

在这个阶段的纠纷解决体系中，尤其是民事纠纷解决体系中，法院在某种程度上是可有可无的。基层法院只不过是国家解纷机制的一个环节，只是国家机器的一个部分。单位、公社对内部纠纷的解决实际上是国家解决纠纷的另一个环节，它的地位和作用与法院解决纠纷并无明确不同，并且在实践中发挥着更为重要的作用。法院治理纠纷的范围十分有限，大多是通过审判刑事案件来打击犯罪，仅负责解决有限的民事纠纷（主要为婚姻家庭纠纷）。故而，就治理范围而言，法院奉行的是一种"有限主义"，即司法仅介入特定的、有限的案件范围。法院的管辖能力处于本书考察时段中的最低水平。"文革"动荡的十年，法律虚无主义达到极致，民事审判一度中断。

在经历了三十年激进的革命政治以后，龙泉仿佛再次回到了原来的历史轨迹之中。这一时期，国家权力有限退出基层。以社会重建与成长为核心的社会转型推动了国家治理方式的演进。社会的自由空间日益加大，自由、平等和自主性意识开始出现。国家之外的社会力量开始以新的方式塑造法律。① 在基层，原来由国家作为单一治理主体的格局发生变化。国家治理越来越符合社会与市场自身发展的逻辑与需要，"让利于市场，放权给社会，建立政府、市场和社区三者有机协调配合的新型治理结构"②。人民调解的法治化转型、多元化纠纷化解力量的发展、法院地位的提升等都反映了法治型纠纷解决模式的成长壮大。

社会治理应该走法治化的道路，已经成为一种社会共识。党的二十大报告提出在法治的轨道上全面建设社会主义现代化国家。目前基层治理法

---

① 参见左卫民：《从国家垄断到社会参与：当代中国刑事诉讼立法的新图景》，《清华法学》2013年第5期。

② 张克中：《公共治理之道：埃莉诺·奥斯特罗姆理论述评》，《政治学研究》2009年第6期。

治化的内容包括但不限于以下几个方面：倡导法治与其他社会治理资源相互配合，多措并举，法治、德治、自治相结合；充分利用党委政府、社会与市场等多元力量相互配合、相互协调；充分利用现代科技手段，大数据背景市域法治的科学化与智能化建设等。

不过，我们也应当看到转型过程的复杂面向。一方面，改革开放以后的基层法治建设无论在形式上还是内容上，都可以看作对晚清变法以来中国近现代司法改革所做努力的某种延续。它表征着三十年前激进与革命的民事纠纷解决机制模式已经化为历史。但另一方面，改革开放以后的民事纠纷解决机制改革在一定程度上延续了政法传统，国家权力一定程度上有所克制与自我限制。

二、基层民事纠纷解决模式演进的法理

（一）中央主导与地方实践

回望晚近百余年的龙泉社会，其变迁与发展的一个明显特征就是国家主导变革，无论是革命还是改革，总是自上而下推动的。中国的政体是以中央政府为中心的一统体制。① 中央政府对其国土与居民在各方面的事务中拥有最高与最终决定权。在这一设定下，中央一统体制和地方有效治理之间的矛盾便成为中国国家治理的深层矛盾。这一深层矛盾主要体现为：一方面，过度集中的中央管辖权会削弱地方治理社会问题的能力，而另一方面，基层治理权力过大则会各行其是，威胁到一统的体制。因此，以中央政府为中心的一统体制只能在中央管辖权和基层治理权之间寻找动态平衡。中国的基层治理改革路径，在很长一段时期内都是坚持国家主义居主导地位，顶层设计与地方探索并行。基层民事纠纷解决机制的变迁是中央顶层设计与地方实践相结合的产物。

---

① 参见曹正汉、王宁：《一统体制的内在矛盾与条块关系》，《社会》2020 年第 4 期。

就民事调解而言，新中国成立后的前三十年，受"清理积案"的影响，1952年前，龙泉法院的民事案件大多是以审判为主。此后，受"调解为主"司法政策的影响，龙泉法院民事案件的判决率开始下降，把调解作为审理民事案件的基本方式，龙泉法院的民事案件基本是"调解为主，审判为辅"。改革开放后，1979年《人民法院审判民事案件程序制度的规定（试行）》仍延续之前的做法，强调"处理民事案件应坚持调解为主"。1982年《民事诉讼法（试行）》将调解以法律制度的形式加以确定，将"调解为主"的民事审判方针修改为"着重调解"。在1988年开始的以强化举证责任和庭审功能为核心的审判方式改革中，调解在诉讼中的地位开始受到质疑。1991年实施的《民事诉讼法》将"着重调解"原则修改为自愿合法调解，在立法上弱化了调解。人民调解制度的社会自治性和当事人自主性特征日益凸显。

就民事判决而言，新中国成立后的前三十年，法制基础较为薄弱，大多依靠调解结案，民事审判仍以政策为基本导向。随着改革开放进程不断推进，我国经济社会发展取得了显著成就。为适应经济发展新形势，在立法领域，一系列重要的民事立法应运而生，成为调整这一时期民事经济关系的审判依据。改革开放后，我国民事经济领域的法律框架基本建成，在裁判依据层面，我国民事审判逐渐由以政策为审判依据转变为以法律为审判依据。此后，国家经济立法工作持续推进，《民法典》的出台与《民事诉讼法》的修改使得我国民事法律体系进一步科学化、完备化，成为国家民事审判的法律依据和制度标准。改革开放以来，国家出台的一系列法律、司法解释推动了我国民事审判的专业化、规范化，为现代民事审判理念的形成与我国民事审判体系的完善奠定了基础。

法律具有权威性、普遍性的特点，而基层法院依据中央立法进行裁判时，也时常会依据当地经济、文化发展特点，形成具有鲜明地方性色彩的裁判。① 基层法院司法裁判的地方性特点不仅表现在其对作为裁判依据的法律渊源的选择适用有所差异，同时对论证理由的选取也有所区别。从实践来看，基层法院所使用的法律渊源在内容层面上除了国家法律法规，还使用了诸如风俗习惯、传统观念和社会善恶观等一系列的非正式法律渊源。相较于其他层级的法官，基层法院的司法形态主要是一种情理型的司法形态，其实质上是将审判制度上的合法性以道义上的合理性呈现出来，以期当事人和社会能够认可该判决。在此背景下，基层法院的地方性承担着维护国家法治统一稳定的重要作用。

（二）正式制度与非正式制度

在基层民事纠纷解决运行的框架中，正式制度是国家正式规定的制度，非正式制度是社会中自发形成的制度。可以说，正式制度是指国家为了建构某种秩序或者实现某一目标，采取的制度措施；非正式制度的产生则是与自下而上的经验理性有关，它要么来源于传统，要么来源于人们日常生活中的博弈演化。在晚近百年的国家政权建设的过程中，基层司法机关利用诸多手段与策略，诉诸其可利用的资源，以达到实现治理纠纷的目的，这些策略与手段包括了正式制度与非正式制度。其中非正式制度包括了宗族、家族、士绅等非正式官僚体系，发动群众、社会组织以及基层群众自治组织等。正式制度与非正式制度之间既相互对抗又相互依存。②

晚清民国时期，革命与改革推动龙泉社会结构发生变化，传统国家开始转型，国家政权管理、掌控的范围不断延伸，但是组织机构的增加需要足够的财政供给做支撑，当财政不足以支撑国家机构运作的时候，就会转而依赖非正式制度。所以，民国时期，尽管国家政权试图强力进入基层社

---

① 参见向淼、郁建兴：《司法如何影响政策过程？——基于对地方政府中心工作的案例比较分析》，《公共行政评论》2022 年第 2 期。

② 参见周雪光、邓小南、罗祎楠：《历史视野中的中国国家治理》，《中国社会科学》2019 年第 1 期。

会，龙泉建立了新式法院，但是基层的礼治型社会秩序并未被打破，礼治型纠纷解决模式依旧发挥重要作用。

新中国成立之后，为了稳固新政权，政治上消除残余势力，国家拥有更强的资源分配能力与手段。乡村的非正式制度在正式制度的挤压下影响力几近衰竭，政权代理人取代乡村精英治理乡村社会，乡村秩序在国家、集体与农民的关系中重构。政党下乡、政权下乡使得国家政权扎根乡村，民事纠纷解决机制得到革新。在农村实行人民公社体制，建立公社、生产队，在城镇建立单位制，以巩固基层政权。全能主义治理模式使得国家在组织架构、资源供给以及社会动员等方面拥有其他主体难以比拟的优势，国家依靠"两类矛盾"下的斗争与改造，广泛发动群众来解决基层社会一般纠纷。"以阶级斗争为纲"使"政法机关斗争的锋芒始终指向革命事业的最凶恶的敌人"①，反革命等重要刑事案件是政法机关工作的重心，对于民事纠纷的关注度相对较低。政治型纠纷解决模式不仅机制简单，而且政治色彩浓厚。

改革开放激发了全社会的创造力，增强了乡村治理的韧性，国家通过"乡政村治"的建构探寻集体化解体后的乡村正式制度安排和治理方式。国家实行权力上收，将国家政权收缩到乡镇一级，乡镇以下实行村民自治，这使得乡村社会里文化传统、风俗习惯、家族宗族、伦理道德等非正式制度有了很大的生存空间，这些非正式制度是社会的黏合剂，具有持久的生命力，并在一定程度上为乡村社会秩序的维护起到了积极的作用。就目前而言，在基层纠纷解决机制里，既有大量的非正式制度存在，更有法律发挥的主导作用，如何科学合理地划分好两者的作用界域并处理好它们之间的关系，对提升国家在乡村社会的治理能力具有重要而深远的意义。

---

① 郝晋卿、吴建璠：《在政法工作中如何严格区分两类矛盾和两种处理矛盾的方法》，《政法研究》1963 年第 2 期。

（三）外发性秩序与内生性秩序

国家建构是指一个独立政权建立新的政治体系，并面向社会的各个层级推行这一体系，使之接受国家权威的过程。近代至今，基层社会秩序的重构是中国现代国家建构（State-Building）的功能实现部分，从传统社会秩序向现代社会秩序的转变，贯穿其中的核心议题便是如何在中央权威（外发性秩序）与基层地方（内生性秩序）之间确立一种现代权利关系。近代以来，国家建构的成功是政党有效执政、政府有效履行国家职能的必要条件，也是传统社会成功过渡到现代社会的必经历程。就中国而言，晚清以降，对传统社会的改造和重塑一直是民族国家建构和现代化的主题。①

龙泉多元化纠纷解决机制的发展变迁是内生性秩序和外发性秩序共同作用的结果。回顾龙泉地方秩序的变迁发现，一直以来乡村社会存在两种秩序，一种是乡村内生性秩序，另一种是外部嵌入的国家建构秩序。前者属于非正式的民众行为准则，内生于乡村特殊的政治、经济等社会背景之下，由民众的行为和实践固定下来。这种内生性的秩序以宗族和家庭的存在为基础，以礼治为价值导向，通过多层次的类似于地方自治的乡村组织来维系。大多数民众认可并自愿接受这种秩序的约束。后者则属于正式的秩序和制度，指来自中央政府、从外部对乡村进行干预的行政力量。这种外发性秩序随着基层政治制度变革、基层政权组织的建设不断嵌入乡村社会，并对乡村内生秩序产生影响。可以说，在近代国家构建过程中，乡村社会秩序变迁的历史即是外部嵌入的国家力量与内生于乡村的自治力量在乡村场域互动和博弈的历史。

近代以来，随着现代国家的构建，数千年来的传统乡村治理模式被改

---

① 参见应琛、赵春兰：《内生性秩序力与现代乡村社会的国家建构——基于浙江"水村"现代化进程的观察与思考》，《浙江社会科学》2022 年第 10 期。

变，国家行政权力逐渐向乡村延伸，并最终在乡村政治秩序博弈中占据上风，乡村秩序日益脱离内生性权威以及执行者的控制。但是这个过程并非一蹴而就的，而是历时一百余年、曲折发展的。民国时期，南京国民政府在乡村推行保甲制度，试图实现行政权力对乡村的全面掌控，这对乡村内生权威造成了巨大破坏。同时，南京国民政府的政权具有脆弱性，其未能在基层建立强有力的行政管理体系，导致乡村社会危机不断、动荡不安，陷入无序和混乱的境地。南京国民政府最终失败的原因之一就是未能实现对乡村社会的有效统治，未能有效实现中央集权。相比之下，新中国政权经历了乡村内生秩序的革命与改革，最终成功在乡村树立了国家权威。并在此基础上，以中央政权为主导，共产党发动民众参与政治、经济、文化等乡村社会的方方面面的现代化变革。这告诉我们，外发性秩序在统合和覆盖内生性秩序的过程中，必须以地域性的内在行动逻辑为前提，尊重基层社会固有的结构功能和运行轨迹。

（四）程序正义与实体正义

中国的基层社会纠纷呈现出多样性、复杂性与异质性等特点。这种复杂性与多样性和基层社会巨大转型所形成的复杂社会结构相吻合。对复杂的地方社会进行治理时可能很难完全遵循规则。从龙泉民事纠纷解决的变迁中我们看到，基层法院作为国家治理的末端，其本质是以问题为导向的，秉持实用主义，有效地解决纠纷，而非坚持法条主义。它始终是以解决现实纠纷，提升基层社会治理水平为目的。在法理学经典概念中，规范性是司法权的核心属性。[1] 司法权更是法院与法官根据宪法与法律作出裁判的理性判断权。然而，在龙泉民事纠纷解决变迁中我们看到，基层法院的运行往往是规范性与非规范性并行，因为基层社会产生的大量矛盾并

---

[1] "形式主义法治"和"实质主义法治"之间的关系可高度简化为：前者通常与"过程主义"或"程序主义"紧密联系，而后者则是与"结果主义"紧密相关。参见丁卫：《秦窑法庭：基层司法的实践逻辑》，生活·读书·新知三联书店 2014 年版，第 306—311 页。

不完全符合法律的规范性要求，这就要求基层法院采用多种策略来化解纠纷。这是由其身处基层社会的境况和承担的治理职能决定的。①

程序正义和实体正义是司法公正的两个方面，二者之间的张力在基层法院表现得更为明显。在国家治理体系中，基层法院首先是司法机关，通过司法裁判输送社会正义。这也就决定了其工作的开展必须以《宪法》为根基，以法治为宏观框架，遵循司法运行的一般性规则，公正有序地解决纠纷。但另一方面，基层法院还具有综合治理性的特征，这两种属性在本质上并不是完全割裂开来的，综合治理性本质上属于司法属性更高层次的要求，是司法性在解决社会纠纷职能上的进一步延伸。但同时需要注意的是，当我们将基层法院的角色从中立的纠纷解决者向社会治理者转变的时候，其中立性、独立性就会大大减弱。

长期以来，在我国有一套独特的制度安排和权力技术，被用来界定、协调党政权力与司法的关系，即我国的政法传统。政法传统始终贯穿新中国的法律理论与实践，更是传统中国法律文明传统的标识性范畴，蕴含着一整套独具特色的治理哲学。② 基层法院深深地受到政法传统的影响，强调司法服从并服务于政治，这就是政法传统的基本内涵。在国家权威治理体系下，基层法院自然而然地成为社会秩序的重要稳定器。在现代社会治理体系的具体架构下，基层法院不仅承担着解决社会纠纷、促进社会稳步发展的司法功能，而且承担着推进实施国家政策、为社会发展目标提供保障的功能。③

在司法改革不断推进的背景下，基层法院的社会治理工作需要进一步改革。在基层社会治理法治化实践的背景下，基层法院的去行政化与去地

---

① 参见郑智航：《乡村司法与国家治理——以乡村微观权力的整合为线索》，《法学研究》2016 年第 1 期。

② 参见黄文艺：《政法范畴的本体论诠释》，《中国社会科学》2022 年第 2 期。

③ 参见安秀伟：《人民政法传统的历史生成与法治转型》，《河南社会科学》2016 年第 2 期。

方化在法院内部逐渐展开。基层法院离不开其所处的市政机关各部门的支持，同时也依赖于该地的经济文化发展水平，诸多因素混杂，再加上基层社会纠纷的复杂性，如若基层法院的审判与执行得不到地方各机关的配合，基层司法的权威将大打折扣。由此可见，地方法院在坚持党的领导的前提下如何作出公正、合理、客观的判决，是对法官的重要考验。

当前，法治构成了基层社会治理展开的基本框架。为提升社会纠纷解决的能力，法院在参与基层治理的过程中，要努力区分法院的司法性角色和非司法性角色，努力围绕着法院的司法性角色来探索法院参与基层治理的模式，努力坚持在司法性角色的逻辑和脉络中参与基层治理。同时，法院参与基层治理要努力防止出现"缺位""错位""越位"的现象。如果偏离了"司法性角色"的定位，那么法院参与治理的各种创新，既可能是盲目的，也可能是低效的，甚至可能是危险的。努力推进审判体系和审判能力的现代化，提升司法治理的效能和司法公信力，这无疑是法院推动基层治理体系与治理能力现代化的重要保障。①

（五）历时性与共时性

基层民事纠纷解决模式的变迁植根于特定地方的历史文化资源之中。从制度变迁层面上来思考民事纠纷解决机制从传统向现代的转变及其复杂性和适应性问题，事实上是一个"现代性问题"，"因为任何国家的基层治理都是基于本土的历史文化资源，任何国家治理都是基于传统和历史之上的治理"。②

晚近百余年来，中国进入了由传统向现代急速变革的社会转型期。上文中，我们将基层的民事纠纷解决模式凝练为"礼治""政治""法治"三种模式。它们分别诞生于礼治型社会秩序、政治型社会秩序与法治型社会

---

① 参见王国龙：《法院参与基层治理及其角色定位》，《东岳论丛》2020 年第 4 期。
② 周庆智：《基层治理：一个现代性的讨论——基层政府治理现代化的历时性分析》，《华中师范大学学报（人文社会科学版）》2014 年第 5 期。

秩序。三种秩序的规范分别指向"道德规则""政治规则""法律规则"。"道德规则""政治规则""法律规则"分属不同的权威类型，并形塑了不同的社会秩序形态。但是同时应当看到，正如我们一再强调的，"礼治""政治""法治"三种模式并非泾渭分明，它们也共时性地存在于基层治理之中。

其中，道德规则是指以中国传统思想为指导、以儒家的道德伦理作为主导规范的规则体系。儒家思想以"礼"为中心构建整个社会的价值体系，其核心价值在于追求人际关系的和谐，强调贵贱、尊卑、长幼、亲疏有别，对纠纷持贬抑态度。政治规则主要是指由中国共产党缔造的、为实现一定政治目标的规则体系，其核心就是纠纷解决纳入中国共产党自身的执政理念当中。法律规则主要是指以现代国家制定的法律规则体系为导向、以保障现代社会"权利—义务"关系为核心、强调程序正义的规则体系。这三条主线对应的正是中国古代的道德规则、现代革命的政治规则以及现代法律规则。由此，三种规则的"时代融汇"是理解当代中国，特别是当代中国法治建设的前提。

从三种规则之于纠纷解决的功能上讲，道德规则代表了传统中国的礼治型社会秩序，维持了社会成员间基本的人际互动，是纠纷解决与秩序建构的伦理保障。政治规则代表了中国现代革命与改革的政治型社会秩序，它提供了国家建设的发展动力。法律规则代表了"全面推进国家各方面工作法治化"的法治型社会秩序，明确了民众基本的权利义务关系，是纠纷解决与秩序建构的主要力量。中国的文化传统仍然在很大程度上影响着中国的现代法治建设，这里的"传统"不仅指儒家文明所强调的"尚礼重情"、追求实质正义的"道德传统"，也包含了革命时期、社会主义新时期所缔造的以政治规则解决纠纷的"革命传统"。①

作为后发展型国家，中国式现代化决定了我们必须要突破"西方中

---

① 参见石任昊：《当代中国纠纷解决的三种话语及实践探析》，《中州学刊》2016 年第 7 期。

心主义"，在文化自觉的基础上探寻"道德规则""政治规则""法律规则"
之间的关系协同与权威配置，是探索中国式法治建设道路的关键所在。在
未来，基层纠纷解决机制需要构建适合农村的公共权威系统，特别是法律
系统。法律下乡是必然的趋势，"任何企图构筑起传统秩序堡垒抵御现代
法律进入的可能都是乌托邦"①。

总之，晚近百余年，民事纠纷解决机制随着时代的变化呈现出不同的
形式，它是多种因素综合影响的结果。中国的法治建设是一个比西方更为
复杂的历史过程，我们必须在很短的时间内完成近代化法治的建设，而这
是西方花了几百年才完成的进程。西方历史发展阶段中花费时间长久的问
题，因时间与空间的不同，在中国变成了区域发展不平衡不协调的问题。
在"时空交错"的背景下，中国的法治建设需要高度的政治智慧来指引，
并对复杂的国情进行整体的把握，将看起来抽象的历史、人口、民族和疆
域具体化为生活图景，使其成为理论分析的对象，这正是我们建构基层司
法理论，提出具体制度建言的努力方向。

我们认为，当下民事纠纷解决机制应内化于国家治理现代化的需要，
这种现代化应当包含经济发展、村民文化素质的提高和乡村的科学治理。
然而必须注意的是，我国乡村地域辽阔，不同县域并非适用一个完全相同
的模型，南北乡村、东西部乡村不仅在经济发展上有显著差异，其文化思
想、地理风貌也不尽相同，因此因地制宜，在统一的指导下发展出适合各
个地区的特色制度才能真正有效解决基层民事纠纷。

三、基层民事纠纷解决模式转型的路径

通过民族国家建构，实现民族解放、国家独立和迈向现代化，是贯穿

---

① 黄家亮：《中国乡村秩序的百年变迁与治理转型——以纠纷解决机制为中心的讨论》，
《华南师范大学学报（社会科学版）》2018 年第 6 期。

中国近现代历史的主题。不同的民族国家建构模式，决定了其法治构建的路径和特点的不同，也决定了基层民事纠纷解决机制建设的未来。

（一）推进国家治理的现代化

国家主义作为一种历史传统和意识形态，熔铸在百余年来的理论建构与制度实践中。晚清开始，救亡大于启蒙。国家主义话语经久不衰而失落"个人权利"，并遮蔽"利维坦"意义上的"国家之恶"，很大程度上在于受西方外来侵略，与国家沦为半殖民地半封建社会的历史语境有关。彼时从知识精英到普通民众对"民族国家"的想象和期待大多持正面看法，在主流观念中，"国家"毫无疑问是一个褒义词。① 国家是自足自治的存在，国家具有更高级的"善"和更大的优越性。

然而，法治与国家主义存在着明显的互益与背反关系，法治建构依赖国家的积极作为，同时，法治的限权性色彩又挑战了国家主义扩张权力的合法性。当下，国家主义在我国法治建构中具有现实合理性，未来应当在承认国家主义的作用基础上推进法治建设，达致"国家统治—社会自治—个人自主"三者协同的治理结构，实现法治建构的本土化。②

国家治理现代化的理想状态是善治。善治是对整个社会治理的要求，社会治理是国家治理的重要方面。因此，不仅要有好的政府治理，而且还有好的社会治理。③ 善治就是"公共利益最大化的治理过程，其本质就是国家与社会处于最佳状态，是政府与公民对社会政治事务的协同治理，或称官民共治"④。

---

① 参见潘祥辉：《"祖国母亲"：一种政治隐喻的传播及溯源》，《人文杂志》2018 年第 1 期。
② 参见张志铭、于浩：《共和国法治认识的逻辑展开》，《法学研究》2013 年第 3 期。
③ 参见张文显：《新时代中国社会治理的理论、制度和实践创新》，《法商研究》2020 年第 2 期。
④ 俞可平：《重构社会秩序，走向官民共治》，《国家行政学院学报》2012 年第 4 期。

　　传统的社会管理，权力往往掌握在国家的手中。国家统治的权力运行方向总是自上而下的。它运用政府的权威，通过发号施令、制定政策和实施政策，对社会公共事务进行单向度的管理。公民与社会只是政府命令的被动承受者。国家的意志权威化，行政机关处于绝对支配地位，它不仅被奉若神明，而且还被赋予了绝对的支配力，不容置疑和反驳。国家本位的观念使得国家成为庞大的"利维坦"。国家的权力没有固定的边界，尤其体现为中央机关权力的"统得过死"。过多的管制压制了社会与私人的积极性和活力。中央权力极度地蔓延和扩张，吞噬了基层的自治空间，导致社会泛行政化。显然，这与社会的自治逻辑难以兼容。并且，由于缺乏常规的互动渠道与机制，即使政府的命令不适合某一个地方或某一个团体，民众也只能被动接受。

　　可以说，善治体现的是国家权力向社会的回归与让渡，倡导民众与社会的民主参与，这其中重要的载体就是市民社会。我们国家改革开放四十多年以来取得的重大的社会改革成果之一就是市民社会的逐步成长，正是由于市民社会的成长，才推动着民间力量、社团群体、中介组织的发展进入一个新的发展时期。现代国家治理体系的建立和完善以市民社会的生成与完善为基础。在现代社会，社会经济关系的复杂化，市民社会迅速成长，部分国家公权力向社会转移，社会在自身发展过程中也生长出许多自治性的社会公权力。也就是说国家权力逐步退出社会领域，缩小政治控制的力量和范围，扩大政治参与。所以，现代国家治理不能仅专注于国家和国家公权力，还必须关注社会和社会公权力。为此，推进国家治理现代化必须同时推进政治体制改革。① 当前，我国强调治理能力现代化，就是指在坚持国家基本制度的前提下，承认国家与社会的分工，让社会归于社会，市场归于市场。让市场活力、社会活力释放出来，这就要求多元

---

① 参见姜明安：《改革、法治与国家治理现代化》，《中共中央党校学报》2014年第4期。

共治。①

（二）"五治融合"的基层民事纠纷解决机制的变革路径

就国家与社会的关系来说，我们认为，未来中国基层民事纠纷解决模式的走向将是国家有限主导、社会参与的多元治理模式。基于"治理—善治理论"，为充分发挥多元主体参与防范化解社会矛盾风险的积极性、有效性，我们提出构建"五治融合"的多元化解纠纷的模式，实现以乡村政治、自治、法治、德治、智治的"五治融合"基层治理体系。

1. 政治引领

国家在民事纠纷解决机制中依旧占据主导地位。尽管多元化解纠纷制度开始不断由封闭走向开放，民间社会逐渐成为民事纠纷解决机制中治理纠纷的重要力量。但同时必须看到，转型时期基层社会矛盾增多，纠纷治理难度骤然增大，在基层民事纠纷解决过程中，国家主导治理纠纷存在必要性。与民间社会相比，国家在治理纠纷方面有其独有的优势，国家有强大的技术能力做支撑，这是民间社会所难以企及的。同时，治理纠纷的公共产品属性决定了国家必须在民事纠纷解决机制中占据主导地位。未来，应当发挥党总揽全局、协调各方的领导核心作用，把加强党的建设作为贯穿基层社会治理的主线。构建党委领导、政府负责、民主协商、社会协同、公众参与、法治保障、科技支撑的社会治理体系。

2. 自治强基

承认国家在民事纠纷解决机制内部的主导地位，并不是说国家是基层民事纠纷解决机制的唯一角色。国家不应该再是唯一的权力中心，必须承

① 参见马长山：《法治进程过程中的民间治理》，法律出版社 2006 年版，第 66—67 页。更多讨论参见 [美] 詹姆斯·N. 罗西瑙主编：《没有政府的治理》，张胜军、刘小林等译，江西人民出版社 2001 年版；[英] 安东尼·吉登斯：《超越左与右——激进政治的未来》，李慧斌、杨雪东译，社会科学文献出版社 2000 年版；[英] 安东尼·吉登斯：《第三条道路——社会民主主义的复兴》，郑戈译，北京大学出版社 2000 年版；俞可平主编：《治理与善治》，社会科学文献出版社 2000 年版。

认社会与民间力量在基层民事纠纷解决机制治理中所发挥的巨大作用。党的十九届四中全会提出要"建设人人有责、人人尽责、人人享有的社会治理共同体"。新时代"枫桥经验"的实践证明，只有让群众路线在基层社会治理中扎根，才能将群众路线的优势在实践中转化为矛盾纠纷源头治理的优势。

新时代民事纠纷解决机制的多元化治理，就是强调在坚持国家主导地位的前提下，强调社会与市场在纠纷治理中的作用。因为在国家的专有领域之外，社会与市场能够在民间调解、仲裁等各种解纷机制中与国家形成共治局面。法治中国建设，必须依赖广大公民与社会力量的广泛支持和参与。作为重要的社会管理创新的组织形式，中国的社区司法目前还处在初创时期，资源有待整合，机制有待完善。由于市民社会发育不够成熟，社会力量参与纠纷解决的热情与潜力尚未充分发挥，因此必须处理好国家与社会之间的关系，用制度来规范国家公权力在民事纠纷解决机制中的运行方式与权限，同时要重视培育社会自主性，壮大社会力量。

3. *法治保障*

首先，推进法治建设，使其成为基层治理的主导方式。健全公共法律服务供给体制机制，明确政府权责边界，提升法律服务水平。加快建设覆盖城乡、便捷高效、均等普惠的现代公共法律服务体系，推进基层律师、公证、法律援助、司法鉴定、调解、仲裁等制度改革，发展律师、公证、司法鉴定、仲裁、调解等法律服务队伍，整合法律服务资源，尽快建成面向基层覆盖全业务、全时空的法律服务体系。

其次，优化基层法院审级职能，实现纠纷实质性化解。在人民法院整体架构中，基层法院人员最多、体量最大、分量最重，是实现司法公正的重要基础，是服务群众的前沿。基层法院作为审级"金字塔"的塔基，在审级职能改革中扮演着基础性角色，其改革成效关乎改革成败。对于基层法院，改革中最重点的目标就是解决事实认定问题、实现矛盾纠纷实质化解。这需要基层法院转变办案理念，克服一味求快、就案办案的固化思维，树立"实质化解纠纷"的司法理念，不仅要查明事实，还要提升司法过程中法、理、情的融合度，让司法裁判不仅有刚度还要有热度，不仅要了结案件还要彻底终结纠纷。

基层人民法院应以审级职能定位改革试点为契机，准确把握"一审准确查明事实、实质化解纠纷、及时定分止争"的职能定位，以诉源治理和繁简分流为导向，以全流程网上办案和在线诉讼规则为抓手，以强化审判管理和提高司法能力为重点，以规范指导和制约监督为保障，以激活效能和案结事了为根本，努力让审级职能与群众所需所盼更加精准匹配，让人民群众感受到公平正义就在身边。

最后，推进"以审判为中心"的改革，这项改革应当表现为"多元解纷机制的中心为民事审判、民事审判的中心为民事裁判、民事裁判的中心为民事请求权裁判"的纠纷解决格局。[1] 未来应做到以下两个方面。一方面，提高司法公信力。民事裁判结果可以使公民最直观地感受到案件审判的价值取向，是公民对法院司法认可度的重要指标，也是法院司法能力与司法公正的重要载体。司法公信力具有主观属性，其概念核心在于"信"字，包括社会公众对司法运行的信赖与对公平正义的感知。[2] 提升司法公信力要求司法运行公开、司法主体与公众沟通、司法权运行对公民权利救济等。发挥民事裁判的理性品格需要反思民事诉讼中的国家主义，以请求权裁判为中心，通过审前程序的设立、法官专业素养的发挥等促进公正裁判结果的形成。[3] 另一方面，诉讼外解纷机制是化解矛盾的"第一道防线"，

---

[1] 参见曹士兵、杨小利：《以"审判中心论"鼎革与续造中国民事审判》，《中国应用法学》2019年第1期。

[2] 参见孟祥沛：《司法公信力的本质属性及其对评估指标的影响》，《政治与法律》2021年第12期。

[3] 参见廖中洪：《民事程序立法中的国家本位主义批判——对我国民事诉讼立法指导思想的反思》，《现代法学》2002年第5期。

应当形成以诉讼为中心、其他解纷机制相互配合的布局。这一解纷体系的建设需要制度方面以及其他配套保障措施的支持。在制度保障方面，应当从国家治理的角度考虑制定一部具有中国特色的多元化纠纷解决机制促进法，在适用范围、工作原则、组织结构、平台搭建、制度衔接等多方面作出规定，通过法律保障多元解纷体系的建立，以凝聚多方参与纠纷解决的合力。[①] 除了为解纷体系建设提供法律保障，还应在人才、经费等方面做好配套保障工作。此外，完善诉讼与诉讼外解纷方式间的衔接，在为当事人拓宽多元解纷渠道的同时，促进解纷体系的高效运转。

4. 德治教化

德治作为国家治理体系的重要组成部分，对提升自治效能、深化法治建设、创新基层治理体系、化解纠纷具有重要的推动作用。德治功能的发挥虽然在单纯的道德伦理领域也有体现，但更为重要地体现在对自治和法治的补充和配合，德治的开展必须以自治和法治为载体框架和主要支撑，从总体上观察，其辅助色彩较为明显。德治的推动必须有具体的机构和形式作为抓手和载体。目前较为常见的是乡贤参（理）事会、红白理事会、道德银行、村规民约、家训族规和志愿者组织。未来应该通过系统的教育、宣传工作，建构适应新时代要求和城乡基层需要的思想观念、精神面貌、文明风尚、行为规范，提高基层社会的整体文明程度。

5. 智治支撑

以数据技术赋能驱动基层治理创新已成为共识性的趋势。未来应当坚持把信息化建设成果及时转化为基层纠纷解决建设的核心动力，推动信息共享与平台互通，建设纵向贯通、横向集成、共享共用、安全可靠的在线矛盾纠纷化解信息系统。抓住实施"互联网+"行动计划的机遇，大力推

---

① 参见龙飞：《多元化纠纷解决机制立法的定位与路径思考——以四个地方条例的比较为视角》，《华东政法大学学报》2018 年第 3 期。

广现代信息技术在矛盾纠纷多元化解中的运用，做好矛盾纠纷的受理、统计、督办、反馈等工作。建立矛盾纠纷多元化解信息库，完善信息沟通制度。总结推广"网上枫桥"等经验，推动社情民意在网上了解、矛盾纠纷在网上解决、正能量在网上聚合。积极稳妥开展在线调解、在线仲裁、在线协商谈判以及诉讼案件在线立案、在线审判、电子督促程序等工作，满足人民群众对于便捷、高效化解矛盾纠纷的新要求。

（三）超大规模的国家治理：央地关系视角下的地方法治建设

中央与地方关系是当代中国国家治理的一个"轴心问题"。理解当前我国法治进程中的诸多现象与问题，需要从中央与地方两种治理主体的角色分工以及央地关系变动的深层逻辑进行理解与思考。超大规模国家的治理历来是一个世界难题。经过四十多年的改革开放，中国社会发生了深刻的转型与变化，目前我国已经进入超大规模陌生人群治理的新阶段和新常态，这是理解和分析当代中国法治问题的基本前提。这对中国的法治模式提出了全新挑战，并且更新了我们对地方法治建设问题的理解。中央集权与地方治理之间存在着深刻矛盾，国家如何在保证中央集权的前提下实现对地方的有效治理一直是历史难题。① 像中国这样的超大规模的国家，顶层设计不可能解决所有具体的问题。基层治理日趋复杂、各种情势瞬息万变、突发事件层出不穷，中央立法的稳定性、统一性、有限性与基层社会治理的复杂性、差异性、无限性之间的紧张关系凸显。这就需要我们客观认识基层司法实用主义治理策略的现实合理性，但同时，也要警惕极端法治工具论可能带来的危险。过度放纵基层司法的实用主义可能会导致地方法院为了达到公共或个人所谓"正确"或"良善"的目标而将法律置之脑后甚至公然挑战法律权威，这实际上就是人治回归的风险。

---

① 参见泮伟江：《超大规模陌生人社会治理：中国社会法治化治理的基本语境》，《民主与科学》2018 年第 2 期。

　　为了促成规则主义法治观与实用主义法治观求同存异、对话相容，我们有必要提炼出"最低限度法治"，其主要内容应大致包括：第一，法治并不是古典正统意义上的简单"规则之治"和机械"法条主义"，而是以现代立法民主为基础、以公共利益为导向的"良法善治"。法治即使被视作工具意义的存在，也必须是为人民利益或公共福利服务的工具。第二，法律规则的规范性、稳定性与权威性是现代社会赖以存续和发展的必要条件。必须充分强调法律规则在政策、道德、乡规民约等多元化社会治理体系中的主导地位。第三，限制公共权力的恣意任性是现代法治的基本价值，也是维护社会安全与公民基本权利的必然要求。社会管理者应在法律的界限之内履行职责，注重运用法治思维和方式来推进各项社会改革。第四，通过司法过程化解社会矛盾、维护社会公平正义是法治在现代社会的直接目标与基本功能。法官应在一个变革的时代努力追求司法判决的客观性与确定性，实现遵守法律规则与推动社会改革目标的统筹结合。①

　　人类的历史宏伟壮阔，人类的历史也微忽细密。大风起于青萍之末，历史的巨变常在一些不起眼的地方留下难以抹去的印记。龙泉虽然只是中国辽阔疆土上的一个小县城，但正是数以千计这样的县城才构成了大中华。倘若从内部视角来看，龙泉的变化未必同外界的大历史变迁时刻保持同步。但毋庸置疑，与许许多多的其他中国县城一样，晚清以后百余年来的时局变革成为龙泉社会变迁的重要背景，历史确实是在不断变化着的，但它永远属于亿万大众。在此意义上，本书愿援引马克思经典作家的话作为本研究的结尾。

---

① 参见封丽霞：《大国变革时代的法治共识——在规则约束与实用导向之间》，《环球法律评论》2019 年第 2 期。

"世界不是既成事物的集合体，而是过程的集合体"①。"其实，正是人，现实的、活生生的人在创造这一切……历史不过是追求着自己目的的人的活动而已。"②

---

① 《马克思恩格斯选集》第 4 卷，人民出版社 2012 年版，第 250 页。
② 《马克思恩格斯文集》第 1 卷，人民出版社 2009 年版，第 295 页。

主要参考文献

一、档案文献

1.包伟民主编：《龙泉司法档案选编》（第一辑晚清时期），中华书局2012年版。

2.浙江省龙泉市档案局（馆）：《龙泉民国档案辑要》，中国档案出版社2010年版。

3.浙江省龙泉市人民法院编：《龙泉法院志》，汉语大词典出版社1996年版。

4.浙江省龙泉县志编纂委员会：《龙泉县志》，汉语大词典出版社1994年版。

5.《龙泉司法档案（晚清民国时期）》，浙江省龙泉市档案局藏。

6.《龙泉司法档案（新中国成立以后）》，浙江省龙泉市法院藏。

二、中文著作

1.毕玉谦：《民事诉讼法学的发展与走向：重点与展望》，中国政法大学出版社2018年版。

2.卞建林编：《共和国六十年法学论争实录·诉讼法卷》，厦门大学出版社2009年版。

3.蔡虹：《转型期中国民事纠纷解决初论》，北京大学出版社2008年版。

4.陈光中：《中国古代司法制度》，北京大学出版社 2017 年版。

5.陈光中：《中国司法制度的基础理论问题研究》，经济科学出版社 2010 年版。

6.陈光中等：《中国现代司法制度》，北京大学出版社 2020 年版。

7.陈桂明：《程序理念与程序规则》，中国法制出版社 1999 年版。

8.陈计男：《民事诉讼法论》（修订六版），台湾三民书局 2017 年版。

9.陈荣宗、林庆苗：《民事诉讼法》（修订八版），台湾三民书局 2014 年版。

10.陈慰星：《选择中的正义：民事诉讼当事人行为选择的法经济分析》，社会科学文献出版社 2015 年版。

11.戴炎辉：《中国法制史》，台湾三民书局 1966 年版。

12.《董必武政治法律文集》，法律出版社 1986 年版。

13.董磊明：《宋村的调解：巨变时代的权威与秩序》，法律出版社 2008 年版。

14.段厚省：《司法的困惑：程序法的双重张力》，中国法制出版社 2018 年版。

15.段文波：《规范出发型民事判决构造论》，法律出版社 2012 年版。

16.法学教材编辑部审：《刑事诉讼法讲义》，法律出版社 1983 年版。

17.樊崇义主编：《诉讼原理》，中国人民公安大学出版社 2020 年版。

18.范愉：《纠纷解决的理论与实践》，清华大学出版社 2007 年版。

19.范愉主编：《多元化纠纷解决机制》，厦门大学出版社 2005 年版。

20.范愉等：《多元化纠纷解决机制与和谐社会的构建》，经济科学出版社 2011 年版。

21.费孝通：《乡土中国·生育制度》，北京大学出版社 1998 年版。

22.付春杨：《权利之救济——清代民事诉讼程序探微》，武汉大学出版社 2012 年版。

23. 傅郁林：《民事司法制度的功能与结构》，北京大学出版社 2006 年版。

24. 公丕祥主编：《近代中国的司法发展》，法律出版社 2014 年版。

25. 顾培东：《社会冲突与诉讼机制》（第三版），法律出版社 2016 年版。

26. 郭小冬：《民事诉讼侵害阻断制度研究》，知识产权出版社 2010 年版。

27. 韩波：《当代中国民事诉讼思潮探究》，华中科技大学出版社 2015 年版。

28. 何兵：《现代社会的纠纷解决》，法律出版社 2003 年版。

29. 何勤华、李秀清主编：《民国法学论文精萃：诉讼法律篇》（第五卷），法律出版社 2004 年版。

30. 贺卫方：《司法的理念与制度》，中国政法大学出版社 1998 年版。

31. 洪冬英：《当代中国调解制度变迁研究》，上海人民出版社 2011 年版。

32. 侯欣一：《创制、运行及变异：民国时期西安地方法院研究》，商务印书馆 2017 年版。

33. 胡亚球主编：《民事诉讼制度的理论基础》，厦门大学出版社 2008 年版。

34. 黄源盛：《中国法史导论》，广西师范大学出版社 2014 年版。

35. 季卫东：《法治秩序的建构》（增补版），商务印书馆 2014 年版。

36. 江伟：《探索与构建——民事诉讼法学研究》，中国人民大学出版社 2008 年版。

37. 江必新：《程序法治的制度逻辑与理性构建》，中国法制出版社 2014 年版。

38. 姜世明：《民事程序法之发展与宪法原则》，台湾元照出版有限公司 2003 年版。

39. 李浩：《民事诉讼法学》（第三版），法律出版社 2016 年版。

40. 李青：《清代档案与民事诉讼制度研究》，中国政法大学出版社 2012 年版。

41. 李木贵：《民事诉讼法》（修订二版），台湾元照出版有限公司 2007 年版。

42. 李启成：《晚清各级审判厅研究》，北京大学出版社 2004 年版。

43. 李喜莲：《陕甘宁边区司法便民理念与民事诉讼制度研究》，湘潭大学出版社 2012 年版。

44. 里赞：《晚清州县诉讼中的审断问题：侧重四川南部县的实践》，法律出版社 2010 年版。

45. 梁漱溟：《中国文化要义》，上海人民出版社 2005 年版。

46. 梁治平：《法辨：法律文化论集》，广西师范大学出版社 2020 年版。

47. 梁治平：《法律史的视界》，广西师范大学出版社 2021 年版。

48. 廖永安等：《民事诉讼制度专题实证研究》，中国人民大学出版社 2016 年版。

49. 廖永安、胡仕浩主编：《新时代多元化纠纷解决机制：理论检视与中国实践》，中国人民大学出版社 2019 年版。

50. 廖永安等：《中国调解的理念创新与机制重塑》，中国人民大学出版社 2019 年版。

51. 廖中洪主编：《民事诉讼改革热点问题研究综述：1991—2005》，中国检察出版社 2006 年版。

52. 陆永棣：《1877 帝国司法的回光返照：晚清冤狱中的杨乃武案》，法律出版社 2006 年版。

53. 马长山：《法治进程中的"民间治理"——民间社会组织与法治秩序关系的研究》，法律出版社 2006 年版。

54. 那思陆：《清代州县衙门审判制度》，中国政法大学出版社 2006

年版。

55.齐树洁主编：《民事诉讼法》（第13版），厦门大学出版社2019年版。

56.强世功编：《调解、法制与现代性：中国调解制度研究》，中国法制出版社2001年版。

57.邱联恭：《程序利益保护论》，台湾三民书局2005年版。

58.瞿同祖：《清代地方政府（修订译本）》，范忠信等译，法律出版社2011年版。

59.冉井富：《当代中国民事诉讼率变迁研究——一个比较法社会学的视角》，中国人民大学出版社2005年版。

60.桑本谦：《法律简史：人类制度文明的深层逻辑》，生活·读书·新知三联书店2022年版。

61.邵明：《中国民事诉讼法学探析》，中国人民大学出版社2023年版。

62.苏力：《法治及其本土资源》，北京大学出版社2022年版。

63.苏力：《送法下乡：中国基层司法制度研究》，北京大学出版社2022年版。

64.唐力等：《新民事诉讼法实施状况评估与对策建议》，中国法制出版社2018年版。

65.田平安主编：《民事诉讼法原理》（第六版），厦门大学出版社2015年版。

66.王德新：《诉讼文化冲突与民事诉讼制度的变革》，知识产权出版社2017年版。

67.王铭铭、王斯福主编：《乡土社会的秩序、公正与权威》，中国政法大学出版社1997年版。

68.王亚新、陈杭平、刘君博：《中国民事诉讼法重点讲义》（第二版），高等教育出版社2021年版。

69.王亚新：《对抗与判定——日本民事诉讼的基本结构》，清华大学出版社 2010 年版。

70. 王亚新:《社会变革中的民事诉讼》,北京大学出版社 2014 年版。

71. 王亚新、梁治平、赵晶编:《明清时期的民事审判与民间契约》,法律出版社 2022 年版。

72. 王志强:《法律多元视角下的清代国家法》,北京大学出版社 2003 年版。

73. 吴英姿主编:《民事诉讼法入门笔记》,法律出版社 2018 年版。

74. 肖建国:《民事诉讼程序价值论》,中国人民大学出版社 2000 年版。

75. 谢冬慧:《纠纷解决与机制选择:民国时期民事纠纷解决机制研究》,法律出版社 2013 年版。

76. 谢振民编著:《中华民国立法史》,中国政法大学出版社 2000 年版。

77. 徐卉:《民事诉讼法学的新发展》,中国社会科学出版社 2015 年版。

78. 徐朝阳:《中国古代诉讼法·中国诉讼法溯源》,吴宏耀、童友美点校,中国政法大学出版社 2012 年版。

79. 徐昕:《论私力救济》,广西师范大学出版社 2015 年版。

80. 徐中约:《中国近代史》,香港中文大学出版社 2002 年版。

81. 许士宦:《新民事诉讼法》,北京大学出版社 2013 年版。

82. 应星:《村庄审判史中的道德与政治:1951—1976 年中国西南一个山村的故事》,知识产权出版社 2009 年版。

83. 尤陈俊:《聚讼纷纭:清代的"健讼之风"话语及其表达性现实》,北京大学出版社 2022 年版。

84. 俞可平:《论国家治理现代化》,社会科学文献出版社 2014 年版。

85. 俞可平主编:《治理与善治》,社会科学文献出版社 2000 年版。

86. 喻中主编:《民法典与国家治理》,陕西人民出版社 2022 年版。

87. 张国安:《宗族社会纠纷解决机制研究:以明清时期为中心》,法律出版社 2020 年版。

88. 张嘉军等:《程序法治 70 年:中国民事诉讼一审程序实证研究(1949—2019)》,社会科学文献出版社 2022 年版。

89. 张晋藩:《中国法律的传统与近代转型》,法律出版社 2019 年版。

90. 张静:《现代公共规则与乡村社会》,上海书店出版社 2006 年版。

91. 张培田:《法的历程——中国司法审判制度的演进》,人民出版社 2007 年版。

92. 张仁善:《近代中国的主权、法权与社会》,法律出版社 2014 年版。

93. 张婷:《英美民事对抗制的演变(1945—2012):以美国的案件管理制度为切入点》,上海人民出版社 2015 年版。

94. 张卫平等:《改革开放 40 年法律制度变迁·民事诉讼法卷》,厦门大学出版社 2020 年版。

95. 张卫平:《民事诉讼法》,中国人民大学出版社 2019 年版。

96. 张文显:《法理泛在:法理主题致辞集》,法律出版社 2020 年版。

97. 张文显:《法治中国的理论建构》,法律出版社 2016 年版。

98. 章武生等:《民事司法现代化的探索》,中国人民公安大学出版社 2005 年版。

99. 赵晓耕主编:《身份与契约:中国传统民事法律形态》,中国人民大学出版社 2012 年版。

100. 中国人民大学法律系审判法教研室编著:《人民司法工作是无产阶级专政的锐利武器》,中国人民大学出版社 1958 年版。

101. 中国政法大学民事诉讼法研究所:《民事诉讼法学的发展与走向:重点与展望》,中国政法大学出版社 2018 年版。

102. 朱景文主编:《中国特色社会主义法律体系:结构、原则与制度阐释》,中国人民大学出版社 2018 年版。

103. 朱晓阳:《小村故事:罪过与惩罚(1931—1997)》,法律出版社 2011 年版。

104. 最高人民法院司法改革领导小组办公室编著：《民事诉讼程序繁简分流改革试点工作读本》，人民法院出版社 2021 年版。

105. 左卫民：《实证研究：中国法学的范式转型》，法律出版社 2019 年版。

三、中文译著与外文文献

1. ［澳］娜嘉·亚历山大主编：《全球调解趋势》，王福华等译，中国法制出版社 2011 年版。

2. ［德］茨威格特、克茨：《比较法总论》，潘汉典等译，中国法制出版社 2017 年版。

3. ［德］卡尔·拉伦茨：《法学方法论》，黄家镇译，商务印书馆 2020 年版。

4. ［美］H.W.埃尔曼：《比较法律文化》，贺卫方、高鸿钧译，清华大学出版社 2002 年版。

5. ［美］R.罗德里克·麦克法夸尔、费正清：《剑桥中华人民共和国史：下卷——中国革命内部的革命（1966—1982）》，俞金尧等译，中国社会科学出版社 1992 年版。

6. ［美］保罗·萨缪尔森、威廉·诺德豪斯：《萨缪尔森：谈效率、公平与混合经济》，萧琛主译，商务印书馆 2012 年版。

7. ［美］迪特里希·鲁施迈耶：《律师与社会：美德两国法律职业比较研究》，于霄译，上海三联书店 2010 年版。

8. ［美］杜赞奇：《文化、权力与国家：1900—1942 年的华北农村》，王福明译，江苏人民出版社 2008 年版。

9. ［美］富勒：《法律的道德性》，郑戈译，商务印书馆 2005 年版。

10. ［美］黄宗智、尤陈俊主编：《从诉讼档案出发：中国的法律、社会与文化》，法律出版社 2009 年版。

11. [美] 黄宗智:《国家与社会的二元合一:中国历史回顾与前瞻》,广西师范大学出版社 2022 年版。

12. [美] 黄宗智:《民事审判与民间调解:清代的表达与实践》,中国社会科学出版社 1998 年版。

13. [美] 黄宗智:《中国的新型正义体系:实践与理论》,广西师范大学出版社 2020 年版。

14. [美] 孔飞力:《叫魂:1768 年中国妖术大恐慌》,陈兼、刘昶译,生活·读书·新知三联书店 2012 年版。

15. [美] 李怀印:《华北村治——晚清和民国时期的国家与乡村》,岁有生、王士皓译,中华书局 2008 年版。

16. [美] 理查德·A.波斯纳:《法律的经济分析(上)》,蒋兆康译,中国大百科全书出版社 1997 年版。

17. [美] 罗伯特·C.埃里克森:《无需法律的秩序——邻人如何解决纠纷》,苏力译,中国政法大学出版社 2003 年版。

18. [美] 罗伯特·考特、托马斯·尤伦:《法和经济学》,史晋川译,格致出版社 2012 年版。

19. [美] 迈克尔·D.贝勒斯:《法律的原则——一个规范的分析》,张文显等译,中国大百科全书出版社 1996 年版。

20. [美] P.诺内特、P.塞尔兹尼克:《转变中的法律与社会:迈向回应型法》,张志铭译,中国政法大学出版社 2004 年版。

21. [美] 西达·斯考切波:《国家与社会革命:对法国、俄国和中国的比较分析》,何俊志、王学东译,上海人民出版社 2007 年版。

22. [美] 约翰·E.罗默:《分配正义论》,张晋华、吴萍译,社会科学文献出版社 2017 年版。

23. [美] 詹姆斯·C.斯科特:《国家的视角:那些试图改善人类状况的项目是如何失败的》,王晓毅译,社会科学文献出版社 2019 年版。

24.［美］詹姆斯·N.罗西瑙主编：《没有政府的治理》，张胜军、刘小林等译，江西人民出版社 2001 年版。

25.［日］沟口雄三：《中国的冲击》，王瑞根译，生活·读书·新知三联书店 2011 年版。

26.［日］谷口安平：《程序的正义与诉讼》，王亚新、刘荣军译，中国政法大学出版社 2002 年版。

27.［日］韩敏：《回应革命与改革：皖北李村的社会变迁与延续》，陆益龙、徐新玉译，江苏人民出版社 2007 年版。

28.［日］棚濑孝雄：《纠纷的解决与审判制度》，王亚新译，中国政法大学出版社 2004 年版。

29.［日］田中成明：《现代社会与审判：民事诉讼的地位与作用》，郝振江译，北京大学出版社 2016 年版。

30.［日］小岛武司：《诉讼制度改革的法理与实证》，陈刚等译，法律出版社 2001 年版。

31.［英］阿德里安·A.S.朱克曼主编：《危机中的民事司法：民事诉讼程序的比较视角》，傅郁林等译，中国政法大学出版社 2005 年版。

32.［英］罗杰·科特威尔：《法律社会学导论》，彭小龙译，中国政法大学出版社 2015 年版。

33. Adrian A.S.Zuckerman，*Civil Justice in Crisis:Comparative Perspectives of Civil Procedure*，New York:Oxford University Press，1999.

34. C.H.（Remco）Van Rhee，Fu Yulin，*Civil Litigation in China and Europe*，Berlin:Springer Netherlands，2014.

35. David C.Steelman，John A.，Goerdt，James E.Mcmillan，*Caseflow Management:The Heart of Court Management in the New Millennium*，Williamsburg:A Center for State Courts，2000.

36. Hazel Genn，*Court-Based ADR Initiatives for Non-Family Civil*

Disputes:The Commercial Court and the Court of Appeal，London:Lord Chancellors Department，2002.

37. Henry R.Glick，*Court*，*Politics*，*and Justice*，New York:McGraw-Hill Book Company，1983.

38. John Rawls，*A theory of Justice*，*Cambridge*，Massachusetts: The Belknap Press of Harvard University Press，1971.

39. Stanley B. Lubman, *Bird in a Cage Legal Reform in China after Mao*，Stanford: Stanford University Press, 1999.

40. The Rt Hon Sir Maurice Kay，Stuart Sime，Derek French，*Blackstone's Civil Practice 2017*，Oxford: Oxford University Press, 2017.

后　记

小书是在我主持的第二个国家社科基金青年项目结项报告与博士后出站报告的基础上修改完成的，这可能是我关于龙泉司法档案的最后一部著作。粗粗算来，我接触龙泉司法档案已经十年。这十年里，法学界发生了翻天覆地的变化，元宇宙、区块链、算法、人工智能等百舸争流，千帆竞渡。近年来兴起的数字法学，无疑是工商社会迈向数字社会这一重大时代变革的理论反映。作为一个部门法学者，我时常感慨自己的研究已经落后于时代，要做出改变。我并非抱怨龙泉档案阅读的艰难与枯燥，实际上我对它抱有深深的感激。感激它让我得以窥见宏大历史转折的近景与细节，倾听到普通人的声音，看到更鲜活、更有血有肉的历史，感受到底层社会的烟火与温度。

龙泉司法档案现存在始建于宣统三年的浙大之江校区 2 号楼。档案室朝南，每次打开窗户，斑驳的光影便洒在档案上，流逝的时间也仿佛停顿。对面的钱塘江浩浩荡荡，之江路熙熙攘攘，一如百年前的模样，恍如隔世。然而，时间与光终究不属于任何个体，悄无声息地拥抱所有人后，便悄然离去。窗前一闪而过的车辆，隐约窥探到落日长河。

龙泉是地处浙南的小县，与我的家乡临邑县相似，尽管地域不大，却与数以千计的县城一样，构成了中国的底色。这土地上的一切，烟火人情、房屋建筑、河流田地、喧嚣鸣叫，都熟悉而温暖。千百年来，春夏秋冬，四季轮转，在这里都能看到人们辛苦劳作的身影，靠山吃山、靠水吃水，一代又一代人就这样生生不息。他们很多人苦了一辈子，尽管未曾见

359

过世界上的山海湖川，但见过盛夏庄稼拂过朝阳的辉煌，也曾带着月亮背着农具走向炊烟袅袅的村庄。山川湖泊也许记得一个个少年郎，在这片土地上开始他们的一生，与不屈的岁月一路走过，如今已然和过往大变，但那个顶天立地的影子依然在夕阳里静默。

历史是复杂的，基层治理更是如此，小书讨论的议题涉及法律、社会、历史、政治等多方面的内容，这需要以广泛的历史文献档案为依据，进行全方位的研究，尽管我做了大量的调研和查阅工作，但由于自身水平所限，造成的舛误在所难免，恳请广大读者予以批评指正。2021年寒假热播的电视剧《人世间》的主题曲唱道："平凡的我们撑起屋檐之下一方烟火……一身雨雪风霜不问去哪，随四季枯荣依然迎风歌唱。"小书的顺利完成，乃至我的个人成长实在离不开很多人的帮助。

感谢博士后合作导师张文显教授对我的悉心指导。高山仰止，景行行止，老师用自己的学术品质与生活态度为我们树立了终身学习的榜样。无论老师公务、学术活动多么繁忙，他总是能抽出时间给学生最及时的指导点拨、最温暖的关怀鼓舞。特别在博士后出站报告写作上，老师不厌其烦地帮我纠正修改，拨开迷雾，指明方向。他字斟句酌、力求严谨、精益求精的治学态度让我深深地震撼。现在小书出版，老师拨冗作序，学生更是倍加感激。

感谢我的博士生导师浙江大学光华法学院院长胡铭教授，导师对我倾注了大量的心血，毕业这么久还关心我的成长，有时候夜间通话半个多小时。我时常感觉愧对导师对我的培养，但愿以后能够不负老师的期待。感谢硕士生导师上海交通大学凯原法学院范进学教授，范老师是带我进入学术世界的启蒙导师。感谢廖奕教授、泮伟江教授、李拥军教授、刘小平教授、杨帆教授，他们在给予我的博士后出站报告高度评价的同时，提出了不少宝贵的修改意见。感谢江苏大学法学院李炳烁院长、刘同君院长、朱玲萍书记对我的关怀和帮助，他们总是竭尽全力为我的成长提供条件。

感谢我指导的研究生们，他们很多人参与了文稿的修改与完善。感谢编辑张立老师的辛劳付出。感谢父母家人的陪伴与支持。

行文至此，现阶段的科研任务也算是简单告一段落。对于接下来的学术旅途，可能又会有新的迷茫。在不知不觉的岁月流逝中，自己也不再年轻。"你的眼必见王的荣美，必见辽阔之地"，愿以此句与诸君共勉。

责任编辑：张　立
封面设计：胡欣欣
版式设计：严淑芬

图书在版编目（CIP）数据

民事纠纷解决模式变迁的图景与法理：以龙泉司法档案为中心的考察 /
　张健 著 . — 北京：人民出版社，2023.10
ISBN 978 - 7 - 01 - 025630 - 6

I.①民…　II.①张…　III.①民事纠纷 – 调解（诉讼）– 研究 – 中国
　IV.① D925.114.4

中国国家版本馆 CIP 数据核字（2023）第 071670 号

民事纠纷解决模式变迁的图景与法理
MINSHI JIUFEN JIEJUE MOSHI BIANQIAN DE TUJING YU FALI
——以龙泉司法档案为中心的考察

张　健　著

人 民 出 版 社 出版发行
（100706　北京市东城区隆福寺街 99 号）

北京中科印刷有限公司印刷　新华书店经销

2023 年 10 月第 1 版　2023 年 10 月北京第 1 次印刷
开本：710 毫米 ×1000 毫米 1/16　印张：23.25
字数：308 千字

ISBN 978 - 7 - 01 - 025630 - 6　定价：128.00 元

邮购地址 100706　北京市东城区隆福寺街 99 号
人民东方图书销售中心　电话（010）65250042　65289539